国家社科基金项目研究成果（项目批准号：17BTY073）
浙江师范大学体育文库

A Library of Academies by PHD Supervisors

博士生导师学术文库

第八次课改以来我国体育课程理论价值、问题审视与未来发展

邵伟德 等 著

中国书籍出版社
China Book Press

图书在版编目（CIP）数据

第八次课改以来我国体育课程理论价值、问题审视与未来发展/邵伟德等著.—北京：中国书籍出版社，2020.10

ISBN 978-7-5068-8005-3

Ⅰ.①第… Ⅱ.①邵… Ⅲ.①体育教学—教学研究 Ⅳ.①G807.01

中国版本图书馆 CIP 数据核字（2020）第 186520 号

第八次课改以来我国体育课程理论价值、问题审视与未来发展

邵伟德 等 著

责任编辑	毕 磊
责任印制	孙马飞 马 芝
封面设计	中联华文
出版发行	中国书籍出版社
地　　址	北京市丰台区三路居路 97 号（邮编：100073）
电　　话	（010）52257143（总编室）　（010）52257140（发行部）
电子邮箱	eo@chinabp.com.cn
经　　销	全国新华书店
印　　刷	三河市华东印刷有限公司
开　　本	710 毫米×1000 毫米　1/16
字　　数	314 千字
印　　张	17.5
版　　次	2020 年 10 月第 1 版　2020 年 10 月第 1 次印刷
书　　号	ISBN 978-7-5068-8005-3
定　　价	95.00 元

版权所有　翻印必究

前 言

1949年以来，我国体育课程共经历了八次改革，每一次改革皆在指导思想、课程模式、教材内容、教学评价、教学要求等方面进行了变革，总体而言，呈现了国家、社会、教育、体育等因素对体育课程的要求与期盼。值得重点关注的是第八次体育课程改革，尽管其改革的动力并非来自学校体育自身的反思，而是紧跟教育界课程改革的大潮，其改革的力度是前所未有的、完全彻底的。其中变化尤为突出的是体育与健康课程标准取消了《中小学体育教学大纲》，这一举措直接导致了基层体育教师的不适应，特别是体育课程标准中出现了"只有内容标准、没有具体内容"现象，造成了体育教师"教什么"的困惑，同时引发了系列非体育类教材内容的畸形开发与混乱。通过体育教学实践的反思，学界逐渐认识到缺失教材内容可能会导致体育教学的无序，因此，近年来，大中小学体育课程一体化选题逐渐成了研究热点，促进了学者们对体育课程的再度思考。

在体育教学实践层面，由于21世纪出台的中小学体育课程标准并无前期经验可鉴，基本属于摸着石子过河的状况，因而难免会造成一些困境与不适，形成了理论与实践的鸿沟，如体育课标倡导"健康第一"的理念，这无疑是正确的，在体育教学设计过程中，几乎每一个体育教师都把"健康第一"作为体育教学设计的指导思想，但在实践过程中，因某些专家解读不到位或是基层体育教师理解上的问题，在具体内容、方法、手段与策略上基本与"健康第一"无关，有的甚至与之背离，如体育教学实施环节没有根据学情有效设置运动安全举措，导致伤害事故的发生。

总体而言，21世纪出台的中小学体育课程标准无论是理论层面还是实践层面皆有改善的空间，这是十余年来教学实践所验证的事实，因而，了解现状、总结经验、揭示问题与提出对策是当下从事体育课程与教学研究者的责任所在。

体育课程总是不断前进与发展的，21世纪初推行的中小学体育课程改革可以称其为"新课改"，至今已有十几年，现在总不能再称之为"新课改"了，因为"新与旧"需要一个时间的限定。因而，本研究将21世纪推行的中小学体育课程改革统称为"第八次体育课改"。

2017年高中体育与健康课程标准再次推出"体育学科核心素养"新概念，并基于体育核心素养重构了体育课程目标、内容、方法、评价、教学提示等，这对于基层体育教师而言又是一次重大挑战，他们不仅需要快速转变思维，紧跟体育课标精神与步伐，更要把"快餐式"学得的理论运用到体育课堂教学之中，服务于青少年学生的身心健康，因此，理论工作者的任务似乎更加艰巨，如何正确解读体育学科核心素养、如何比较第八次体育课改与2017年体育课标、如何引导基层体育教师根据核心素养的要求进行教学设计、如何指导体育教师在体育实践教学中更好地落实核心素养等将是当下的重要工作。

在完成课题结项过程中，本研究主要的合著者是浙江师范大学体育与健康科学学院副院长李启迪教授。部分硕士研究生也参与并承担了某些内容的撰写：第五章中的自主学习（周平）、合作学习（刘思佳）与探究学习（李晶）的知识图谱分析，另外，研究生周晓刚参与了问卷调查的收集与统计工作，在此一并表示感谢！

因本人水平所限，本研究定有很多纰漏，敬请广大读者与学者提出批评指正！

作者2020年于浙江师范大学

目 录
CONTENTS

第一章 绪 论 ………………………………………………… 1
 一、选题价值 ……………………………………………… 1
 二、研究综述 ……………………………………………… 2
 三、研究方法 ……………………………………………… 4

第二章 第八次课改以来我国体育课程理论价值 ……………… 5
 一、第八次课改以来义务教育阶段体育课程理论价值 ……… 5
 二、第八次课改以来高中阶段体育课程理论价值 …………… 15

第三章 第八次课改以来我国体育课程理论问题 ……………… 28
 一、体育课程改革的支撑理论与问题 ………………………… 28
 二、教学目标和教学内容关系与问题 ………………………… 34
 三、传统教学方法和新型学习方式关系与问题 ……………… 36
 四、运动技术教学和增强体质关系与问题 …………………… 39
 五、体育教学多元评价方式与问题 …………………………… 41
 六、体育课程中的健康教育与问题 …………………………… 44

第四章 第八次课改以来体育课程实施现状——以教师为视角 …… 48
 一、量表研制 ……………………………………………… 49
 二、样本构成 ……………………………………………… 50
 三、结果分析 ……………………………………………… 54
 四、结论建议 ……………………………………………… 62

第五章　第八次体育课改以来体育学习方式的研究状况 ····· 65
　　一、体育自主学习研究状况的知识图谱分析 ····· 65
　　二、体育探究学习研究状况的知识图谱分析 ····· 82
　　三、体育合作学习研究状况的知识图谱分析 ····· 94

第六章　第八次体育课改以来体育课程内容与问题 ····· 114
　　一、文献评述 ····· 114
　　二、2011年修订版义务教育体育课标中的内容与问题 ····· 117
　　三、2017年修订版高中体育课标中的内容与问题 ····· 121
　　四、体育课程内容低水平重复之反思 ····· 123

第七章　第八次体育课改以来体育有效教学与问题 ····· 130
　　一、体育有效教学内涵 ····· 130
　　二、关注体育有效教学意义 ····· 131
　　三、体育有效教学影响因素 ····· 132
　　四、体育有效教学问题分析 ····· 135

第八章　第八次体育课改以来体育教学质量与问题 ····· 142
　　一、体育教学质量内涵 ····· 142
　　二、关注体育教学质量意义 ····· 144
　　三、体育教学质量评价内容 ····· 146
　　四、体育教学质量问题分析 ····· 148

第九章　第八次课改以来体育课程实施个案研究——以浙江上虞为例 ····· 150
　　一、个案研究背景 ····· 150
　　二、评估结果 ····· 151
　　三、上虞区体育课堂教学深化改革的建议 ····· 177

第十章　我国体育课程的未来发展 ····· 185
　　一、基于核心素养的体育教学目标定位 ····· 185
　　二、课程内容、教材内容与教学内容再认识 ····· 197

三、大中小学体育课程内容体系建构 ································ 204
四、体育课程运动技术教学理性思考 ································ 217
五、深化三类体育学习方式研究 ···································· 236
六、正确对待体育课堂运动负荷 ···································· 242
七、体育教学质量评价体系构建 ···································· 249

参考文献 ·· 259

第一章

绪　论

一、选题价值

体育课程作为学校教育重要组成部分，直接影响着青少年身心健康与成长，长期以来，因深受传统文化与应试教育的影响，全社会上下"重智育不重体育""唯分数不顾健康"的风气，导致了学校体育"说起来重要、做起来次要、忙起来不要"的现象长期占主导地位。21世纪初推出的第八次体育课改取消了原先按竞技运动项目编排的《中小学体育教学大纲》，同时，提出了"健康第一""以学生发展为中心"等课程理念，落实了学习方式改革、教学模式的改革、教学评价改革等的要求，可以说，第八次课程改革以来，取得了可喜的成绩，为我国学校体育发展做出了重要贡献。但是，另一方面，第八次体育课改也因前期理论准备不足、困难估计不足，因而在改革进程中经历了不少的曲折与弯路，暴露出诸多理论问题与现实困境。

另一个严峻的现实问题是，当前青少年体质水平下降趋势并未得到根本扭转，且往深水区迈进时困难重重，且很多困难又是中下层机构无法解决，这个问题不仅牵动了中小学家长、校长，而且直接引起了社会、国家领导人的高度重视，这可关乎下一代青少年的未来发展，也直接影响国民体质健康。学校体育是影响青少年学生体质健康的一个重要因素，经常参加体育健身活动，可以促进青少年学生的身心健康，落实体育与健康课程改革的目的之一就是更好地开展学校体育活动，让更多的学生走出教室、走进大自然，走向阳光体育，缓冲重压下的应试教育，给青少年学生一片阳光与健康的天地。

基于以上思路，本研究选题的意义在于：

1. 以辩证分析为视角，肯定第八次体育课改以来及二次课标修订的理论贡献，阐明第八次体育课改的重大变革及其所取得的成绩，揭示第八次体育课程改革以来存在的问题，为深化体育课程改革提供理论参考。

2. 以实证调研为视角，抽样调查中小学体育教师贯彻与落实第八次体育课改状况，并以六个阶段为依据，研判中小学体育教师在实施体育与健康课程标准方面的所处的阶段，进一步说明第八次体育课改在教学实践中的现状。

3. 以知识图谱为工具，对第八次体育课改的重大变化之一"学习方式"进行了知识图谱分析，试图揭示第八次体育课改以来所倡导的"自主学习、探究学习、合作学习"三类学习方式研究成果的热点、态势、群体等，从而发现学者们在研究三类学习方式过程中的特点与问题，为未来体育课程继续实施三类体育学习方式提供参考。

4. 以案例研究的视角，对浙江省绍兴市上虞区共68所中小学进行了课堂教学观摩与评估。采用现场观测、检查的形式深入到各个学校之中，通过看课、查阅资料、访谈、问卷等各种形式对68所中小学校长、体育教师、部分学生等群体进行考察，力图揭示现状、发现问题、提出整改建议，为体育课程深化改革与发展提供典型案例。

5. 以体育课程内容、体育有效教学、体育教学质量等热点问题为视角，分析其中的成果与问题，提出了改进策略，为完善其理论与践行其实践提供依据。

6. 以未来发展研究为视角，在充分肯定第八次体育课改以来所取得成绩的基础上，加强顶层设计与理论研究，运用新理论、新方法与新视角对第八次体育课改存在的诸多困境与发展瓶颈进行理性深层分析，提出改进方案，为我国体育课程的未来发展提供思路。

二、研究综述

检索相关专著、教材和中国知网研究文献，获专著50余部、体育课程研究论文2000余篇，其中中小学体育课程研究文献320篇。与本项目最为相关的前期研究论文文献主要有《第八次体育课程教学改革（前期）成果与位置评估》（张庆新，毛振明《武汉体育学院学报》2008）；《回顾体育与健康课程改革的理论研究与教学实践》（毛振明《大庆师范学院学报》2011）；《第八次体育课程教学改革（前期）的问题与经验——基础教育体育课程改革系列论文》之二（宋翠翠《北京体育大学学报》2010）；《基于实施水平理论第八次基础教育体育课程改革的现状分析》（常德胜《南京体育学院学报》[自然科学版]2015）；《高中体育与健康课程改革教学内容问题分析及应对策略》（陆伟，浙江师范大学2010）；《中小学体育与健康课程改革镜像差异及改进思考》（邓琳华《成都体育学院》2013）；《第八次课程改革对河南省中学体育教师影响的研究》（荣杰，河南师范大学2011）；《第八次高中体育课程教学改革内容变化的分析》（顾忠伟《成功（教育）》2012）；《第八次基础教育体育课程改革的实施研究——以广州市初中为例》（赖土佛，广州大学2013）；《近10年基础教育体育课程改革的评价与反思》(孙鸿《西安体育学院学报》2013);《中小学体育课程改革相关研究及评价》(王继帅,樊炳有《体育学刊》2009);《"三自主"体育课程改革评价》(王斌《教育与职业》2013);《基础教育体育课程改革的成绩与问题反思》(朱培彰《吉林体育学院学报》2015);《高校体育课程改革成绩、问题及对策的研究》(陈静《中国成人教育》2010)等。

梳理重要专著、论文及其观点发现,相关研究成果主要集中在四个方面:一是,对第八次体育课改的背景、依据、理念、目标等方面进行较为详细的解读与阐释,如季浏《全日制义务教育普通高级中学体育与健康课程标准实验稿解读》(专著,2002)、顾渊彦《基础教育体育课程改革》(专著,2004)等;二是,对第八次体育课改以来的现状与问题进行了较客观的调查与分析,如马良《第八次体育课程改革若干问题的反思与启示》(论文,2011)、宋翠翠《第八次体育课程教学改革的问题与经验》(论文,2010)等;三是对第八次体育课改的具体内容与问题提出了改进建议,如毛振明《关于完善体育与健康课程标准的建议(上)——体育课程性质的表述和目标体系的讨论》(论文,2007)、党林秀《实施2011义务教育体育与健康课程标准的建议——基于十年体育课程改革实践的经验》(论文,2013)等;四是对中外体育课程改革进行了比较研究,如李佑发《我国与英国、爱尔兰、新西兰三国体育课程标准比较》(论文,2015)、陈金凤《中美体育课程标准的比较研究》(论文,2007)等。

以上前期研究成果具有一定深度和价值,为本课题提供了丰富研究资料和有益视角,奠定了坚实的研究基础。但纵观已有研究成果,主要存在几个方面不足:

1. 专著、教材大多以介绍、阐述第八次体育课改的背景、依据、理念、目标等为主,它们的主要目的在于推广体育与健康课程及其理念,解读体育与健康课程难点与疑点,剖析体育与健康课程理念的理论依据,分析体育与健康课程实施的方法等等,这些专著与教材主要供全国体育教师体育与健康课程培训之用,而不是反思之用,大多都是课改前期的资料。

2. 众多论文文献往往只涉及了第八次体育课改以来某个部分的现状、问题与建议,如对体育与健康课程的教学方法进行分析,指出其中问题,提出相关对策,又如对自主学习方式进行质疑,发现问题,提出建议等,缺乏整体、系统的回顾与研究。

3. 重复性、描述性成果偏多,结合第八次体育课改以来的研究成果发现,探讨第八次体育课改的理念、意义、价值、评价等方面的重复性与描述性的文章偏多,而对第八次体育课改的深入性评价研究较少。

4. 实证调研的深度不足。有些调查研究仅限于低水平地问卷调查一些浅显的问题,如"你对体育与健康课程持有什么态度,你是否在实施探究学习"等,这些问题导向意识不够清晰，缺乏一定深度，导致问卷可信度较差。

5. 前期研究主要以文献资料法为主，侧重于阐述第八次体育课改的理论研究，研究方法较为单一，缺失深层次的调查研究、实证研究、系统研究与案例研究等，导致其研究成果的说服力不强。

基于以上事实，需要对第八次体育课改与实施以来的现状与效果进行评价，从中肯定成绩、发现问题、探究成因、提出对策，并对其进行多角度、全方位的整体研究，在肯定体育课程改革成绩的基础上，提出具有建设性的建议与方案，为我国体育课程的未来发展提供理论参考和现实指导。

三、研究方法

（一）研究对象

以"第八次体育课程改革以来的成绩、问题与对策"为研究对象。其具体的研究内容主要涉及第八次体育课改以来"理念、目标、内容、方法、策略、评价"在义务教育阶段与高中阶段的理论成果；第八次体育课改以来体育教师实施体育与健康课程的状况；"自主学习、探究学习与合作学习"三类学习方式的图谱分析；体育课程内容、体育教学有效性、体育教学质量及其问题；体育课程实施状况典型个案研究；体育课程未来发展等主题。

（二）研究方法

1. 文献资料法，广泛收集书籍、中英文期刊论文、学位论文、会议论文集、部分媒体报道等相关资料，为本课题研究提供前期素材。

2. 问卷调查法，利用"国培计划""省培计划"部分省市体育教研平台等资源选取中小学体育教师5000余人，调研中小学体育教师实施第八次体育课改以来所处的阶段与问题。

3. 知识图谱分析法，对涉及第八次体育课改实施以来的三类学习方式（自主学习、探究学习、合作学习）的研究文献进行知识图谱分析，较为准确地把握第八次体育课改以来三类学习方式的特征、热点与问题。

4. 案例研究法，选择浙江省某县市区域（绍兴市上虞区）共69所中小学为案例研究对象，对第八次体育课改以来的实施现状进行全面调查与研判，重点探究其在体育课堂教学目标研制、体育教材内容配置、体育教学方法选择、体育教学手段配备、体育教学评价落实等方面的成效与问题。

5. 专家访谈法，对部分国内著名学校体育专家、教研员、特级教师、正高级中小学教授访谈第八次体育课改以来的历程及其2017年体育课程标准提倡的核心素养等内容。

第二章

第八次课改以来我国体育课程理论价值

一、第八次课改以来义务教育阶段体育课程理论价值

值得注意的是，第八次体育课改始于2001年，2000年出版的还是体育与健康教学大纲（试验修订版）。但此次课改是针对小学、初中与高中全学段的，小学称之为体育课程标准，初中与高中称之为体育与健康课程标准。若要把义务教育阶段的体育课程标准单独列出，就需要抽离出体育与健康（七至十二年级）课程标准中的初中部分，并与小学体育课程标准合并，但因小学体育课程标准与初高中体育与健康（七至十二年级）课程标准有所不同，因此，本研究以初中体育与健康（七至九年级）课程标准为例，对其进行理论价值分析。

（一）2001年初中阶段体育与健康课程理论价值

表1 2001年初中体育与健康课程标准若干内容一览表[①]

内容	2001年版中小学体育课程标准（实验稿）
课程性质	体育与健康课程是一门以身体练习为主要手段、以增进中小学生健康为主要目的的必修课程，是学校课程体系的重要组成部分，是实施素质教育和培养德智体美全面发展人才不可缺少的重要途径。
课程价值	课程价值：（1）增进身体健康；（2）提高心理健康水平；（3）增强社会适应能力；（4）获得体育与健康知识和技能。
课程基本理念	(1) 坚持"健康第一"的指导思想，促进学生健康成长；（2）激发运动兴趣，培养学生终身体育的意识；（3）以学生发展为中心，重视学生的主体地位；（4）关注个体差异与不同需求，确保每一个学生受益。

---

① 中华人民共和国教育部．全日制义务教育普通高级中学体育（1-6年级）体育与健康（7-12年级）课程标准（实验稿）[M]．北京：北京师范大学出版社，2001．

续表

内容	2001年版中小学体育课程标准（实验稿）
课程标准设计思路	（1）根据课程目标与内容划分学习领域；（2）根据学生身心发展的特征划分学习水平；（3）根据可操作性和可观察性要求确定具体的学习目标；（4）根据三级课程管理的要求加大课程内容的选择性；（5）根据课程发展性要求建立评价体系。
学习领域划分	划分为运动参与、运动技能、身体健康、心理健康和社会适应五个学习领域。
课程目标	（1）增强体能，掌握和应用基本的体育与健康知识和运动技能；（2）培养运动的兴趣和爱好，形成坚持锻炼的习惯；（3）具有良好的心理品质，表现出人际交往的能力与合作精神；（4）提高对个人健康和群体健康的责任感，形成健康的生活方式；（5）发扬体育精神，形成积极进取、乐观开朗的生活态度。
领域目标	1. 运动参与目标：（1）具有积极参与体育活动的态度和行为；（2）用科学的方法参与体育活动。 2. 运动技能目标：（1）获得运动基础知识；（2）学习和应用运动技能；（3）安全地进行体育活动；（4）获得野外活动的基本技能 3. 身体健康目标：（1）形成正确的身体姿势；（2）发展体能；（3）具有关注身体和健康的意识；（4）懂得营养、环境和不良行为对身体健康的影响。 4. 心理健康目标：（1）了解体育活动对心理健康的作用，认识身心发展的关系；（2）正确理解体育活动与自尊、自信的关系；（3）学会通过体育活动等方法调控情绪；（4）形成克服困难的坚强意志品质。 5. 社会适应目标：（1）建立和谐的人际关系，具有良好的合作精神和体育道德；（2）学会获取现代社会中体育与健康知识的方法。
课程内容（以运动技能领域学习内容为例）	水平四：学习和应用运动技能：（1）基本掌握一项球类运动中的技战术；（2）完成一两套武术套路或对练；完成一两套技巧项目动作或器械体操动作；（3）完成一两套舞蹈或健美操；（4）基本掌握几项主要的田径运动技能；（5）基本掌握一两种地域性运动项目的技术。

1. 提出了"体育与健康"新名称,增加了健康教育内容

2001年出台的初中体育与健康课程标准与之前《大纲》相比较,所不同的是,在课程名称上进行了改动,在"体育"名词基础上,增加了健康词语;另一方面,由于课程名称的变化,突出了"增进中小学生健康"目的(之前主要有三大目标:增强体质、掌握三基、思想教育),拓展了"增强体质"的外延,即把"增强体质"一词用一个更为宽泛的"健康"概念替代,从而增加了健康教育的内容。

2. 提出了体育与健康课程的理念

其理念包括四个方面:"健康第一"的指导思想;激发运动兴趣,培养学生终身体育的意识;以学生发展为中心,重视学生的主体地位;关注个体差异与不同需求,确保每一个学生受益。其中"健康第一"理念与课程性质相匹配;"激发运动兴趣"理念主要是针对课改之前"体育教学内容"枯燥乏味现象而提出的,说明2001年初中体育与健康课程注重以学生为中心的理念,开始关注中小学体育教学中学生的主体地位与运动兴趣问题;"关注个体差异与不同需求,确保每一个学生受益"理念对于解决体育课改之前的体育教学"一刀切"现象具有重要意义,说明2001年体育课改强调了学生对体育需求的个体差异性,体育教育的普惠性。

3. 提出了体育课程标准设计的思路

首先,创新性地提出了"根据课程目标与内容划分学习领域"的设计思路,把学习领域划分为"运动参与、运动技能、身体健康、心理健康和社会适应"五个方面,此划分较体育课改之前的"增强体质、掌握三基、思想教育"有了实质性的变化,内容更为具体与细化。其次,根据学生年龄特征、身心发展特征创新性地划分了六个学习水平:小学1-2——水平1;小学3-4——水平2;小学4-5——水平3;初中——水平4;高中——水平5;大学——水平6,该划分的意义在于为实施差异教学提供理论依据。第三,注重学生体育学习目标的可操作性和可观察性。第四,2001年体育课程标准倡导了广大基层教师自主选择与开发校本课程内容的权利,鼓励体育教师根据三级课程管理的要求与学校的特点开发体育资源。第五,提出了"根据课程发展性要求建立评价体系"的思路。该思路对于改变原有"一锤定音式"的体育学习评价体系具有重大意义,说明第八次体育课改倡导根据学生不同水平与基础,实施差异性评价与发展性评价。

4. 较为详细地提出了五大体育课程目标下的二级指标

如身体健康目标的二级指标为:(1)身体姿势;(2)发展体能;(3)身体

和健康的意识；(4) 懂得营养、环境和不良行为对身体健康的影响。运动技能目标的二级指标为：(1) 运动基础知识；(2) 运动技能；(3) 安全活动；(4) 野外技能等。以上二级指标为体育教师进一步研制体育课堂教学目标提供了思路与方向。

（二）2011年修订版义务教育阶段体育与健康课程理论价值

表2　2001年初中阶段体育课标与2011年修订版比较一览表①

内容	2001年实验稿	2011年修订稿	区别
课程性质	体育与健康课程是一门以身体练习为主要手段、以增进中小学生健康为主要目标的必修课程，是学校课程体系的重要组成部分，是实施素质教育和培养德智体美全面发展人才不可缺少的重要途径。	体育与健康课程是学校课程的重要组成部分。本课程是以身体练习为主要手段，以学习体育与健康知识、技能和方法为主要内容，以增进学生健康，培养学生终身体育意识和能力为主要目标的课程。	(1) 增加了学习的内容：体育与健康知识、技能和方法；(2) 在增进学生健康的基础上，增加了"培养学生终身体育意识与能力"的目标。
课程基本理念	(1) 坚持"健康第一"的指导思想，促进学生健康成长；(2) 激发运动兴趣，培养学生终身体育的意识；(3) 以学生发展为中心，重视学生的主体地位；(4) 关注个体差异与不同需求，确保每一个学生受益。	(1) 坚持"健康第一"的指导思想，促进学生健康成长；(2) 激发学生的运动兴趣，培养学生体育锻炼的意识和习惯；(3) 以学生发展为中心，帮助学生学会体育与健康学习；(4) 关注地区差异和个体差异，保证每一位学生受益	(1) 把"终身体育的意识"改成了"体育锻炼的意识和习惯"；(2) 在以学生发展为中心的基础上，增加了"帮助学生学会体育与健康学习"。问题：(1) 基本理念与课程性质不一致："体育锻炼的意识和习惯"与"终身体育意识与习惯"界定不明；(2) 如何帮助学生学会学习内容。

① 义务教育阶段体育与健康课程标准（2011年修订稿）[M]．人民教育出版社，2012．

续表

内容	2001年实验稿	2011年修订稿	区别
课程标准设计思路	(1)根据课程目标与内容划分学习领域;(2)根据学生身心发展的特征划分学习水平;(3)根据可操作性和可观察性要求确定具体的学习目标;(4)根据三级课程管理的要求加大课程内容的选择性;(5)根据课程发展性要求建立评价体系	(1)根据学生全面发展的需求确定课程目标体系和课程内容;(2)根据学生的身心发展特征划分学习水平;(3)根据可评价的原则设置可操作和可观测的学习目标;(4)根据三级课程管理的要求保证课程内容的可选择性。	(1)把"根据课程目标与内容划分学习领域"改为"根据学生全面发展的需求确定课程目标体系和课程内容";(2)把"根据课程发展性要求建立评价体系"改为"根据课程学习目标和发展性要求建立多元的学习评价体系"
学习领域划分	划分为运动参与、运动技能、身体健康、心理健康和社会适应五个学习领域。	划分为运动参与、运动技能、身体健康、心理健康与社会适应四个方面。	把五个学习领域改为四个学习领域
课程目标	(1)增强体能,掌握和应用基本的体育与健康知识和运动技能;(2)培养运动的兴趣和爱好,形成坚持锻炼的习惯;(3)具有良好的心理品质,表现出人际交往的能力与合作精神;(4)提高对个人健康和群体健康的责任感,形成健康的生活方式;(5)发扬体育精神,形成积极进取、乐观开朗的生活态度。	(1)通过课程的学习,学生将掌握体育与健康的基础知识、基本技能与方法,增强学生体质健康;(2)学会学习和锻炼,发展体育与健康实践和创新能力,体验运动的乐趣和成功,养成体育锻炼的习惯;(3)发展良好的心理品质、合作与交往能力;(4)提高自觉维护健康的意识,基本形成健康的生活方式和积极进取、乐观开朗的人生态度。	(1)把"知识与技能"改为"知识、技能与方法"(2)增加了"学会学习和锻炼,发展体育与健康实践和创新能力,体验运动的乐趣和成功,养成体育锻炼的习惯"目标。(3)增加了"提高自觉维护健康的意识"提法。

续表

内容	2001年实验稿	2011年修订稿	区别
领域目标	1. 运动参与目标：（1）具有积极参与体育活动的态度和行为；（2）用科学的方法参与体育活动。 2. 运动技能目标：（1）获得运动基础知识；（2）学习和应用运动技能；（3）安全地进行体育活动；（3）获得野外活动的基本技能。 3. 身体健康目标：（1）形成正确的身体姿势；（2）发展体能；（3）具有关注身体和健康的意识；（4）懂得营养、环境和不良行为对身体健康的影响。 4. 心理健康目标：（1）了解体育活动对心理健康的作用，认识身心发展的关系；（2）正确理解体育活动与自尊、自信的关系；（3）学会通过体育活动等方法调控情绪；（4）形成克服困难的坚强意志品质。 5. 社会适应目标：（1）建立和谐的人际关系，具有良好的合作精神和体育道德；（2）学会获取现代社会中体育与健康知识的方法。	1. 运动参与目标：（1）参与体育学习和锻炼；（2）体验运动乐趣与成功。 2. 运动技能的目标：学习体育运动知识；掌握运动技能和方法；增强安全意识和防范能力。 3. 身体健康的目标：（1）掌握基本保健知识和方法；（2）塑造良好体形和身体姿态；（3）全面发展体能与健身能力；（4）提高适应自然环境的能力。 4. 心理健康与社会适应的目标：（1）培养坚强的意志品质；（2）学会调控情绪的方法；（3）形成合作意识与能力；（4）具有良好的体育道德。 并强调：运动参与、运动技能、身体健康、心理健康与社会适应四个方面是一个相互联系的整体，各个学习方面的目标主要通过身体练习实现，不能割裂开来进行教学。	（1）"运动参与"目标强调了运动乐趣的体验。（2）"运动技能"目标基本没变，删除了"获得野外活动的基本技能"。（3）"身体健康"目标突出了健身能力与适应自然环境的能力。（4）简化了心理健康与社会适应能力的目标内容：意志品质、调控情绪、合作能力、体育道德。

续表

内容	2001年实验稿	2011年修订稿	区别
课程内容体例	按五个领域划分，在每个领域下再按四级水平叙述内容。	按四级领域划分，在每级水平下叙述四个方面的内容，更便于阅读使用。	把五个领域变成了四个领域
课程内容（以运动技能领域为例）	水平四：学习和应用运动技能（1）基本掌握几项主要的田径运动技能；（2）基本掌握一两项球类运动中的技战术；（3）完成一两套武术套路或对练；（4）完成一两套技巧项目动作或器械体操动作；（5）完成一两套舞蹈或健美操；（6）基本掌握一两种地域性运动项目的技术。	水平四：掌握运动技能和方法（1）基本掌握并运用一些田径类运动项目的技术。（2）基本掌握并运用一些球类运动项目的技术和简单战术。（3）基本掌握并运用一些体操类运动项目的技术。（4）基本掌握并运用一些武术类运动项目的1～2组技术动作组合。（6）基本掌握并运用一些其他较复杂的民族民间传统体育活动项目的技术。	就运动技能范畴而言，其内容基本差不多。
教学建议	一、设置学习目标的建议：无 二、选择教学内容的建议：（1）根据学习目标的要求来选择和设计教学内容；（2）教学内容的选择要符合以下要求：符合学生身心发展、年龄和性别特征；运动形式活泼，能激发学习兴趣；具有健身性、知识性和科学性；对增强体能、增进健康有较强的实效性；简单易行。	一、设置学习目标的建议（1）在目标多元的基础上有所侧重。（2）细化本标准提出的课程目标：学习目标是由水平目标、学年目标、学期目标、单元目标、课时目标组成的完整体系。具体学习目标一般应该包括"条件"（在什么情境中）、"行为"（做什么和怎么做）和"标准"（做到什么程度）三个部分。（3）目标难度适宜。	（1）增加了设置学习目标的建议：目标侧重、突出目标的整体性、规定了目标的撰写方法。（2）突出了教学内容选择的条件：适合教学实际、重视健康教育。（3）进一步突出"自主学习、合作学习、探究学习"，更加强调了有效教学与差异教学。（4）强化了"时间资源"的开发与利用

续表

内容	2001年实验稿	2011年修订稿	区别
教学建议	三、选择教学方法的建议：1.加强对学生学法的指导（1）提高学生自学、自练的能力。（2）教师要给学生营造合作学习的氛围。（3）教师要为学生提供机会，培养他们的创造力、竞争力以及迎接挑战的能力。（4）通过布置适当形式的家庭作业，培养学生的锻炼习惯以及对社会健康问题的责任感。（5）有条件学校的教师可发挥信息技术的优势，指导7年级以上的学生收集和综合信息，使信息技术成为学生的学习工具。（6）发扬教学民主，经常听取学生的意见，与学生一起研究和改进教学方法，让学生以适当的方式对教、学过程和结果进行评价。2.加强教法研究，提高教学质量 四、评价建议： 1.评价内容：体能；知识与技能；学习态度；情意表现与合作精神。 2.评价形式与方法：学生自我评定；组内互相评定；教师评定。	二、选择教学内容的建议： （1）体现"目标引领内容"的思想；（2）符合学生身心发展特点；（3）充分考虑学生的运动兴趣与需求；（4）适合教学实际条件；（5）重视健康教育。 三、选择教学方法的建议： （1）应有利于促进学生体育与健康的知识与技能、过程与方法、情感态度与价值观的整体发展。（2）应创设民主、和谐的体育与健康教学情境，有效运用自主学习、合作学习、探究学习。（3）应在运动技能教学的同时，安排一定的时间，选择简便有效的练习内容，采用多种多样的方法，发展学生的体能。（4）应高度重视学生之间的个体差异，在体育与健康教学中做到区别对待、因材施教。 四、评价建议： 1.评价内容：体能；知识与技能；态度与参与；情意与合作。	

续表

内容	2001年实验稿	2011年修订稿	区别
教学建议	课程资源开发利用建议：人力资源的开发；体育设施资源的开发；课程内容资源的开发；课外和校外体育资源的开发；自然地理课程资源的开发；体育信息资源的开发。本段原文2451字，举例较详实。	2. 评价形式与方法：教师评价；学生评价；其他人员评价。定性评价与定量评价相结合；形成性评价与终结性评价相结合；相对性评价与绝对性评价相结合。 3. 课程资源开发利用建议：人力资源的开发与利用；体育设施和器材资源的开发与利用；课程内容资源的开发与利用；自然地理资源的开发与利用；信息资源的开发与利用；时间资源的开发与利用。本段原文1632字，叙述趋于简明。	
教材编写原则	教材编写的原则：教育性；健康性；兴趣性；发展性	教材编写的原则：教育性；科学性；实用性；可读性；发展性	突出了科学性、实用性；可读性

比较2001年初中体育与健康课程标准与2011年的义务教育阶段体育与健康课程标准，主要进行了以下几个方面的修改。

1. 2011年版体育与健康课程标准基本理念方面的新变化

在坚持2001年初中体育与健康课程倡导的"健康第一"指导思想基础上，提出了两个方面的改变：首先把"终身体育的意识"改成了"体育锻炼的意识和习惯"，2011年版体育课标增加了终身体育的行为习惯，更注重了行为导向价值。其次，在倡导"以学生发展为中心"的基础上，增加了"帮助学生学会学习"的理念。其改动的意图在于第八次体育课改以来，学生被动学习、灌输学习的现象已有所改变，但力度不大，需要进一步强化"帮助学生学会学习"的理念。

2. 2011年版体育与健康课程标准学习内容方面的新变化

首先，在2001年初中体育与健康课程的基础上，2011年体育与健康课程增加了学习内容的内涵：体育与健康知识、技能和方法。《中小学体育教学大纲》的提法是"知识、技术、技能"（"三基"教学），在2001年版体育课标性质中并未出现学习内容，2011年版课标出现了"知识、技能和方法"三维学习内容，这说明体育课程不仅要教会学生"知识与技能"，还要教给学生"学习与锻炼的方法"。

其次，提出了在增进学生健康的基础上，提出了"培养学生终身体育意识与能力"的目标。"终身体育"来源于终身教育，是教育的一个大方向，体育从属于教育，因此，为了确保体育课程大方向的正确性，专家们提出了"培养学生终身体育意识与能力"的重要性。的确，学习需要终身，锻炼更需要终身，只有坚持终身体育，才能确保身体健康的持续性，而中小学体育课程是实施"终身体育"计划的基础，这个基础没有打好，终身体育将成为一句空话。

3. 2011年版体育与健康课程标准设计思路方面的新变化

在2001年初中体育课程设计思路的基础上，主要产生了两个方面的变化：首先，把"根据课程目标与内容划分学习领域"改为"根据学生全面发展的需求确定课程目标体系和课程内容"；其次把"根据课程发展性要求建立评价体系"改为"根据课程学习目标和发展性要求建立多元的学习评价体系"，其改动之目的可能在于虽然2001年提出了多元评价体系，但实施情况并不理想，因此，在词语上更突出了"多元学习评价体系"的重要性，鼓励体育教师重视与开展多元评价。

4. 2011年版体育与健康课程标准学习领域划分方面的新变化

把原来划分为运动参与、运动技能、身体健康、心理健康和社会适应五个学习领域改为"运动参与、运动技能、身体健康、心理健康与社会适应四个方面"，词语与内容上并无改变，只是把"心理健康"和"社会适应"合二为一。

5. 2011年版体育与健康课程目标方面的新变化

在2001年初中体育课程目标的基础上，首先增加了"学会学习和锻炼，发展体育与健康实践和创新能力，体验运动的乐趣和成功，养成体育锻炼的习惯"目标。其改动之意可能在于既要教会学生的知识、技能与方法，还要发展体育与健康实践和创新能力，即突出了学生运动实践能力的发展，同时鼓励学生在体育学习过程中要充分体验运动的乐趣和成功，这是养成体育锻炼习惯的关键，实际上，有关终身体育习惯的问题，2011年版体育课标已在体育课程性质方面中谈到了，只是在此处重提罢了。其次，增加了"提高自觉维护健康的意识"提法。在2001年版体育课标中，"体育与健康"词语的变化实际上就增加了"健康"内容，但这个问题却一直以来未得到重视，其原因在于"健康教育"

到底归谁管，是学校卫生教师还是体育教师，这个问题不搞清楚，体育教育健康还是停留于口头上。

6. 2011年版体育与健康课程标准领域目标方面的新变化

在2001年初中体育课标原有领域目标基础上，首先强调了"运动参与"的运动乐趣的体验与成功体验。其次，"运动技能"目标基本没变，只是删除了"获得野外活动的基本技能"，这可能与野外的安全性无法保障有一定关系。第三，"身体健康"目标突出了健身能力与适应自然环境的能力，强化了"能力"发展的价值。第四，简化了心理健康与社会适应能力目标评价的二级指标：意志品质、调控情绪、合作能力、体育道德，这对于体育教师进行教学设计与评价尤为重要。

7. 2011年版体育与健康课程标准教学建议方面的新变化

在原有领域目标基础上，首先增加了设置学习目标的建议：目标侧重、突出目标的整体性、规定了目标的撰写方法，为基层体育教师提供了较为具体的设计思路。第二，突出了教学内容选择的条件：适合教学实际、重视健康教育。第三，进一步突出"自主学习、合作学习、探究学习"重要性。2001年尽管倡导了三类新型的学习方式，但由于体育教师对三类学习方式的理解不深、领会不够，导致三类学习方式实施不力的现象，因此，2011年版体育课标重申了三类学习方式的重要性。第四，强化了"时间资源"的开发与利用。

二、第八次课改以来高中阶段体育课程理论价值

（一）2003年高中体育与健康课程理论价值

表3　2003年版高中体育课程标准若干内容一览表[①]

内容	2003年实验稿
课程性质	高中体育与健康课程是一门以身体练习为主要手段，以体育与健康知识、技能和方法为主要学习内容，以增进高中学生健康为主要目标的必修课程，它具有鲜明的基础性、实践性和综合性，是高中课程体系的重要组成部分，是实施素质教育和培养德智体美全面发展人才不可缺少的重要途径。

---

① 高中体育与健康课程标准（2003年版）[M]．人民教育出版社，2004.

续表

内容	2003年实验稿
课程基本理念	（1）坚持"健康第一"的指导思想，培养学生健康的意识和体魄；（2）改革课程内容与教学方式，努力体现课程的时代性；（3）强调以学生发展为中心，帮助学生学会学习；（4）注重学生运动爱好和专长的形成，奠定学生终身体育的基础。
课程标准设计思路	（1）根据课程目标确定课程内容标准；（2）根据课程内容特征确定必修内容；（3）根据学生的需求和爱好加大运动技能学习的自主选择性；（4）根据可操作性和可观察性要求设置具体的学习目标；（5）根据课程的发展性要求建立评价体系。
学习领域划分	划分为运动参与、运动技能、身体健康、心理健康和社会适应五个学习领域。
课程目标	（1）提高体能和运动技能水平；（2）增强体育实践能力和创新能力；（3）培养终身体育的意识和习惯；（4）增强人际交往技能和团队意识；（5）提高对个人健康和群体健康的社会责任感。
领域目标	1. 运动参与目标：（1）自觉参与体育锻炼；（2）应用科学的方法参加体育锻炼。 2. 运动技能目标：（1）获得和应用运动基础知识；（2）掌握和运用运动技能；（3）具有安全进行体育活动的能力。 3. 身体健康目标：（1）全面发展体能；（2）提高预防疾病的意识和能力；（3）理解营养、环境和生活方式对身体健康的影响；（4）改善身体健康状况。 4. 心理健康目标：（1）自我价值感；（2）调控情绪；（3）意志品质；（4）保持性心理健康的能力。 5. 社会适应目标：（1）合作精神和体育道德；（2）积极的社会责任感。
课程内容（以运动技能领域学习内容为例）	水平五—— （1）提高运动技能的水平。 达到该水平的具体目标时，学生将在所选运动技能系列的学习中能够： 如◇ 提高田径类项目中某些项目（如长跑、跳高等）的运动技能水平（三年内至少必修1学分）。 ◇ 较好地掌握球类项目中某一或某些项目（如篮球、足球、乒乓球等）的技术与战术。达到该水平的具体目标时，学生将在所选运动技能系列的学习中能够参加班内体育比赛或组合、选编运动动作等。

1. 明确了高中体育与健康课程的性质

2003年确立了高中体育与健康课程的基本性质，该性质与之前《中小学体育教学大纲》所不同的是，突出了"增进高中学生健康"的目的《大纲》是三大目标：增强体质、掌握三基、思想教育，拓展了"增强体质"的外延，增加了健康教育内容；其次，进一步明确了"身体练习"是体育教学的主要手段；第三；明确了"知识、技能和方法"的学习内容。

2. 提倡了高中体育与健康课程理念

上表所示的体育与健康课程理念中，"学生健康意识"理念与高中健康教育相匹配；"改革课程内容与教学方式"理念主要体现了选项课程的特点与"自主学习、合作学习、探究学习"方式的改革，对于破解体育课改之前高中体育教学"灌输式"现象是一个重要举措；"以学生发展为中心"理念体现了学生主体地位；"终身体育"理念强化了高中学生体育学习与锻炼的坚持性与终身性。

3. 提出了高中《体育与课程》标准的设计思路

高中体育与健康课程教学设计思路包括如上表所示的五个方面，其特点表现在以下几个方面。

首先，创新性地提出了"目标引领内容""根据课程内容特征确定必修内容"的设计思路，把学习领域划分为"运动参与、运动技能、身体健康、心理健康和社会适应"。其次，体现了以学生体育需求为中心的思想，把学生对体育的兴趣爱好放在了首位，提倡了高中学生体育自主选择权。第三，注重高中学生学习目标研制的可操作性和可观察性。第四，提出了"根据课程发展性要求建立评价体系"的思路。该思路对于改变原有"一锤定音式"的学生体育学习评价体系具有重大意义，说明高中体育与健康课程倡导的是根据学生的不同水平与基础，实施差异性评价、发展性评价。第五，创新性地提出了高中体育"11学分"的构想，其中体育健康教育1学分、田径1学分，其他选项课程9学分。

4. 较为详细地提出了五大课程目标中的二级指标

如运动技能目标的二级指标为：（1）获得和应用运动基础知识；（2）掌握和运用运动技能；（3）具有安全进行体育活动的能力。该运动技能目标首先强调的是"基础知识"，之后是"运动技能"，最后是"运动能力"，体现了运动技能目标的层次性与衔接性。

5. 详细地阐述了课程内容目标、水平与具体要求

以水平五"运动技能"领域为例，该水平应达到的目标是：提高运动技能的水平；增强运动技能的运用能力，同样体现了运动技能学习与运动技能运用

的层次性。在此基础上，提出了较为具体的水平目标与要求：提高田径类项目中某些项目（如长跑、跳高等）的与运动技能水平（三年内至少必修1学分）；较好地掌握球类项目中某一或某些项目、体操，或掌握健美运动、水上或冰雪类项目中某一或某些项目（如蛙泳、滑冰等）等，这些水平目标与具体要求是第八次体育课改之前所不具备的。

综上，2011年修订后体育课标的主要理论贡献在于：（1）在体育课程性质中增加了学习的内容——体育与健康知识、技能和方法、提倡教给学生"学习与锻炼的方法"、提出"培养学生终身体育意识与能力"的目标。（2）在课程基本理念方面把"终身体育的意识"改成了"体育锻炼的意识和习惯"，强化了行为习惯；倡导"以学生发展为中心"的基础上，增加了"帮助学生学会学习"的理念。（3）在体育课程标准设计思路方面把"根据课程目标与内容划分学习领域"修改为"根据学生全面发展的需求确定课程目标体系和课程内容"；把"根据课程发展性要求建立评价体系"修改为"根据课程学习目标和发展性要求建立多元的学习评价体系"。（4）在学习领域划分方面把原来划分为运动参与、运动技能、身体健康、心理健康和社会适应五个学习领域改为"运动参与、运动技能、身体健康、心理健康与社会适应四个方面"。（5）在体育课程目标方面增加了"学会学习和锻炼，发展体育与健康实践和创新能力，体验运动的乐趣和成功，养成体育锻炼的习惯"目标；增强了"提高自觉维护健康的意识"。（6）在领域目标方面删除了"获得野外活动的基本技能"；"身体健康"目标突出了健身能力与适应自然环境的能力；简化了心理健康与社会适应能力的目标评价的二级指标内容：意志品质、调控情绪、合作能力、体育道德。（7）在教学建议方面增加了设置学习目标的建议：目标侧重、突出目标的整体性、规定了目标的撰写方法；突出了教学内容选择的条件：适合教学实际、重视健康教育；进一步突出"自主学习、合作学习、探究学习"；强化了"时间资源"的开发与利用。

(二) 2017年修订版高中体育与健康课程标准的新变化

表4　2017新修订版高中体育课程标准与2003年版比较一览表[①]

类别	2003年版课标结构	2017年版课标结构
目录	第一部分　前言 　一、课程性质 　二、课程的基本理念 　三、课程的设计思路 第二部分　课程目标 　一、课程总目标 　二、具体目标 第三部分　内容标准 　运动参与 　运动技能 　身体健康 　心理健康 　社会适应 第四部分　实施建议 　一、教学建议 　二、教学评价建议 　三、教科书编写建议 　四、课程资源的利用与开发建议 附录 　一、名词解释 　二、附表	一、课程性质与基本理念 　（一）课程性质 　（二）基本理念 二、学科核心素养与课程标准 　（一）学科核心素养 　（二）课程目标 三、课程结构 　（一）设计依据 　（二）结构 　（三）学分与选课 四、课程内容 　（一）必修必学内容 　（二）必修选学内容 五、学业质量 　（一）学业质量内涵 　（二）学业质量水平 　（三）学业质量水平与考试评价的关系 六、实施建议 　（一）教学建议与学习评价建议 　（二）学业水平评价方案设计建议 　（三）教材编写建议 　（四）地方和学校实施本课程的建议 附录 　附录1：健康与健康学科核心素养水平划分 　附录2：教学与评价案例

在2003年颁布与实施高中体育与健康课程以来，总结了前期理论不足与实践智慧，于2017年修订了高中体育课程标准，其主要变化是：（1）2017年版的课程新增了课程学科核心素养内容，并具体体现为运动能力、健康行为、体育

---

① 普通高中体育与健康课程标准（2017年版）[M]. 人民教育出版社，2018.

品德三个方面。(2) 课程总目标发生了改变，直接指向了运动能力、健康行为和体育品德三方面学科核心素养。(3) 把 2003 年版体育课程必修选修的性质变更为"必修必学"内容（体能、健康教育）和"必修选学"内容（球类运动、田径类运动、体操类运动、水上或冰雪类运动、武术与民族民间传统体育类运动）；(4) 从原来的 11 个学分增加到了 12 个学分。(5) 新增"学业质量"模块的内容，从学业质量内涵、学业质量水平、学业质量水平与考试评价的关系三个方面进行阐述。(6) 更新了"实施建议"的部分内容，新增学习评价建议内容、学业水平评价方案设计建议。(7) 变更了教材编写部分的具体内容，新增地方和学校实施本课程建议。删除 2003 年版课程标准中课程资源的利用与开发建议部分的内容。(8) 增加了附录 1：健康与健康学科核心素养水平划分；附录 2：教学与评价案例。

比较 2017 新修订版高中体育课标与 2003 年版高中体育课标，其具体情况如下。

1. 高中体育与健康课程性质与基本理念的比较

表 5　2017 年修订版高中体育课标与 2003 年版的课程性质对比一览表

类别	2003 年版（实验）	2017 年版课标
课程性质	高中体育与健康课程是一门以身体练习为主要手段，以体育与健康知识、技能和方法为主要学习内容，以增进高中学生健康为主要目的的必修课程，它具有鲜明的基础性、实践性和综合性，是高中课程体系的重要组成部分，是实施素质教育和培养德智体美全面发展人才不可缺少的重要途径。	高中体育与健康课程是一门以身体练习为主要手段，以体育与健康知识、技能和方法为主要学习内容，以增进高中学生健康为主要目的的必修课程，它具有鲜明的基础性、实践性和综合性，是高中课程体系的重要组成部分，是实施素质教育和培养德智体美全面发展人才不可缺少的重要途径。
基本理念	(1) 坚持"健康第一"的指导思想；(2) 努力体现课程的时代性；(3) 帮助学生学会学习；(4) 奠定学生终身体育的基础。	(1) 落实"立德树人"根本任务和"健康第一"指导思想，促进学生健康与全面发展；(2) 尊重学生的学习需求，培养学生对运动的喜爱；(3) 改革课程内容与教学方式，提高学生的综合能力和优良品格；(4) 注重学生运动专长的培养，奠定学生终身体育的基础；(5) 建立多元学习评价体系，激励学生更好地学习和发展。

从课程性质来看，主要的变化是：（1）2003（实验稿）版强调"基础性、实践性、综合性"；2017年版强调"基本性、实践性、选择性、综合性。"即2017年版更强化了高中体育课程"选择性"，这个特性是专门针对高中体育选项课程而言的。按常规推理，选项课程已经在2003年版高中体育课标中提倡并实施，但为什么还要强化其"选择性"？其中的主要理由可能是高中选项课程的开展并不如意，很多学校一开始实施了选项课，但之后又重新返回之前的课程模式，因此需要特别强调体育课程的"选择性"。（2）体育课程主要目标发生了改变。2003年版强调"以增进高中学生健康为主要目的的必修课程"；2017年版高中体育课标强调了"以培养高中学生体育与健康学科核心素养和增加高中学生身心健康为主要课程。"显而易见，在2003年版高中体育课标基础上，增加了"培养高中学生体育与健康学科核心素养"的目标。

从体育课程的基本理念来看，主要的变化有：（1）2017年版增加了落实"立德树人"根本任务，这与十八大以来党中央强调的"立德树人"教育方向是一致的。（2）突出了"尊重学生的学习需求，培养学生对运动的喜爱""建立多元学习评价体系，激励学生更好地学习和发展"。这两个方面本质上是一致的，多元评价的目的就是激励学生学习与发展，而学生的体育学习必须建立在学生对体育学习兴趣之上。

2. 高中体育与健康课程目标的比较

表6　2017新修订版高中体育课标与2003年版的课程目标对比一览表

类别	2003年版课标	2017年版课标
课程目标	（1）提高体能和运动技能水平；（2）增强体育实践能力和创新能力；（3）培养终身体育的意识和习惯；（4）增强人际交往技能和团队意识；（5）提高对个人健康和群体健康的社会责任感，逐步形成健康的生活方式和积极进取、充满活力的人生态度。	（1）积极主动地参与运动；（2）增强创新精神和体育实践能力；（3）形成良好的生活方式；（4）塑造良好的体育品格，发扬体育精神。运动能力、健康行为和体育品德三方面学科核心素养协调和全面发展。

其中的变化主要有如下几方面：（1）2017年版高中体育课标增加了对体育学科核心素养的阐述；（2）强化了"树立健康观念"的意识，其主要原因可能在于"健康教育"虽在2003年提出，但落实情况不理想，因此需要重申。（3）

把"良好的心理品质,增强人际交往技能和团队意识"目标改为"体育品德",用词更为简练。

3. 高中体育与健康课程结构的内容与学分的比较

表7 2017新修订版高中体育课标与2003年版的内容与学分对比一览表

类别	2003年版(实验)	2017年版课标
内容	《标准》设置了两级学习水平(水平五、水平六)和七个系列(包括田径运动,球类运动,体操、健美操、舞蹈或健美运动,水上运动或冰雪运动,民族民间体育活动,新兴运动六个运动技能系列以及一个健康教育专题系列)。	作为普通高中必修课程,本课程的内容包括必修必学和必修选学两个部分。必修必学包括体能和健康教育2个模块;必修选学包括6个运动技能系列模块。每个系列包含若干运动项目,每个运动项目由若干模块组成,每个模块由某一个具体的运动项目(如足球、跳远、健身健美操、蛙泳、防术、花样跳绳等)中相对完整的若干内容组成。体能模块和健康教育模块包括内容标准、教学提示;运动技能系列中每个项目的教学由若干模块组成,每个模块包括内容标准、教学提示和学业要求。
学分	高中三年中,学生修满11个必修学分(含田径运动系列必修1学分,健康教育专题系列必修1学分)即可达到体育与健康课程的毕业要求。	高中学生在三年的体育与健康课程学习中需修满12个必修学分,共计216学时。平均每学年修习4个必修学分,一个学分一般为18学时左右,通常按每周2学时安排。高中三年各学期必须上足体育与健康课。学生每修完一个模块,经考核和评价达到学业要求即可获得1个学分;修满12个学分并达到相应学业质量标准,准予毕业。12个学分中包含体能模块必修必学1个学分,健康教育模块必修必学1个学分,其余为运动技能系列模块的必修选学10个学分。以足球项目模块为例,如果一个高中学生喜欢足球项目,可允许他连续学习10个足球模块,也可允许他在连续学完3个足球模块(第一学年)或7个足球模块(第二学年)之后,选择其他运动项目(如跳高或双杠等)进行学练。

其中的变化主要是：(1) 2017 年版高中体育课标改变了课程结构，以学科核心素养统领课程目标、内容、方法和评价，即课程目标、课程内容、教学方法、学习评价等都紧密围绕学科核心素养进行设计和构架。

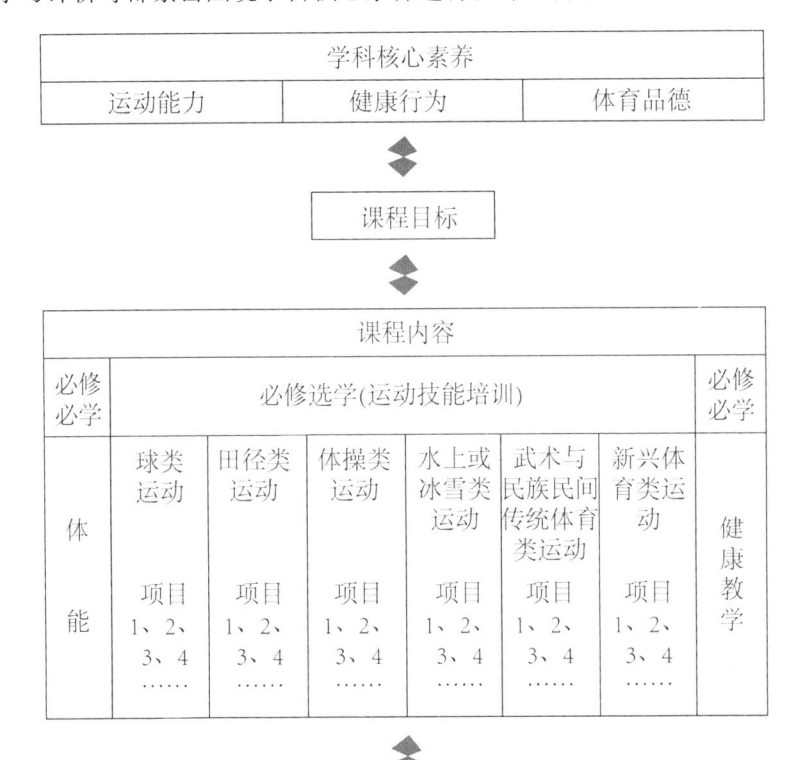

学科核心素养		
运动能力	健康行为	体育品德

⇓

课程目标

⇓

课程内容							
必修必学	必修选学(运动技能培训)						必修必学
体能	球类运动	田径类运动	体操类运动	水上或冰雪类运动	武术与民族民间传统体育类运动	新兴体育类运动	健康教学
	项目1、2、3、4……	项目1、2、3、4……	项目1、2、3、4……	项目1、2、3、4……	项目1、2、3、4……	项目1、2、3、4……	

⇓

教学与评价方式		
情境创设与方法应用	学业质量	学习评价

图1　2017 年版高中体育课程标准构架示意图①

---

① 普通高中体育与健康课程标准（2017 年版）[M]．人民教育出版社，2018．

（2）课程内容之间的关系分为两类，一类是平行关系，一类是递进关系。

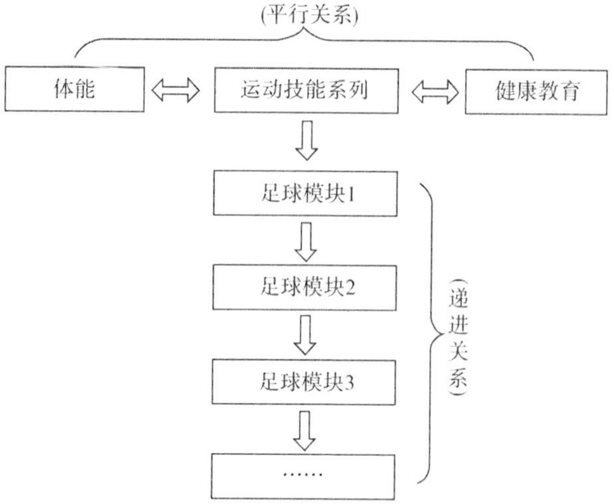

```
                    （平行关系）
        ┌─────────────┴─────────────┐
    体能  ⇔  运动技能系列  ⇔  健康教育
                  ↓
              足球模块1  ┐
                  ↓      │
              足球模块2  │（递进关系）
                  ↓      │
              足球模块3  │
                  ↓      │
               ……       ┘
```

图2　2017年版高中体育课程内容关系示意图①

（3）新增学分与选课内容：1学分（高中学生在三年的体育与健康课程学习中需上满216课时，修完12个模块，获得12个学分。平均每学年修习4个模块，一个模块一般为18课时。12个模块包含体能1个模块、健康教育1个模块、运动技能系列10个模块）；2个选课（学生填写选项意愿表，最多可填写3个运动项目）。

4. 高中体育与健康课程学习评价的比较

表8　2017新修订版高中体育课标与2003年版的教学评价对比一览表

类别	2003年版核心内容的保留与继承	2017年版课标的变化
评价目标	（1）按照"运动参与、运动技能、身体健康、心理健康、社会适应"五个方面内容进行评价；（2）具体按"体能、知识与技能、学习的态度、情意表现与合作精神、健康行为"	（1）按照运动能力、健康行为和体育品德三个方面学科核心素养进行评价，每个模块都紧扣运动能力、健康行为、体育品德。

---

① 普通高中体育与健康课程标准（2017年版）[M]. 人民教育出版社，2018.

续表

类别	2003 年版核心内容的保留与继承	2017 年版课标的变化
内容与方法	强调评价的激励和发展功能；在评价方法上，包括教师评价、学生自评和学生互评等。在对学生体能和运动技能进行评价时，允许学生在考核内容和方式上有选择权	（1）评价内容的选择要关注学生通过不同模块学习之后的收获与变化。（2）注意多种学习评价方法的有机结合，注重过程性评价与终结性评价、定性评价和定量评价、相对性评价与绝对性评价的结合；（3）收集学习评价所需要的信息；（4）依据《课程标准》进行学习评价；（5）学习评价结果的反馈与解释
学业水平评价方案	2003 年（实验）版：无	变化一：每个模块百分之成绩与等第转换评定表的增加 | 总分	Σ≥90	80≤Σ<90	70≤Σ<80	60≤Σ<70	Σ<60 | | 等第 | A | B | C | D | E | | 积分 | 5 | 4 | 3 | 2 | 1 | 注意： （1）该表适用于由百分制评分向等第评价的转换。 （2）模块学习结束时，可以根据模块的等第评定结果综合起来给予积分，其中 A 为 5 分，B 为 4 分，C 为 3 分，D 为 2 分，E 为 1 分 变化二：学业水平成绩表的增加 | 学业水平	优秀	良好	中	及格	不及格 | | 各模块总积分 | Σ≥54 | 48≤Σ<54（每个模块最低积分≥4） | 36≤Σ<48（每个模块最低积分≥3） | 24≤Σ<36（每个模块最低积分≥2） | Σ<24（积分为1的模块需要补考）| | 最终等第 | A | B | C | D | E |

首先，以"运动能力、健康行为与体育品德"三个方面的评价内容取代了"运动参与、身体健康、运动技能、心理健康与社会适应"四个方面的评价，这在核心素养背景下是一个理论上的创新，也是符合党中央十八以来"立德树人"的教育方针。在评价方法上，2017 年版体育课标突出了"通过不同模块学习之后的收获与变化"，这就要求体育教师在不同模块教学过程中，评价内容要指向教学目标，同时关注不同模块教学内容之间的差异性；其次，依然强调多元评价方法的有机结合，注重过程性评价与终结性评价、定性评价和定量评价、相

对性评价与绝对性评价相结合之理念。第三，强调体育教师应积极收集高中学生体育学习方面的各类信息，为最终的评价提供可靠的依据，这就需要广大体育教师善于观察、收集过程评价材料，为每一个学生准备体育学习档案，为最终的体育学习评价提供依据、做出解释与反馈。

在学业水平评价方案方面，2017年版体育课标增加了"每个模块百分之成绩与等第转换评定表""学业水平成绩表"，这两个评价量表可为基层体育教师评价高中学生体育学习成绩提供理论参考。

5. 高中体育与健康课程学业质量的比较

表9　2017新修订版高中体育课标与2003年版的学业质量对比一览表

类别	2003年版课标	2017年版课标
学业质量	没有关于学业质量的描述	（1）学业质量是学生在完成本学科课程学习后的学业成就表现。以学科核心素养为主要维度，依据不同水平学业成就表现的关键特征，学业质量标准明确将学业质量划分为不同水平，并描述了不同水平学习结果的具体表现；（2）结合学科核心素养（运动能力、健康行为、体育品德），从学习内容（体能、健康教育、运动技能）角度描述学习结果的具体表现，并以不同的具体表现划分了5个表现水平。（3）学科素养为运动能力、健康行为、体育品德，学习内容为体能、健康教育、运动技能；（4）根据不同学业质量表现划分了5级学业质量水平。
举例	无	水平五的足球学习质量标准： 5-1 较熟练地将所学的较复杂的动作技术、组合动作技术和战术运用于足球七对七的实战比赛情境中，具有较强的运用综合知识和技能分析问题和解决问题的能力，表现出较强的实战能力，对足球运动的完整体验和理解进一步加深； 5-2 体能水平提高显著并能保持，体力充沛； 5-3 每个月通过现场或多种媒介观看5次高水平的足球比赛； 5-4 参与组织班级足球比赛的工作； 5-5 自尊自信，合作能力和公平竞争意识强，文明礼貌、遵守规则，勇于挑战自我，不断追求进步； 5-6 学会处理足球运动中的疲劳并积极进行身心恢复； 5-7 每周能用足球运动进行5次课外体育锻炼或比赛。

2003年版高中体育课标没有提到"学业质量"的问题，因此，2017年版的高中体育课标首次提出了"学业质量"，这个问题既与教学目标相对应，又与教学评价相对接，主张从学科核心素养维度对高中学生进行三年的体育学习进行学业评价。其学科素养的评价范围与课程目标对应：运动能力、健康行为与体育品德，并根据不同学业质量表现划分了5级学业质量水平，为体育教师评价学生学业质量提供了思路。

综上，2017年版高中体育课程标准的主要理论贡献是：（1）2017年版的课程新增了课程学科核心素养内容，并把核心素养划分为运动能力、健康行为、体育品德三个方面。（2）课程总目标发生改变，增加学科核心素养的基本要求。（3）把2003年版的必修选修课程的性质修改为"必修必学"内容（体能、健康教育）和"必修选学"内容（球类运动、田径类运动、体操类运动、水上或冰雪类运动、武术与民族民间传统体育类运动）；（4）从原来的11个学分增加到了12个学分。（5）新增学业质量模块的内容，从学业质量内涵、学业质量水平、学业质量水平与考试评价的关系三个方面进行阐述。（6）更新实施建议部分的内容，新增学习评价建议内容、学业水平评价方案设计建议。（7）变更教材编写部分的具体内容，新增地方和学校实施本课程建议；删除了2003年版课程标准中课程资源的利用与开发建议部分的内容。（8）增加了附录1：健康与健康学科核心素养水平划分；附录2：教学与评价案例。

第三章

第八次体育课改以来的理论问题

一、体育课程改革的支撑理论与问题

第八次体育课改的三大理论基础主要是多元智力理论、建构主义理论、后现代主义理论，本研究根据这三大理论的实践效果进行反思。

（一）加德纳"多元智力理论"的反思

霍华德·加德纳（1943—），世界著名教育心理学家，被誉为"多元智能理论"之父。加德纳认为每个人都同时拥有相对独立的七种智力：（1）言语/语言智力；（2）逻辑/数理智力；（3）视觉/空间智力；（4）身体/运动智力；（5）音乐/节奏智力；（6）人际交往智力；（7）自我认识智力。[①]

与体育活动直接相关的智力是视觉/空间智力、身体/运动智力，简介间接相关的理论是人际交往智力、自我认识智力等。

尽管多元智力理论对体育课程改革有着重要的理论指导意义，但在体育课程改革实践过程中依然存在一定的局限性。经过教学实践验证，其主要的现实问题表现如下。

1. 体育课程教学中的"身体/运动智力"含义不明

大部分学者对体育课程教学中的多元智力理论"身体/运动智力"到底是什么，没有具体的解释。智力是否是体育学习的本质，体育活动能否发展学生的智力，发展什么样的智力等问题都是围绕体育界多年的老问题，加德纳提出的"多元智力理论"的确对传统体育认知具有颠覆性意义，但很少有学者或专家对其进行深入研究，基层体育教师更是一知半解，因此，容易导致"身体/运动智力"实践运用偏差。

2. 多元智力理论中的七类智力是否存在于体育教学之中

有一些文章的作者认为，按多元智力理论中的七种智力分类设计出体育对智力发展的方案，这是照搬照抄、不负责任的行为。尽管体育教学也存在学生

---

① 王成全. 元智能教与学的策略[M]. 北京：中国轻工业出版社，2001：121.

的言语、逻辑、音乐能力，但他们并非本质，若把这些内容设计为体育教学智力发展的范畴，体育课程教学将成为不伦不类之物，因此，研究者直接把七种智力套用于体育教学之中是缺乏依据的。

3. 要求体育教师全能性不具有操作性

根据多元智力理论的要求，有的作者在谈到体育教学如何运用多元智力理论时，提倡体育教师智力的全面发展，即体育教师应具备七类智力发展的能力，但这是不符合实际的，也是错误观念。因为音、体、美都属于特殊学科，要让体育教师也要成为数理化、语言学方面的专家，是不现实的，也没有这个必要，产生此类认识的主要成因是过于扩大和迷信多元智力理论，从而忽视了学校体育学科促进身体发展的本质功能，与主要发展智力的学科混为一谈了。

(二) 建构主义理论的反思

建构主义（constructivism）也译作结构主义，其最早提出者可追溯至瑞士的皮亚杰（J. Piaget）。让·皮亚杰（Jean Piaget，1896－1980），瑞士人，近代最有名的儿童心理学家，发生认识论创始人。皮亚杰夫妇对自己的孩子们在发展学习上的行为进行了仔细地观察与详细地记录，并将研究结果发表于世，出版了《儿童智力的起源》《儿童对现实的建构》和《儿童象征性的形成》此三本研究；皮亚杰的三个孩子因此成为儿童发展心理学文献上不朽的婴儿案例。他认为，儿童是在与周围环境相互作用的过程中，逐步建构起关于外部世界的知识，从而使自身认知结构得到发展。儿童与环境的相互作用涉及两个基本过程："同化"与"顺应"。同化是指把外部环境中的有关信息吸收进来并结合到儿童已有的认知结构（也称"图式"）中，即个体把外界刺激所提供的信息整合到自己原有认知结构内的过程；顺应是指外部环境发生变化，而原有认知结构无法同化新环境提供的信息时所引起的儿童认知结构发生重组与改造的过程，即个体的认知结构因外部刺激的影响而发生改变的过程。① 可见，同化是认知结构数量的扩充（图式扩充），而顺应则是认知结构性质的改变（图式改变）。认知个体（儿童）就是通过同化与顺应这两种形式来达到与周围环境的平衡：当儿童能用现有图式去同化新信息时，他是处于一种平衡的认知状态；而当现有图式不能同化新信息时，平衡即被破坏，而修改或创造新图式（即顺应）的过程就是寻找新的平衡的过程。儿童的认知结构就是通过同化与顺应过程逐步建构起来，并在"平衡—不平衡—新的平衡"的循环中得到不断的丰富、提高和发

---

① 杨玉春，温勇. 建构主义教学观及其对我国新课程改革的影响 [J]. 当代教育科学，2006（20）：24－26.

展，这就是皮亚杰关于建构主义的基本观点。

　　建构主义学习理论认为"情境""协作""会话"和"意义建构"是学习环境中的四维要素或四维属性。"情境"：学习环境中的情境必须有利于学生对所学内容的意义建构。这就对教学设计提出了新的要求，也就是说，在建构主义学习环境下，教学设计不仅要考虑教学目标分析，还要考虑有利于学生建构意义的情境的创设问题，并把情境创设看作是教学设计的最重要内容之一。"协作"：协作发生在学习过程的始终。协作对学习资料的搜集与分析、假设的提出与验证、学习成果的评价直至意义的最终建构均有重要作用。"会话"：会话是协作过程中的不可缺少环节。学习小组成员之间必须通过会话商讨如何完成规定的学习任务的计划；此外，协作学习过程也是会话过程，在此过程中，每个学习者的思维成果（智慧）为整个学习群体所共享，因此会话是达到意义建构的重要手段之一。

　　建构主义对学生知识的学习与掌握具有重要意义，对体育学习也同样重要，但在理论解读与教学实践过程中依然暴露出以下问题。

　　1. 对于体育知识的理解缺乏统一认识

　　体育是知识吗？是什么样的知识？较多学者对此有一定的探讨，如有的学者认为体育是操作性知识，有的学者认为体育是"默会知"等，但学界对此并没有共识，此认识是构建主义理论在体育教学中运用的前提，体育知识若不等同于一般学科的知识，那么构建主义理论还适合体育教学吗？这是必须回答的问题。

　　2. 未能理解"建构"真正含义

　　什么是"建构"？要"建构"什么？如何"建构"？这些都是在建构主义理论应用之前需要解决的问题，而这些问题的关键又是"建构什么"？是"建构"外部事物？还是面向自身的"建构"？本研究认为"运动技术"是体育教学的本体，它是较稳定的、长期积累下来的运动文化，并不需要重新建构，有的教师不明白这一道理，在教学实践中让学生去"建构"早已定型的运动技术，这既浪费学生学习与练习时间，又走了很多弯路，得不偿失。既然不是"建构"外在知识，那么就应该向内求，利用已学知识与经验，把已学的内容纳入已有的知识体系之中，形成比较持久的记忆，为运动技能的动力定性提供基础。

　　3. 建构主义容易造成体育教学的放任自流

　　由于"建构"需要花费大量的时间，因此让学生自由、盲目地通过自学"建构"知识是不可取的。体育教学固然要落实"以学生为中心"，但"教师的主导作用"不可遗弃，如果没有教师课前的充分备课、完整的教学设计、合理的教学安排与组织，学生的学习将会变得盲无目的。因此，建构主义理论在体育教学实践过程中，不能过度放纵学生，而是要在教师的指导下实施。但第八次体育课改以来，很多教师误把建构主义理论当成自主学习的依据，过于放任学生，教学可能导向放羊。

4. 中小学体育教学应以传授间接经验为主，而不是以学生自我建构知识为主

在体育课堂教学中，学生学习时间有限，若把大部分的时间花费在建构"知识"上，就直接意味着教学效率的下降。另一方面，体育操作性知识是经过人类大量的实践经验总结出的间接经验，是没有必要再去重复检验的，学生的体育学习是以接受间接经验为主，过于强调知识的建构只会矫枉过正。如在学习蹲踞式跳远的运动技术时，没有必要让学生重新了解蹲踞式跳远是怎么从生产劳动中或社会实践中产生和发展起来的，没有必要重新验证蹲踞式跳远技术的合理性与科学性。

（三）后现代主义理论的反思

后现代主义（Postmodernism）是一个从理论上难以精准下定论的一种概念，因为后现代主要理论家，均反对以各种约定成俗的形式，来界定或者规范其主义。目前，在建筑学、文学批评、心理分析学、法律学、教育学、社会学、政治学等诸多领域，均就当下的后现代境况，提出了自成体系的论述。他们各自都反对以特定方式来继承固有或者既定的理念。

由于后现代主义的无中心意识和多元价值取向，由此带来的一个直接的后果就是评判价值的标准不甚清楚或全然模糊，从而使人们的思想不再拘泥于社会理想、人生意义、国家前途、传统道德等等，从而使人的思想得到彻底的解放，也使人对于自我有了更深刻的了解。同时，后现代主义对真理、进步等价值的否定，导致了价值相对主义、怀疑主义和价值虚无主义的产生，从而使人们认识到价值的相对性和多元性。①

福柯是后现代主义理论的代表人物。他在巴黎高等师范学校期间受德国哲学家如黑格尔、胡塞尔、海德格尔和尼采的影响较大，后期，他与法国最著名的哲学家和科学史学家乔治·康奎荷姆建立了良好关系。他对文学评论及其理论、哲学（尤其在法语国家中）、批评理论、历史学、科学史（尤其医学史）、批评教育学和知识社会学有很大的影响。他被认为是一个后现代主义者和后结构主义者，但也有人认为他的早期作品，尤其是《词与物》还是结构主义的。

---

① 黄进兴. 后现代主义与史学研究：一个批判性的探讨［M］. 北京：三联书店, 2008：68.

他本人对这个分类并不欣赏，他认为自己是继承了现代主义的传统。他认为后现代主义这个词本身就非常的含糊。他的个人作品主要有：《疯癫与文明》《临床医学的诞生》《词与物》《知识考古学》《规训与惩罚》《性史》等。福柯有较为宽泛的研究领域。他关注社会问题、疯癫、性、现代性的权力话语等领域。在他的思想中充满了结构与解构两种色彩，其哲学理论中的谱系学思想、知识考古学理论、知识型以及权力分析等被后期的女性主义等解构主义理论积极借鉴。①

雅克·德里达（Jacques Derrida，1930—2004）是后现代主义理论的重要人物。法国总统希拉克曾说："因为他，法国向世界传递了一种当代最伟大的哲学思想，他是当之无愧的世界公民"。1967年，他连续发表了《书写与差异》《论文字学》《声音与现象》，从而奠定了他的解构主义思想的基础。80年代以后，他的工作向政治伦理方面转向。德里达的思想一直以来都有很大争议。由于它的思想和英美哲学主流的分析哲学格格不入，因此他从来不被美国的哲学系所重视。他的思想影响非常广泛，被用作女权主义运动、同性恋抗争、黑人运动等的理论武器。而他的思想也不被许多传统学者所接受，认为他破坏了西方文明。

尽管后现代主义理论对于学校体育课程内容的开放；突出学生的主体地位、转变学习方式；改变学习评价方式；创设和谐的课堂气氛、互助的新型师生关系等方面具有重要价值，但依然暴露出一些理论与实践问题。

1. 后现代思想的本土化不足

改革开放需要打开国门，吸收与引进外国优秀的文化与理论，但要善于分辨与筛选。后现代思想是西方文化，需要本土化，其本土化的要点有三：一，该理论不是针对体育课程的，因此应结合体育学科特点进行诠释与详解，才能为体育课程改革服务。二，需要结合中国国情。中国人口众多，一个学校、一个班级常常拥挤不堪，虽然也强调小班化教学，但在很长一段时间内我国主要还是以大班授课教学为主，而美国早已经实施小班化教学，小班化教学与大班授课制无论在教学理念、教学方法、教学管理上都有很大区别。三，需要结合中国固有的传统文化特点。西方文化比较开放，重视人的个性化发展，而中国文化根基于农业文化，比较保守，注重牺牲个人本位实现社会本位，要在这个有着几千年文化积存的国家完全实施个性化教学并非一朝一夕之事。

---

① Theberge, Nancy. Reflections on the Body in the Sociology of Sport. QUSET, 1991, 43: 123-134

2. 体育课程的开放性与稳定性之间的矛盾激化

体育选项课程的设想与实施体现了以学生为中心的思想,从实施情况来看,学生具备了选择运动项目的权利,自然运动兴趣得到了提高,教学效果得到了改善。但选项课程实施的并不完全,仅仅局限于高中,初中、小学并没有落实选项课程,小学落实选项课程的难度较大,但初中完全可行,目前尚停留于常规课程模式,因此,选项课程对于初中小学阶段的学生不具备普惠性。另一方面,高中选项课程的实施也存在不少问题,如选项课程只对一些有运动兴趣爱好的学生来说比较适合,而对于一些无运动兴趣爱好的学生而言则无所适从,不知道自己该选什么项目,造成了盲目跟从的现象,这也是一种不负责任的做法。

3. 注重学生主体性出现了"一味迁就学生"的做法

后现代主义理论不追求统一标准,反对"整体性"和"统一性"。但在体育教学实践过程中人们却往往矫枉过正,许多体育教师把它理解为不停地满足学生的需求,一味迁就学生,常常动不动就问学生,需要什么,不需要什么,想玩什么,不想玩什么,等比较粗浅的问题,学生一旦出现违规行为,也不敢提出批评,表扬声一片,批评声匮乏。以学生为主体,并不是一味满足学生,如果以学生千变万化的需求来牵制教学,那么体育教学活动将陷入无序与混乱状态。

4. 评价方法的多元化可能导致评价效果的弱化与虚化

注重评价的多元化、定量化、个性化、过程性、发展性、进步度等课程理念具有先进性,但体育与健康课程有其固有的学科特点,这些特点与其他任何课程有本质差异,因此在运用评价方法多元化的理念实施体育教学评价时,应考察体育课程实施的可能性、现实性与操作性,不能一味追求评价方法的复杂化。教师评价依然是主体,学生自评与互评尽管重要,但也要适度,如果以学生的评价替代教师的评价,那么评价的效果则不能达成评价的真实目的,而家长评价则是一种参考,不能成为评价的重要指标。另者,学生参与体育活动过程中的情感表现具有现场性、即时性,这些稍纵即逝的特征是无法进行量化的,需要体育教师的即时评价,若体育教师视而不见,那么学生参与体育活动的言行改善则将落空。

综上所述,本研究认为,以上三大国外的先进理论虽然为第八次体育课改提供了方法论指导,但三大理论基本处于教育学领域范畴,要把它们引入体育学科,需要结合体育学科特征,并把它们与体育课程的性质与本质联系起来,学界在这方面的思考力度尚有欠缺,因此,在体育教学实践过程中难免会暴露出一些事先料想不到的误区。

二、教学目标和教学内容关系与问题

第八次体育课改首次创新性地提出了"目标引领内容"的新观念，这对于体育课改之前人们惯于"先有教学内容、后有教学目标"的思维而言，可谓是当头一棒。学理而言，此观念具有一定的理论依据，因为人类行为具有目标的指向性，这是人区别于动物的本质所在，明确了目标，选择内容才有了方向。就体育课程而言，目标是根本，内容具有可选择性。

第八次体育课改之前，体育教师的习惯思维是"内容决定目标"，通常而言，体育课程内容是基本固定的，即大中小学的体育课程内容是按竞技运动编制的，并以《体育教学大纲》形式加以规定，基层体育教师只要按照大纲分配的教学内容进行教学即可，其教学目标根据内容确定。

第八次体育课改完全废除了《体育教学大纲》，取而代之的是《体育课程标准》，全面打破了人们的习惯思维与传统做法，提倡"目标引领内容"。本研究认为，宏观层面的目标是超学段目标、学段目标、学年目标、学期目标，在宏观层面上，"目标引领内容"是正确的，因为在学生学期、学年、学段的体育学习过程中，教育者应对其有一个总体的规划与要求，如初中学生通过三年的体育学习应在身体素质上、运动能力上、情感体验上达成较为全面发展的目标，有了此总体规划，初中学生的体育学习目标就有了一定的保障，如果在整体目标上缺失总体规划，那么学生在初中阶段的体育学习就失去了方向，只能走一步算一走，走到哪儿算哪儿，这是极不负责任的。

但对基层体育教师而言，他们最关心的、最擅长的是微观层面的课堂教学，他们认为宏观层面的教学目标与己无关，那是专家学者们的事。而常规惯习养成了他们在设计教案时总是习惯于先有内容，后制定相应的目标。如这节课教的是挺身式跳远（基本是大纲中规定的教材内容），那么其教学目标可根据三维视角进行设计：认知目标、情感目标、技能目标，具体的目标内涵需要结合挺身式跳远教材、学情、学校场地器材等实际情况研制。如果先有目标，再让基层体育教师选择内容，那么容易导致体育教师选择内容的混乱，这是第八次体育课改以来体育教学实践过程中所暴露出来的较大问题之一。因此，体育课程标准"只有内容标准，没有具体内容"容易导致教师选择内容的困难，因为体育教师并不具备自主选择内容与开发内容的能力。通过多年的教学实践与反思，对基础体育教师而言，在制定目标与选择内容关系问题上，表现出以下困惑与难题：

1. 基层体育教师并不具备超学段的目标研制能力

同样的内容，对于不同年龄的学生，其价值与作用都是不同的，如篮球教材内容，对于小学生而言，其教学目标主要是通过游戏的方式练习球性，而不是学习技术，因为技术是有较高难度的，学习过早，学生很难学会，同时又增加了学生学习内容的畏难情绪，进一步导致学生厌学，因而小学阶段的体育教学目标主要是通过游戏锻炼学生的基本活动能力，培养学生对体育的兴趣等；但到了初中阶段，是初中生学习篮球基本技术的最好时机，此时就不能仅仅停留于篮球游戏了，因此，体育教学目标拟定为学习与掌握篮球基本技战术，并通过竞赛的方式体验篮球技战术的价值与意义，为进一步深化学习篮球打好基础；高中阶段篮球的主要目标则是运用篮球技战术组织比赛，养成运动习惯，强化体能，而不是学习游戏与简单的技术。但基层体育教师的视野并不高远，他们大多一辈子集中在某一学段，担任某一学段的教学任务，因此，要让体育教师具备超学段的目标研制理念，似乎要求过高。

2. 体育教师观念中"先有内容、后有目标"的习惯思维难以改变

先有内容后有目标，还是先有目标后有内容，大多基层体育教师一般认为前者比较符合他们的思维与做法，长期以来也形成了习惯，因此要纠正常规观念与习惯，具有一定的难度，虽然在理论上，他们可能被动了解与接受"目标引领内容"的理念，但在操作层面他们依然我行我素，难以改变，因为涉及具体的课堂教学设计，体育教师大脑里总是先有内容，才制订相应的目标，这种状况似乎难以改变，这是不可否认的事实，也是我们无法回避的问题。如果强行介入"目标引领内容"的理念，即先确定目标，后选择内容，如某节课确定了发展身体位移速度的目标，那么体育教师可能选择的内容很多：快速跑、接力跑、追逐跑、足球、篮球等，这就给广大的体育教师选择内容制造了困难：首先，制订目标的依据是什么？为什么这节课要发展学生的速度素质？这恐怕与超学段目标、学段目标、学年目标、学期目标、单元目标等总体规划有关吧，而要让基层体育教师成为目标研制的专家，其可能性很小。其次，每一个教材内容都与其运动技术有关，都具有一定的难度，任何教材内容都不是顺手拈来的，特别是一些难度较大的教材，在学生没有掌握的情况下被选为"达成目标"的内容，那也是不现实的。

3. 体育教师缺乏教学内容的长期积淀与自主开发能力

若以"目标引领内容"为先导，那么基础体育教师在明确目标之后，接下来的任务就是从大脑储存的内容体系中找寻出合适的内容或自主开发出新型内容，去配备已预先制定的目标并与之对接。但从这两个方面来看，基层体育教师似乎很难做到，近二十年来体育课改的教学实践证明，尽管基层体育教师在职前教育中学过各类运动项目，但不可能样样精通，很多运动项目只是学点皮毛而已，因此体育教师并不具备"目标与内容"配备与对接能力；另一方面，基层体育教师也缺乏自主开发课程内容与校本教材的能力。正因为体育教师缺失以上两种能力，所以在落实此理念过程中，其表征是体育教学内容的混乱与无序、非体育类课程内容的充数与泛滥，这对于体育课程改革而言，无疑是负面影响较多，其结果直接导致体育课程内容衔接性较差的现状，很多体育教师的体会是"安排了今天的教学内容，却不知下节课的教学内容"，这不能全然责怪体育教师，理论工作者也有较大的责任。

三、传统教学方法和新型学习方式关系与问题

何为传统？何为新型？对于这一问题，人们往往莫衷一是，很多硕士论文在开展教学实验过程中经常使用传统教学法或传统教学模式与新型教学法或教学模式进行对照，实际上这种说法是有误的，传统的概念是针对现代而言的，新型的概念是针对旧式而言的，它们皆是一个时间概念，因此必须要有一个时间限定范围与前提条件，我们在21世纪初可以说第八次体育课程改革倡导的三类学习方式是新型的，而之前的学习方式是传统的，但时隔近二十年，我们还能说三类学习方式是新型的吗？学习方式总是有一个时间跨度。适合的称谓是三类学习方式是在第八次体育课改中提出的，而传统教学方法之称谓是相对于第八次体育课改之前的。但若把第八次体育课改之前存在的教学方法称之为传统教学方法，那么请问目前依然存在的大多教学方法到底是传统教学方法还是现代的教学方法，这又是一个很大的疑问。因而对于传统、新型、现代等称谓，我们需要谨慎对待，需要有时间与条件前提支撑。第八次体育课改以来，体育教学的确耳目一新，课改大潮以三类学习方式为先导，搞得轰轰烈烈，热闹非常，取得了一些前所未有的成绩，但不可否认，同时也产生了一些不可避免的问题与困惑，具体表现在以下几方面。

1. 对三类学习方式的体育学科依据需要深化探究

三类学习方式是第八次体育课改首先提出并强调的，其提出的背景是一方面基于教育界整体改革的大潮，另一方面是针对体育学科长期以来所盛行的"传统教学方法"——灌输式教学方法。实际上，学习方式与教学方法是两个不同的概念，学习方式是针对学生的，教学方法是针对师生的，其对象既有交叉，也有不同。暂不论学习方式与教学方法的不同，就学习方式而言，三类学习方式实际上是基础教育改革所倡导的，因为它们同样合适体育学科，因此，被体

育课程标准所采纳，这本身并没有问题，但问题在于体育学科的学习方式应体现学科特点与特殊性，但因前期研究不足或专家学者解读不到位，从而基层体育教师在改革前期使用三类学习方式上出现了一些问题与困惑。通过体育教学实践反思，学者们形成了一定的共识，即应对三类学习方式进行理论溯源与学科特征的深入研究。

然而，此路径并不十分通畅，以自主学习为例，自主学习的原本含义是以学生为主体，通过学生独立地分析、探索、实践、质疑、创造等方法来实现学习目标。该学习方法对学生学习大脑认知性知识具有较大的优势，但对学生学习身体操作类知识却不占任何优势，主要的原因在于体育操作类知识不仅需要大脑思维活动，更重要的是需要调动学生的身体思维，而这种身体活动的思维不同于大脑思维，大多依赖于身体感知与体验，正如加德纳多元智力理论所强调的，它是一种身体智力，而业内对这种智力的了解较少。因此，要体现体育学科中自主学习的特殊性，构建体育自主学习方案与策略，其难度较大，但若参照其他学科的自主学习的方案进行体育教学活动，则会产生偏差与误区。探究学习更是如此，科学知识的探究是众所周知的，但体育操作知识的探究还是一个黑洞，人们对于操作性知识的探究方法尚处于开发阶段。首先，其疑点在于体育操作性知识（即运动技术）需不需要探究？如跳远动作，从跳远动作本身而言，它的技术在一定时间跨度上变化不大，探究其如何变化没有什么意义。其次，需要探究什么？既然探究它如何变化没有意义，那么需要探究其运动技术内在原理？如何探究？这些都需要进一步明确。探究的含义是不要告诉学生直接答案，让学生自我摸索，那么让学生自我摸索那些难度较高、平时接触很少的操作性知识，其可能性多大，会不会变成放羊教学。体育教学中的合作学习与其他学科也有较大差异，它的主要特点既有智力合作，又有身体合作与互补、心理合作与互补等，更多的合作需要身体操作去实现。基于以上分析，体育课程中三类学习方式的理论研究尚有一定的探索空间，仍是未来需要解决的重点问题。

2. 常规体育教学方法是否仍有价值

由于第八次体育课改大力提倡三类"新型学习方式"的呼声很高，因此在较长的一段时间内，常规的体育教学方法（因传统的教学方法用词不当，在此以常规教学方法替代）似乎悄无声息了。对此，有的学者提出了质疑，是否倡导了三类学习方式，就将放弃或弱化常规的教学方法。对于这个问题，本研究认为，首先需要解决的问题是学习方式与教学方法的本质区别。如前所述，学习方式是针对学生而言的，教学方法是针对师生而言的，两者在研究对象上并不等同，因此，两者是两个不同的概念，不能混为一谈。其次，常规教学方法涉及的内容很多，从教师角度而言，常规的方法有示范法、讲解法、分解法、完整法、直观法（示范法也是一种直观法）、纠错法等；从学生角度而言，常规的方法有自我学练法、合作学练法、重复学练法、间隔学练法等。若以学生视角来看，它们与第八次体育课改倡导的三类学习方式有一定的相似之处，只不过体育课标的提法更为凝练。但若以倡导学习方式否定常规的教学方法，则会导致以偏概全的误区。因此，第八次体育课改倡导的三类学习方式并没有错，但仍然需要常规的教学方法作为补偿与完善，如教师的动作示范体现了体育教师的基本功，没有正确优美的动作示范，何以在学生的大脑中建立清晰的动作表象；教师的动作讲解体现了师生对于动作理解的互动性，如果仅仅依赖于视觉表象，那么电视上运动员的动作技术比任何体育教师都要漂亮与完美，只要看电视与录像就够了，何必要组织体育课程进行学习？其他教学方法也是如此，它们都是体育课堂教学不可或缺的教学方法，常规的教学方法仍然具有重要的价值与意义。

3. 对于"学法与教法"分述的理论问题

学法是面向学生的，教法是面向教师的，第八次体育课改之前，学法与教法是合二为一的，因第八次体育课改提出了以学生为中心的学习方法，所以学法与教法变成了两个不同的概念。学理而言，教学是双边活动，教学是相辅相成的，若把教学活动分割为教师教的活动与学生学的活动，则是违背教育学原理的。以体育教学方法中的动作示范法为例，体育教师的动作示范应归属于教法，但此时学生在做什么？是在认真看、认真思考，这不是学法吗？如果体育教师在展现动作示范时，学生没有参与，那么教师的动作示范将成为自我演示与自我欣赏了；同样，学生在体育学习过程中若没有教师的指导，那么学生的学习就变成为自学活动。因此在教师实施教法过程的同时，学生的学法也在其中，教法与学法是不可分割的。

既如此，我们又为何要把教学方法划分为教法与学法？本研究认为，把教法与学法暂时分开可解释的理由可能是为了研究之用。教学活动需要师生的双边参与，但双主体参与的活动是复杂的活动，为了探究每一个主体活动的特点，把教师的活动与学生的活动暂时分开是有必要的，它将有助于我们把注意力聚焦于某一主体，观察、分析、反思该主体的活动轨迹与行为特点，进而探究其活动规律与特征。以上述常规教学方法中的"动作示范法"为例，教师的教法是动作示范，学生的学法是观察与思考。把教师的教法"动作示范"单独列出来进行研究，有助于我们从教学技能的视角分析与研判体育教师示范动作的正确性与准确性、示范面、示范时机、示范效果等，进而提出改进的建议，促进体育教师动作示范技能的发展；把学生的学法"观察与思考"单独列出来进行观察，有助于我们从学生学习的视角分析与研判学生观察教师动作演示过程中的注意力、专注度、思考力、观察效果等，进而提出学生参与观察和思考的建议，从而提高学生的学习效果。

基于以上分析，本研究认为，我们可以把教学方法一分为二：教法与学法，但在总体表述教学方法时，应把教法与学法合起来使用，这样才能准确反映教师与学生的双边活动，如教师的教法"动作示范"，学生的学法"观察与思考"，该教学方法为动作示范法："动作示范—观察思考"；教师的教法"动作讲解"，学生的学法"聆听与思考"，该教学方法为动作讲解法："动作示范—聆听思考"；教师的教法"启发"，学生的学法"思考"，该教学方法为探究教学法："启发—思考"等。

四、运动技术教学和增强体质的关系与问题

随着第八次课改的推进，人们把体育课需不需要"运动技术教学"这个问题推向了风口浪尖，这是长期以来"技能论"与"体质论"之争的现实反映。"体质论"观点是运动技术具有一定的难度，学习具有较高难度的运动技术会影响学生的学习热情，因为学不会而导致厌学心理；运动技术仅仅是增强体质的手段，学习过于精细的运动技术必然会导致体育课程教学的异化现象，从而不断追逐运动手段也忘却了增强体质的目标。"技能论"观点是运动技术是体育教学的本体，体育教学除了运动技术之外体现不出学科特征，运动技术是"知识"，是体育课程学习的内容，也是目标，没有运动的技术，就不能完成身体运动，身体运动与技术是相辅相成、不可分离的；另一方面，锻炼身体需要一定的技术，没有技术，实现不了锻炼身体的目标。

第八次课改以来，由于推出了众多颠覆性的理念，有些学者在解读课程标准是产生了一些疑虑，即体育课程标准的实施是否不需要传习运动技术。对于这种解读，课标研制者也进行了回应与纠正，认为运动技术依然是体育课程教学的重要内容，运动技术与体验运动乐趣、增强体质并不矛盾。

但从体育教学实践视角来看，运动技术教学的确与体验乐趣、增强体质之间有较大的矛盾。运动技术教学与增强体质的矛盾是长期以来存在的，运动技术教学与体验乐趣之间的矛盾也存在已久，只不过表现较为隐蔽。快乐体育曾风靡一时，但其好景不长，备受质疑的是放弃运动技术或进行低难度的运动技术教学，其快乐体验持续性较差。的确，对于不断翻新花样的体育活动，学生的直觉是新鲜的，但总不能仅仅停留于几个好玩的娱乐项目，玩一两次倍感有趣，但玩多了，就没意思了，这必然导致中国式快乐体育走到了尽头。事实上，源于日本的快乐体育并没有错，它的主旨集中于体验运动的意义与价值，乐趣仅仅是短暂的，理解运动价值是最终的目标。快乐体育另一存在价值是从心理上关注学生体育学习的过程，这是长期以来对过于重视身体发展的一种修正。

虽然体育课标研制者纠正了体育课程弱化运动技术教学的观点，但并未真正解决运动技术与增强体质、体验乐趣之间的关系与矛盾，此矛盾依然存在，具体表现为以下几个方面。

1. 运动技术与增强体质的矛盾实际上是内容与目标的矛盾

运动技术实际上是教材内容的一部分，不同项目具有不同的技术内容，同一运动项目，也有多种运动技术组成，就篮球项目而言，其技术由运球、传球、投篮、突破等技战术组成，而运球又由原地运球、行进间运球、双手变换运球、胯下运球等组成，这就构成了作为篮球项目的各类运动技术，对于教师而言，传授运动技术是体育课程教学的主要任务，对于学生而言，学习与掌握运动技术是体育学习的主要任务，尽管对于初学者而言，学习运动技术也属于目标范畴，但从本质上而言，运动技术是手段，是实现增强体质的方法，是体育学习的内容。因此，选择合适的运动技术进行教学涉及的问题是教材内容，若从"目标引领内容"视角考察，增强体质是目标，运动技术既是实现目标的内容，又是手段与方法。

2. 运动技术教学能增强体质吗？

对于体育能否增强体质的话题似乎早已有之，但这个问题学界并无定论。因为影响学生体质的因素很多，体育活动是其中的因素之一。体质最重要的影响因素是遗传，遗传基因基本决定了作为人存在的后天生命动力来源，为什么有的人生命力旺盛，而有的人身体羸弱，这就是先天因素的重要性，因此，为了下一代身体的健康，我们需要优生优育，这是人种得以延续最重要的内在要素。一旦人生而为人，后天因素也将成为适度改变身体健康的主要因素，如生活方式、生活习惯、自然环境、社会关系、体育活动等，体育仅仅为影响体质的一小部分因素。尽管人类在现代化科技社会中的身体活动大量减少、营养过度摄入、生活节奏过于快速、人际关系过分紧张，使得体育在现代社会中的价值与意义越来越大，但体育对于增强体质的贡献到底有多大尚未定论，若是体质偏弱者参加过量的体育活动，则不仅不利于健康，反而有害健康。

运动技术教学是青少年体育活动最重要的内容，是体育必修课程，对于体育活动是否促进身体的发展已得到学界共识，但身体发展与增强体质是两码事，青少年学生正处于生长发育阶段，身体的增长有其自然的规律，后天的锻炼在某种程度上有助于其生长发育，但过度的运动负荷则会损害身体，因此，一刀切的运动负荷对于每一个学生而言是不可取的。

3. 什么程度的运动技术教学才有助于身体健康促进

运动技术教学是体育教学区别于其他学科教学的本质特征，离开运动的知识传习、健康与育人皆是空谈，就体育课堂教学而言，总是需要选择一些学生喜欢的运动技术进行传习，进而实施有效的身体练习，从而对身体健康进行干预。但运动技术传习的程度将直接影响其身体健康的干预效果。以往学界的质疑是过于精细化传授运动技术，导致影响运动的强度与量，没有一定的运动强度与量，对学生的身体刺激不足，进而无法促进学生身体健康，因此，如何把握运动技术教学的"度"是干预学生身体健康的主要指标。这个"度"就是运动技术教学程度，是精细化教学还是粗略化教学，这个问题可能与运动技术的难度相关，难度较高的运动技术必然消耗大量的教学时间，影响运动负荷，影响运动乐趣体验，对身体健康不利；但粗略化教学虽然有了运动负荷，可能促进身体健康，但可能导致学生学不会运动技术。因而运动技术教学程度的矛盾直接影响身体健康促进。

4. 运动技术教学如何使不同层次的学生体验乐趣

因运动技术本身具有一定的难度，对学生而言，学习过程中必然遭遇不同程度的阻碍与困难，运动技能的掌握过程就是学生无数次经历成功与失败的过程，特别是在学习初期，因学生的身体素质、学习基础、学习条件等方面的限制，学生体验失败的经历是不可避免的，因此，运动技术的传习过程充满着失败的陷阱与苦痛。既如此，我们是否放弃运动技术教学进程，这无疑是不现实的，因而，我们在不得已而为之的运动技术教学中，如何把技术教学与乐趣体验结合起来，其关键的策略是成功体育与分层次教学：首先，我们需要因材施教，根据学生的身体素质、学习基础、前期经验等分成不同组别的小组，进行差异教学；其次，对于不同层次的学生，采取降低运动技术难度法，使不同水平的学生皆能通过自身努力，获得运动的成功，体验运动乐趣。

因材施教是教育学的重要教学原则，体育学科理应遵循，但体育学科由于存在身体练习的特殊性，为实施这一原则增加了难度。体育教学需要落实因材施教教学原则，似乎每一个体育教师都已熟悉，但在体育教学实践过程中却经常得不到贯彻，其重要的因素是分层教学难度较大，大一统、一刀切的教学难度较小，因而，体育教师往往避重就轻、避难就易，选择难度较小的方式进行教学，这是需要纠正的错误观念。

五、体育教学多元评价方式与问题

教学评价是体育课程教学的重要组成部分，缺乏评价的体育课程只能流于形式，那么，第八次体育课改给体育课程评价带来哪些改变与问题呢？众所周知，评价方式的改变是第八次体育课改最显著的变化之一，以往的评价特点是注重终极评价，忽视过程评价；强调教师评价，忽视学生评价，强化结果评价，忽视进步度评价等。第八次体育课改之前体育教师在评价过程中占据绝对的权威，一锤定音式的评价为学生体育学习最终学习成绩画上了句号，这种单一评价的弊端暴露无遗：(1) 学生没有发声的机会。学生对于自己的学习过程是最了解的，也是最真实的，但以教师为绝对权威的评价遏制了学生发声的价值与作用，无法对自己的学习提供客观评价的依据与素材。(2) 评价的不公平性。对于学生个体而言，各方面差异较大，体育学习是一个不断进步的过程，而不是同学间互相比拟的过程，如果采用一刀切的评价方式，那么学生所取得的绝对成绩将否定每一个学生进步程度，这对于打击学生积极性是毁灭性的。(3) 缺失了家长对学生的评价方式。家庭是影响孩子身体与世界观形成的重要因素，特别是年龄越小的孩子，家庭是孩子度过童年时光的主要场所，因此，对于孩子来言，家长的评价是重要的组成部分。

第八次体育课改强调了评价的多元性，突出了体育课程中的学生评价、过程评价、差异评价、进步度评价等，这对于体育课程效果评价提供了方法论意义，使得评价更具公平性、公正性，有助于激发学生体育学习的积极性与主动性。但由于评价体系的改革也属于摸石子过河式的探索，基于缺乏前期实践经验的借鉴，尽管在"评价方式"上有了较大的改进，但也出现了一些不可避免的问题，具体表现在以下几个方面。

1. 体育教师评价的问题

体育教师是体育课程评价实施的主体，承担了客观评价的重要角色，而学生体育学习成绩是体育教师必须完成的最基本的评价任务。随着科学技术的进步与发展，特别是各种软件的开发与利用，学生体育学习成绩评定系统软件也大量涌现，这应该是件好事，但在实践操作过程中却暴露出不少问题：(1) 体育教师工作量的大量增加，报酬却没有增加。体育教师是学校教师的一个特殊群体，他们既要承担脑力工作，也要承担体力工作，同时还有早操、大课间、课外活动与课余运动训练，"起早摸黑"是形容体育教师的工作的比较切当的词语。如果要实施学生体育学习成绩"科学化"的评价体系，那么势必会大量增加体育教师的工作量，但报酬却没有增加。况且，体育教师在学校中同工不同酬的现象大量存在，社会地位又低，因此，要转变体育教师的评价观念、实施各类评价软件，具有很大难度。(2) 定量评价不一定"科学"。学生是有感情的高等动物，并不是机器，因此，要评价学生体育学习的效果，仅仅是定量评价是远远不够的，定量评价只能研判部分学习效果，难以测量学习过程情感、意志、兴趣、态度等方面的变化，因此，仅仅依靠各类评价软件是不科学的。（3）忽视了课堂教学的即时评价。课堂教学是一个生长过程，不能预设，因此，在体育教学过程中学生的言行是千变万化的，没有固定模式，如果缺失体育教师在课堂教学中的即时评价，那么学生的体育学习将失去运动过程的动人光环，因此，体育教师的即时评价是不可或缺的，应成为学生体育学习评价中的重要手段。

2. 学生评价的问题

第八次体育课改强化了学生在课程教学评价中的重要性，提倡"学生自评"与"学生互评"的评价方式，这对于评价的多元性、客观性、科学性提供了拓展路径。但也存在一些负面影响：（1）学生自评的真实性存在问题。把部分评价分值让给学生，让学生自己做主，负责自己的学习行为本是一件好事，体现了学生的主体意义，但学生能给自己进行一个客观的评价吗？在唯分数论依然盛行的今天，学生会给自己一个合理的分数吗？班级学生那么多，体育教师如何确保每一个学生给自己打分的真实性？这些都是体育教师无法掌控的事实，因此，很多学校在实施学生自评时只能流于形式。（2）学生互评的科学性存在问题。应该说学生对同学的言行是最了解的，尽管体育教师也在现场，但同学之间的身体接触更为频繁，了解更为细致，因此实施学生互评在理论上是可行的，但在操作层面，体育教师很难把控学生互评的结果，因为班级中存在各种非正式群体，群体内成员可能评分很高，群体外成员可能评分很低，这就造成了学生互评的不公正性。（3）学生小组长评价的问题。让学生小组长参与评价，应该是比较合理的，因为在课堂教学过程中经常会采用分组形式进行学习与练习，但在具体操作过程中，分组并不固定，每节课、每个单元等都可能存在不同形式的分组，因此，不固定的小组长要帮助教师合理评价学生成绩，其可能性也不大。

3. 家长评价的问题

第八次体育课改在多元评价中强调了家长评价方式，一时之间成为学界的热议话题。尽管家长也有理由纳入青少年学生体育学习成绩评价的主体，但问题依然存在：（1）家长评价的公正性。对于自己的孩子，每一个家长都会给高分，这是情感使然，也在情理之中。但如果每一个家长对自己孩子都给高分，那么这样的评价有何意义。（2）家长评价的真实性。校外体育活动也是学校体育的组成部分，它是养成学生运动习惯的重要环节，特别是年龄越小的孩子，家庭的影响力越大。但家庭体育活动是体育教师无法管控的，只能把管理权转交给家长，而家长的身份是五花八门的，有的家长经济实力较强，管控孩子的力度较大，有的家长则处于社会底层，经济收入较低，整天为了生计疲于奔命，哪有空余时间管理孩子的身体活动的？这些皆是家长参与体育课程评价的不可控因素。（2）家长评价的依据是否可靠。给学生布置校外体育作业有助于学生培养运动习惯，从理论上说是必要的，但让家长监督孩子身体活动的时间与量、评价身体活动的效果、给出其身体活动的分值等，是不现实的，也难以操作，因为家长评价缺乏科学统一的依据。如果要研制统一的评分标准，则无形之中又增加了体育教师的工作量，这些都是我们需要考虑的因素。

六、体育课程中的健康教育与问题

自第八次体育课程标准颁布以来，体育与健康名称就已注定"健康教育"将是体育课程不可缺少的重要内容。的确，健康教育的作用不可忽视，健康是一个综合概念，既内含身体健康，又包含心理健康，与学校体育关系最密切的是身体健康，学校体育在心理健康方面也具有独特价值。健康教育不仅需要知识，还需要实践，体育课程是一门实践性课程，促进学生健康的关键在于其身体活动的实践性，但需要健康理论知识的辅助才算完美。因此，健康教育主要的价值在于补充有关身心健康的理论性知识，让学生在身体活动的践行中理论为什么要健身，知其然知其所以然，激发学生参与体育活动的积极性与主动性，达到更好的健身效果。但在实施健康教育时，却遭遇不少的问题与困境，导致健康教育未收到应有的成效。基于第八次体育课改以来的实践经验，本研究总结体育课程实施"健康教育"存在的几个问题。

1. 健康教育内容与标准的科学性有待加强

通常情况下，健康教育是体育课程的必修内容，这在第八次体育课改之前也存在，只不过其名称不同而已。体育课改之前，一般称之为"体育理论课"，它是针对体育实践课而言的课，其内容主要是讲故事、讲规则、讲安全、讲体育课重要性与注意事项等等，一般放在学期开始的第一次课或雨天课上，这种课基本上是走走形式，或是雨天没有场地临时安排；另一方面，体育课程尽管设置了"体育理论课"，但并没有内容要求，因此，体育教师往往不重视，也没有单元教学计划，导致体育理论课的低效教学。第八次体育课改把体育理论课改成了"健康教育"，但总体而言，中小学体育课程的"健康教育"到底要传授什么内容并不明确。

2011年修订版义务教育阶段的体育课标没有提到健康教育的具体内容，只是提到了运动技能领域中的"获得运动基础知识"；身体健康领域中的"关注身体和健康的意识、懂得营养、环境和不良行为对身体健康的影响"；心理健康与社会适应领域中的"了解体育活动对心理健康的作用，认识身心发展的关系；正确理解体育活动与自尊、自信的关系；学会获取现代社会中体育与健康知识的方法"等。

2017年修订版高中体育课程进一步明确了高中健康教育为1学分，且单独列出了健康教育模块的具体内容"健康的基本知识和健康技能，合理营养和食品安全，常见传染性和非传染性疾病的预防和控制，环境、健康与体育锻炼的关系，安全运动和安全避险，常见运动损伤的预防和处理，提高心理健康水平和社会适应能力等方面的内容"，在此基础上，还提出了五个水平的健康教育模块阶段性学业质量标准：

表10　2017年版高中体育课程标准健康教育模块学业质量标准[①]

水平	质量描述
一	1-1 认识体育锻炼对健康的重要性，参与课外体育活动； 1-2 了解和运用营养、卫生保健、环境、疾病预防、心理健康、人际交往、安全避险等方面的知识； 1-3 在体育活动、学习和生活中关注情绪变化； 1-4 愿意和同伴在体育活动中进行交流与合作； 1-5 知道如何适应自然环境的变化。
二	2-1 理解生活方式对健康的影响，积极参与校内外体育锻炼； 2-2 理解膳食和营养均衡的作用，将所学的卫生保健、环境、疾病预防、心理健康、人际交往、安全避险等方面的知识运用于生活中； 2-3 在运动、学习和生活中保持较好的情绪稳定性； 2-4 较好地处理人际关系，积极与他人交流合作； 2-5 学会积极适应自然环境变化的方法。
三	3-1 注意自觉、主动地进行科学的体育锻炼，初步养成锻炼习惯，努力学会积极休息和劳逸结合、动静结合，注意形成健康的生活方式； 3-2 在运动、学习和生活中面对困难和挫折，能调控自己的情绪，保持良好的心态； 3-3 具有一定的协作能力和团队精神，对于自然环境变化适应能力较强； 3-4 知道常见运动损伤和一些突发伤病事故的处理和急救方法。

[①]　普通高中体育与健康课程标准（2017年版）[M].人民教育出版社，2018.

续表

水平	质量描述
四	4-1 积极、主动地参与课内外和校内外的体育活动,根据锻炼效果调整自己的体育锻炼方案; 4-2 对自己的健康状况做出适当评价; 4-3 心胸开阔、乐观开朗、充满活力、积极向上; 4-4 具有较强的自制力、良好的团队意识和合作能力; 4-5 将所学的健康知识综合运用到自己的生活中,基本形成健康的生活方式。
五	5-1 自觉坚持有规律的体育锻炼习惯,形成健康的生活方式,并能组织和指导他人进行体育锻炼; 5-2 较为深刻和全面地了解膳食平衡对健康的影响,并能够指导自己和家人合理膳食; 5-3 对非传染性疾病的成因、危害和预防方法等有全面的理解,并能指导自己、家人和周围人群采取合理措施预防非传染性疾病发生; 5-4 热爱生活、尊重生命、精力充沛、积极向上、乐观开朗,对自然和社会环境适应能力强。

综上,体育课改之前"体育理论课"的内容主要是三个层面:(1)身体健康知识、方法、安全、卫生等;(2)各类运动项目来源、技术要领、规则、裁判等;(3)体育课注意事项等。由于《中小学体育教学大纲》对此部分内容没有具体要求,因此,体育教师选择体育理论课内容也较为随意,效果也不理想。第八次体育课改提出了健康教育的重要意义,但尚没有具体内容作为保障。

2017年修订版高中体育课程特别设立了健康教育模块、各个水平健康教育质量标准等,为学校健康教育提供了较为具体内容与标准,也为基层体育教师实施健康教育提供了方向。但以上内容依然暴露出以下几个问题:(1)健康教育涉及的部分具体内容与体育品德核心素养有重叠。如"2-3 在运动、学习和生活中保持较好的情绪稳定性;2-4 较好地处理人际关系,积极与他人交流合作""4-3 心胸开阔、乐观开朗、充满活力、积极向上;4-4 具有较强的自制力、良好的团队意识和合作能力",这些内容应属于"体育品德"范畴。(2)有些内容过于抽象。如"1-1 认识体育锻炼对健康的重要性,参与课外体育活动",水平1的学生如何去认识与理解体育锻炼对健康的重要性?这似乎只能停留于说教。(3)各水平健康教育内容的递进性不强。如"膳食和营养"内容,水平1的表述是"了解和运用营养知识";水平2的表述是"理解膳食和营养均衡的作用"；水平3与水平4没有此项内容；水平5的表述是"较为深刻和全面地了解膳食平衡对健康的影响，并能够指导自己和家人合理膳食"。（4）有些内容超出了体育教师知识范畴，如"卫生保健、环境、疾病预防等方面的知识""非传染性疾病的成因、危害和预防方法"等。

2. 健康教育的实施主体不明确

"健康教育"是体育课标的内容之一，但健康教育涉及的内容很多，且一些内容是体育教师无法承担的。因此，对健康教育的主体问题存在不同说法，有的认为是学校卫生老师的工作范围，有的认为是学校保健老师的工作范围，有的认为是心理辅导老师所承担的工作，有的则认为是体育老师应承担的任务，此项任务的归属问题直接影响着健康教育实施的效果。若让体育教师承担此项任务，那么体育老师的工作量会大量增加，但报酬可能没有提高，这样就会影响体育教师的工作态度与积极性。实际情况的确如此，要切实贯彻与实施健康教育，体育教师必须在知识结构方面做出较大的调整与改变。

3. 健康教育的实施途径超出体育教学范围

根据2017年版高中体育课标的建议，健康教育实施的途径主要有：（1）利用互联网等信息资源通过专题宣传、讲座、参观戒毒展览、社团健康教育专题活动、建立家庭健康档案等。（2）课堂教学中的阅读、讨论、辨析等。（3）让学生独立或通过小组合作进行社会调查和专题研究等活动。（4）将获得的知识运用于日常生活。尽管健康教育模块只有一个学分，但体育教师所承担的任务却很繁重，他们不仅要在体育教学中传授健康教育知识，还要在课外与校外通过宣传、讲座、参观、建档、社团、社会调查、社会实践等路径实施健康教育，无形之中的压力可能直接导致了健康教育的虚化。

4. 健康教育评价可操作性有待提高

2017年版高中体育课标提供了健康教育学分评定表与健康教育理论测试题，其中健康教育模块健康认知内容的学分由"健康和生命的认识、对健康生活方式的理解、相关饮食和营养知识、环境对健康的影响、安全运动和避险的知识和方法、运动损伤和疾病预防的知识和方法、消除运动疲劳的知识和方法、心理健康与社会适应的相关知识等"8个方面进行评价，同时设置了个人健康行为四个内容50个问题进行问卷评价。从评价内容与指标上看，此实施方案具有一定的可行性，但是否具有可操作性，看来不容乐观，若采用问卷评价方式，每一位体育教师可能涉及的学生很多，既要统计学生自评的结果，又要统计学生互评的结果，体育教师的工作量的确很大，会不会走向"形式主义"，依然需要拭目以待。

第四章

第八次课改以来体育课程实施现状——以教师为视角

义务教育阶段体育课标与高中体育课标分别经历了2011年与2017年两次的大改动，其修订依据主要是对第八次体育课改在实施过程中所暴露出的问题进行了反思，总结经验，修补与完善第八次体育课改的理论体系。不可否认，理论与实践依然存在鸿沟，尽管理论学者们尽力在体育课标修订过程中补充与完善了部分理论，并通过解读，使广大的基层体育教师理解修订版课标的课程理念、基本精神、目标内容、方法策略、评价方案等，但要真正领会修订版课标的精髓，并在实践中贯彻落实，基层体育教师在短时间内似乎很难做到，何况修订后的课标依然在理论上存在某些缺陷[1][2][3][4]。这就需要我们认真面对实践困境、深刻反思理论问题，以便更好地完善体育课程标准理论体系。

体育教师是历年来体育课程改革的主力军，也是把政府政策、专家理论落实到教学实践的中介，考察体育教师实施第八次体育课改所处阶段与问题，有助于了解与研判第八次体育课改以来的进程与实施状况，为后续深化体育课程改革提供现实依据。基于以上认识，本研究以中小学体育教师为视角，调研第八次体育课改以来体育教师落实体育课标之情况，实事求是地反映问题，为后续研究与实践指导提供帮助。

---

[1] 冯雅男，何秋鸿，孙葆丽. 困境与视角：对我国基础教育体育课程改革的思考［J］. 北京体育大学学报，2017，40（08）：76-82，90.

[2] 张亭，唐景丽. 新中国基础教育体育课程改革走向的回顾与反思［J］. 武汉体育学院学报，2016，50（10）：96-100.

[3] 方建新，俞小珍. 我国体育课程改革得失思考［J］. 体育文化导刊，2014（05）：129-132.

[4] 赵刚，陈民盛. 对我国中小学体育课程改革关键问题的反思与探讨［J］. 山东体育学院学报，2017，33（05）：114-118.

一、量表研制

20世纪50年代末至60年代初,肇始于美国、影响波及全球的"学科结构运动"未能达到预期的目的,基于这一背景,吉纳·E.霍尔等人历经多年的研究,提出了"基于关心的变革采纳模式":七种关心类别分别是0意识;1信息;2个人化;3操作;4结果;5合作;6新聚焦。① 其基本内容如下图所示。

关注类型	关注阶段	内涵
不相关 (Unrelated Concerns)	0 意识 (Awareness)	不关心体育与健康课程改革,对与体育与健康课程改革有关的事情不了解、不知道,稍有兴趣知道,但没兴趣参与。
自我关注 (SelfConcerns)	1 信息 (Informational)	有兴趣了解更多有关体育与健康课程改革的信息对体育与健康课程改革有一个整体性认识。体育教师似乎并不关注自己与课改之间的联系对课改中具有实质意义的需要方面颇感兴趣,比如课改的重要特征、影响和实施要求,而且他们的这种兴趣是以自我为中心。
	2 个人化 (Personal)	体育教师对课改的要求以及自己达到这些要求还应做些什么,自己在课改中的作用都不太明确。因此,体育教师往往会对自己在组织的奖励机制以及决策中的角色作用,课改与当前组织结构、个人努力之间存在的潜在矛盾进行思考。此外,还可能会对自己和同事的方案在经济或地位上的含义进行反思。
任务关注 (TaskConcerns)	3 管理 (Management)	体育教师把注意力放在实施课改的过程、具体任务,以及信息、资源的充分利用上。其中对与课改实施的效率、组织、管理、日程安排和所需时间等相关问题最为重视。
影响关注 (Impact Concerns)	4 后果 (Consequence)	体育教师把注意力放在课改对学生产生的影响上;非常关注课改对学生的适切性,并重视对课改结果的评价。评价内容包括课改的完成情况、课改的效果以及为提高学生的体育成就还需要对其做哪些修改。
	5 合作 (Collaboration)	体育教师关心的焦点是怎样与其他人共同合作实施课改。
	6 再聚焦 (Refocusing)	体育教师注重探索课改所能带来的更为广泛的益处,包括重大改变的可能性,或者是用一个更为适切的课改方案来代替目前的课改方案,体育教师对替代性课改方案持有明确的观点。

图3 美国霍尔等研究的关心发展理论示意图

参考美国霍尔等研究的关心发展阶段理论,结合我国国情,本研究把我国中小学体育教师学习与落实体育与健康课程标准的阶段划分为六个阶段:

(1)学习了解阶段:对体育与健康课程理念或多或少学习过、听说过,但只是停留于理论阶段,并没有很好地理解。

(2)一知半解阶段:由于体育与健康课程理论较为抽象,而解读者又纸上谈兵,因而部分体育教师对体育与健康课程的理论一知半解,好像明白有那么

---

① 叶波.关心发展阶段理论、应用与启示[J].上海教育科研,2010.5:27-30.

回事，但没能真正理解。

（3）自我教学设计阶段：有的教师虽然不能很好理解体育与健康课程理论，但根据他们所学的部分理论，可在体育教学设计上尝试性地进行运用。

（4）合作教学设计阶段：能与同行一起商量，在达成部分共识的基础上运用体育与健康课程理念开展体育教学设计。

（5）成效反思阶段：对体育教学设计中的新理念、新思路的效果进行反思，总结其成功之经验，失败的教训。

（6）再学习与思考阶段：在教学设计与教学实践反思过程中发现，自己对体育与健康课程理念并不是十分理解，因而促使他们回炉，再次学习体育与健康课程理论与思考如何运用体育与健康课程理论进行教学设计。

另一方面，结合体育与健康课程主要的内容与要求，本研究特别制定了第八次体育课改十六年来体育教师实施体育与健康课程实况调研的量表。

二、样本构成

调研第八次体育课改以来体育教师实施课标情况的主要内容是，了解中小学体育教师对体育课改的理念理解、目标制定、方法落实、方式领会、评价举措等情况，因此，根据以上调研的理论与内容，本研究发放中小学体育教师问卷共5500份，回收有效问卷5424份，其中小学体育教师2966份，初中体育教师1283份，高中体育教师1175份，有效回收率98.6%。调查对象主要涉及了浙江省、辽宁省、江苏省、四川省、广西壮族自治区、江西省、广东省、新疆维吾尔自治区、天津市、北京市等地区的中小学体育教师，借助2013－2018年高中体育"国培计划"培训平台资源（本单位每年举办一期近百名高中体育教师的培训）、各省地市体育教研网资源，以"问卷星"的形式通过网络进行发放与调查。

通过采集中小学体育教师的性别、年龄、学历、职称、教龄等个人基本信息，对样本特征进行描述，具体情况如下表所示。

表 11 受访的中小学体育教师的基本信息汇总一览表（N=5424）

		小学		初中		高中	
		频次	百分比	频次	百分比	频次	百分比
性别	男	1951	65.8%	927	72.3%	872	74.2%
	女	1015	34.2%	356	27.7%	303	25.8%
年龄段	30 岁及以下	1193	40.2%	285	22.2%	197	16.8%
	31－44 岁	1481	49.9%	781	60.9%	705	60.0%
	45－55 岁	285	9.6%	213	16.6%	258	22.0%
	56 岁及以上	7	0.2%	4	0.3%	15	1.3%
学历	专科	365	12.3%	56	4.4%	32	2.7%
	本科	2448	82.5%	1170	91.2%	1067	90.8%
	研究生	153	5.2%	57	4.4%	76	6.5%
职称	二级	1568	52.9%	561	43.7%	408	34.7%
	一级	1058	35.7%	538	41.9%	452	38.5%
	高级	340	11.5%	184	14.3%	315	26.8%
教龄段	5 年及以内	1089	36.7%	254	19.8%	172	14.6%
	6－10 年	609	20.5%	237	18.5%	204	17.4%
	11－20 年	693	23.4%	475	37.0%	455	38.7%
	21－30 年	524	17.7%	286	22.3%	288	24.5%
	31 年及以上	51	1.7%	31	2.4%	56	4.8%
总调查人数		2966		1283		1175	

（1）各学段体育教师的性别特征分布

参与问卷的男性体育教师人数为 3750 人，占总调查人数的 69.1%；参与问卷的女性体育教师人数是 1674，占总调查人数的 30.9%。

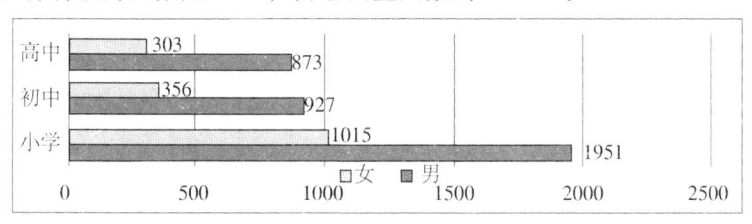

图 4 受访的各学段体育教师性别频次示意图

(2) 各学段体育教师的年龄特征分布

表 12　受访的各学段体育教师年龄一览表

	小学	初中	高中
平均年龄	33.87	36.95	38.59
最小年龄	20	22	23
最大年龄	59	59	60

上表可知，小学阶段，被调查教师的平均年龄为 33.87 岁，最大年龄 59 岁，最小年龄为 20 岁。初中阶段，被调查教师的平均年龄为 36.95 岁，最大年龄 59 岁，最小年龄为 22 岁。高中阶段，被调查教师的平均年龄为 38.59 岁，最大年龄 60 岁，最小年龄为 23 岁。总体而言，各教育阶段教师的平均年龄、最小年龄、最大年龄十分接近。

通过 SPSS 重新编码功能将问卷参与教师的年龄分为 4 个年龄段，分别为：30 岁及以下，31－44 岁，45－59 岁，60 岁以上，统计结果如下图所示。

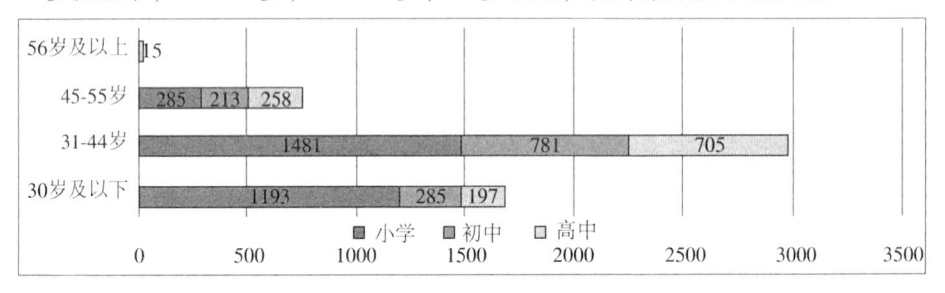

图 5　受访的中小学体育教师年龄特征示意图

2013 年联合国世界卫生组织（WHO）将 44 岁及以下的人群归为青年人，45－59 岁的为中年人，60－74 岁为年轻老年人。由此来看，问卷参与者主要涉及的群体是青年教师，占总调查人数的 85%，其中 31－44 岁年龄段为主力军，占调查总人数的 54.7%。其次为 30 岁及以下年龄阶段，约占总调查人数的 30.9%。

(3) 受访的中小学体育教师学历特征分布

本研究将问卷参与者的学历分为专科、本科、研究生三个学历层次。下图所示，绝大部分中小学体育教师的学历为本科，占总人数的 87%，其次是专科教师占总人数的 8%，具有研究生学历的教师只占总调查人数的 5%。

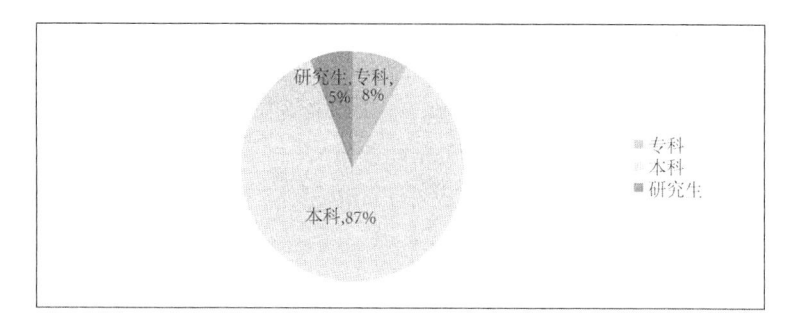

图 6 受访的中小学体育教师学历特征示意图

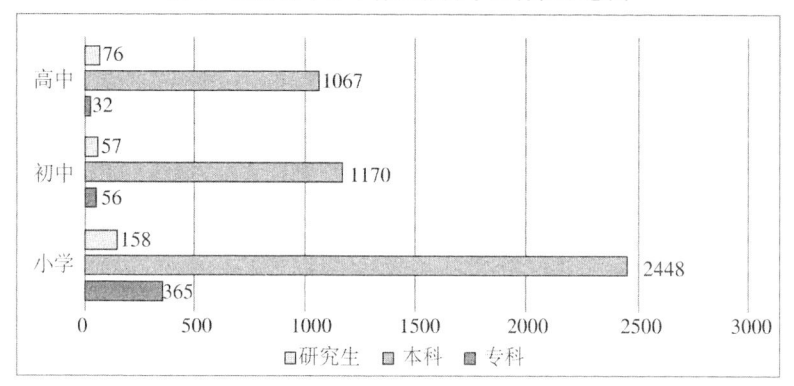

图 7 各学段体育教师学历特征示意图

（4）各学段体育教师的职称与教龄交互统计

表13 受访的中小学体育教师职称教龄交互一览表

	教龄段	5年以内	6-10年	11-20年	21-30年	31-60年	总计
职称	小学一级	89	203	421	312	33	1058
	小学二级	975	369	170	50	4	1568
	小学高级	25	37	102	162	14	340
	初中一级	12	61	308	147	10	538
	初中二级	242	176	115	25	3	561
	初中高级	0	0	52	114	18	184
	高中一级	67	87	169	114	15	452
	高中二级	58	57	166	89	38	408
	高中高级	47	60	120	85	3	315
	总数	1515	1050	1623	1098	138	5424

本研究将参与问卷体育教师的教龄分为以下四个阶段：5 年及以内，6－10 年，11－20 年，21－30 年，31 年及以上。由上表可见，11－20 年的教龄的教师占比最大，人数为1623；其次为 5 年及以内教龄的教师；6－10 年教龄段的教师与 21－30 年教龄段的教师人数基本持平；31 年及以上教龄的教师，人数相对最少，共计 138 人。

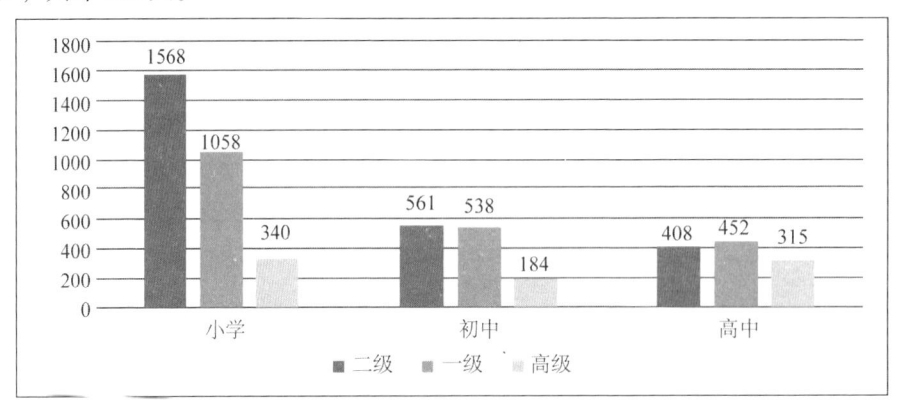

图 8　受访的各学段中小学体育教师职称统计示意图

三、结果分析

1. 小学阶段体育教师实施第八次体育课改的现状

表 14　受访的小学体育教师实施体育课改状况一览表（N = 2966）

	小学所处的认识阶段					
	A 初步了解	B 似懂非懂	C 能运用于教学实践	D 能与同事合作	E 能开展反思活动	F 能重新思考与设计
Q1 对"健康第一"的理解	22.2%	9.2%	37.1%	18.5%	9.5%	3.6%
Q2 对"以学生发展为中心"理解	15.4%	7.1%	38.8%	19.6%	14.7%	4.5%
Q3 制定教学目标	4.5%	9.9%	43.1%	19.7%	11.9%	4.9%
Q4 体育课程内容开发	12.3%	10.0%	41.1%	18.1%	12.4%	6.2%
Q5 对自主学习的理解	11.0%	7.4%	40.1%	19.5%	16.4%	5.6%
Q6 对探究学习的理解	12.5%	7.7%	36.6%	21.4%	15.2%	6.6%

续表

	小学所处的认识阶段					
	A 初步了解	B 似懂非懂	C 能运用于教学实践	D 能与同事合作	E 能开展反思活动	F 能重新思考与设计
Q7 对合作学习的理解	8.60%	4.5%	37.0%	24.7%	17.9%	7.3%
Q8 实施"差异教学"	11.5%	7.0%	35.6%	21.4%	18.0%	6.5%
Q9 实施"自我评价"	10.9%	5.9%	39.9%	22.5%	14.9%	6.0%
Q10 实施"同伴评价"	10.3%	7.5%	40.7%	20.8%	14.8%	5.9%
Q11 实施"过程评价"	9.8%	6.1%	39.0%	23.6%	15.8%	5.7%

首先,"健康第一"与"以学生发展为中心"的理念是第八次体育课改的基本理念,在各省市教师培训中,它们皆是课程理念培训的重点,但从表3调研结果来看,尽管有37.1%、38.8%的体育教师能把这些理念运用于教学实践之中,但处于"初步了解"的小学体育教师占22.2%,"似懂非懂"的体育教师也有9.2%,这说明小学体育教师对以上理念虽有一定的了解,但并未理解透彻,且能具体运用到教学实践活动中的小学体育教师并不多(10%左右),能对以上理念进行重新思考与设计教学计划的小学体育教师更少。

其次,从"教学目标"维度分析,有43.1%的小学体育教师能根据第八次体育课改的要求制定教学目标,19.7%小学体育教师能与同事合作根据课标理念要求制定教学目标,11.9%的小学体育教师能对教学目标进行反思,以上状况说明小学体育教师根据体育课标的基本精神与要求制定教学目标情况良好,但仍有4.5%、9.9%的小学体育教师对体育教学目标研制处于"初步了解与似懂非懂"的阶段。

第三,从"体育课程资源开发"维度分析,41.1%的小学体育教师能根据体育课标的要求开发体育课程,但依然有12.3%、10.0%的小学体育教师对于课程内容开发处于"初步了解与似懂非懂"的阶段,这可能是第八次体育课改首次取消了《中小学体育教学大纲》,实施了以"目标引领内容"的理念,导致了体育课标中只有目标、无内容的现象,这对部分小学体育教师产生了恐慌,致使他们不知道应该选择什么样的教学内容进行教学。

第四,从"学习方式"维度而言,开展三类学习方式的情况基本处于第三、第四阶段,且三类学习方式的开展状况基本一致,这可能与体育课标大力提倡学习方式有关,说明这三类学习方式已深深引入小学体育教师的脑海之中。但不可忽视的是，依然有部分小学体育教师对三类学习方式处于"初步了解与似懂非懂"阶段，这并不奇怪，因为三类学习方式如何落实到实践之中、如何与教学内容相结合依然是目前体育教学难点之一。

第五，从"差异教学"维度而言，有35.6%的小学体育教师实施了"差异教学"，21.4%的小学体育教师能与同事合作进行"差异教学"设计，18.0%的小学体育教师能够对"差异教学"进行反思，但仍有11.5%的小学体育教师处于"初步了解"阶段。这说明差异教学的理念虽浅显易懂，但要在班级教学之中实施起来确实是很困难。

第六，从"教学评价"维度来看，第八次体育课改倡导了"自我评价、同伴评价、过程评价"三类评价方式，体育教师实施状况基本处于同一个阶段，说明教学评价的改革力度较大，在教学实践中，小学体育教师也在运用多种评价手段与方法进行改革，以促进教学效果的提升与学生运动动机的激发。

第七，从"育德"维度来看，"能运用于教学实践之中"比例只有32.9%，是12个指标中最低的一个指标，且有13.9%的小学体育教师处于"初步了解"阶段，说明立德树人在体育教学中的落实情况较为薄弱。

总体而言，小学阶段体育教师实施第八次体育课改基本处于六个阶段中的第三阶段，而小学阶段体育教师处于较为理想实施状况的指标为：根据第八次体育课改的基本精神与理念"制定教学目标"，"能与同事合作"；合作学习的理解与实施效果较好；有部分小学体育教师处于"教学反思"阶段，但处于"重新思考"阶段的小学体育教师比例偏低，说明第八次体育课改以来小学体育教师深化改革的态度与力度尚有不足。

2. 初中阶段体育教师实施第八次体育课改的现状

表15　受访的初中体育教师实施体育课改状况一览表（N=1283）

	初中所处的认识阶段					
	A 初步了解	B 似懂非懂	C 能运用于教学实践	D 能与同事合作	E 能开展反思活动	F 能重新思考与设计
Q1 对"健康第一"的理解	18.6%	10.6%	39.8%	18.2%	10.1%	2.8%
Q2 对"以学生发展为中心"理解	13.1%	8.0%	41.4%	18.4%	15.1%	4.0%
Q3 制定教学目标	8.4%	10.8%	41.8%	21.6%	12.3%	5.1%

续表

	初中所处的认识阶段					
	A 初步了解	B 似懂非懂	C 能运用于教学实践	D 能与同事合作	E 能开展反思活动	F 能重新思考与设计
Q4 体育课程内容开发	12.8%	8.7%	42.8%	17.4%	14.0%	4.4%
Q5 对自主学习的理解	9.7%	8.0%	40.4%	18.3%	17.4%	6.2%
Q6 对探究学习的理解	10.1%	10.4%	36.8%	21.9%	15.6%	5.3%
Q7 对合作学习的理解	7.6%	6.3%	37.3%	25.0%	17.1%	6.5%
Q8 实施"差异教学"	10.1%	6.5%	37.9%	19.6%	18.9%	7.1%
Q9 实施"自我评价"	12.2%	7.6%	36.6%	23.6%	13.7%	6.2%
Q10 实施"同伴评价"	11.9%	10.1%	39.8%	20.4%	12.7%	5.1%
Q11 实施"过程评价"	9.9%	8.0%	39.1%	23.1%	14.6%	5.2%
Q12 落实"育德"	13.3%	5.9%	32.9%	18.6%	19.6%	9.7%

上表显示，对于以上十二个维度中处于"初步了解"阶段的体育教师比例最高的是"对健康第一的理解"，最低比例的是"对合作学习的理解"，处于"能运用于教学实践之中"阶段的体育教师比例最高的是"体育课程内容开发"，最低比例的是"落实育德"，处于"能与同事合作"阶段的体育教师比例最高的是"对合作学习的理解"，最低比例的是"对健康第一的理解"，处于"能开展反思活动"阶段的体育教师比例最高的是"落实育德"，最低比例的是"对健康第一的理解"，处于"能重新思考与设计"阶段的体育教师比例最高的是"落实育德"，最低比例的是"对健康第一的理解"。以上维度的两级性主要体现在"对健康第一的理解、落实育德、对合作学习的理解"等方面，说明在学习方式上，合作学习对初中体育教师影响较为深入，而对健康第一理念的理解、落实育德方面尚有拓展较大的拓展空间。

总体而言，与小学体育教师相比，初中体育教师在教学理念理解上有一定的提高，把理念运用于教学实践之中方面有所加强，说明初中体育教师在培训过程中，虽然与小学体育教师同属基本教育阶段教师，但在培训理念、内容、方法等理解的能力上体现了差异。

值得关注的是，初中体育教师在教学反思与重新思考方面依然处于不甚理想的阶段，有待进一步加强与提升。

3. 高中阶段体育教师实施第八次体育课改的现状

表16 受访高中体育教师实施体育课改状况一览表（N=1175）

	高中所处的认识阶段					
	A 初步了解	B 似懂非懂	C 能运用于教学实践	D 能与同事合作	E 能开展反思活动	F 能重新思考与设计
Q1 对"健康第一"的理解	21.0%	8.8%	38.9%	17.1%	10.1%	4.1%
Q2 对"以学生发展为中心"理解	13.8%	8.7%	39.9%	19.7%	12.3%	5.6%
Q3 制定教学目标	10.9%	9.8%	43.0%	19.5%	11.1%	5.8%
Q4 体育课程内容开发	15.3%	8.4%	42.7%	18.2%	9.8%	5.5%
Q5 对自主学习的理解	10.0%	8.3%	41.5%	19.4%	13.6%	7.1%
Q6 对探究学习的理解	12.9%	9.1%	36.4%	21.4%	14.3%	5.8%
Q7 对合作学习的理解	8.3%	5.1%	38.8%	22.6%	17.3%	7.9%
Q8 所采用的教学模式	24.9%	15.1%	37.4%	5.8%	11.2%	5.5%
Q9 实施"差异教学"	12.7%	8.1%	36.9%	18.6%	16.8%	6.9%
Q10 实施"自我评价"	16.3%	7.7%	39.5%	19.7%	11.9%	4.9%
Q11 实施"同伴评价"	16.3%	12.6%	39.6%	17.3%	10.0%	4.3%
Q12 实施"过程评价"	14.6%	9.4%	37.7%	21.4%	12.6%	4.3%
Q13 落实"育德"	17.7%	6.1%	31.9%	17.7%	18.0%	8.4%
Q14 选项课程开展	21.5%	12.6%	21.8%	30.6%	8.5%	5.0%
Q15 对模块教学的理解	15.0%	8.8%	31.8%	22.8%	15.2%	6.4%
Q16 对终身体育的理解	14.6%	6.6%	32.7%	18.0%	18.1%	9.9%

上表显示，与小学、初中体育教师相比，高中体育教师在教学目标维度上的"能运用于教学实践之中"阶段上体现了一定的优势，占43.0%的最高比例。其次在课程内容开发维度上的"能运用于教学实践之中"处于较好的阶段，这与高中体育选项课教学是密不可分的。高中选项教学与小学初中缺失教学内容不同，它鼓励学生自主选项，因此，高中体育教师在课程内容开发、研制体育教学目标方面体现了更高的积极性。第三，在小学初中指标维度的基础上，高中增加了四个指标"教学模式、选项课程、模块教学、终身体育意识"，从测

试情况来看，对于"教学模式"处于初步了解的教师处于较高比例，占24.9%，但其运用情况却处于较好阶段（与增设的四个指标相比），这说明高中体育教师自身已在实践中运用了教学模式，却不理解什么是教学模式，进一步说明教学模式是一个较为抽象的概念，需要与实践对接才能有助于理论联系实际，让更多的体育教师理解。同样值得关注的是，高中体育教师在"教学反思与重新思考"方面依然处于不理想的阶段，有待进一步提升。

综上，从调研结果情况反馈来看，中小学体育教师实施第八次体育课改情况总体处于六个不同阶段中的第三、第四个阶段，基本情况良好，说明体育课程改革的基本方向是正确的，改革的效果也是成功的。但仍有部分不可忽视的体育教师群体在理解课标精神与理念方面处于"初步理解"阶段，这是今后需要突破的瓶颈与关注的问题，说明依然有一些中小学体育教师抱有"得过且过"的混日子态度；另一方面，中小学体育教师在对第八次体育课改的"反思与重新思考"方面尚有欠缺，力度不足，这种现象提示我们在今后的教学改革实践与培训过程中要加强体育教师对体育课改的反思意识与力度，把体育课改推向纵深发展。

4. 中小学体育教师实施第八次体育课改现状的差异性分析

（1）小学阶段体育教师实施第八次体育课改现状的差异性分析

表17　不同性别、年龄、职称、教龄、学历小学体育教师实施体育课改情况差异性比较一览表

题目选项	性别	年龄	职称	教龄	学历
"健康第一"	$P=0.916$	$P=0.000$	$P=0.000$	$P=0.037$	$P=0.019$
"以学生发展为中心"	$P=0.136$	$P=0.002$	$P=0.000$	$P=0.006$	$P=0.087$
"教学目标"	$P=0.792$	$P=0.000$	$P=0.000$	$P=0.001$	$P=0.048$
"课程内容开发"	$P=0.688$	$P=0.134$	$P=0.000$	$P=0.037$	$P=0.080$
"自主学习"	$P=0.022$	$P=0.004$	$P=0.000$	$P=0.001$	$P=0.002$
"探究学习"	$P=0.073$	$P=0.001$	$P=0.000$	$P=0.00$	$P=0.007$
"合作学习"	$P=0.000$	$P=0.019$	$P=0.000$	$P=0.002$	$P=0.075$
"差异教学"	$P=0.039$	$P=0.022$	$P=0.000$	$P=0.001$	$P=0.055$
"自我评价"	$P=0.158$	$P=0.522$	$P=0.003$	$P=0.045$	$P=0.033$
"同伴评价"	$P=0.564$	$P=0.296$	$P=0.023$	$P=0.01$	$P=0.011$
"过程评价"	$P=0.582$	$P=0.465$	$P=0.026$	$P=0.074$	$P=0.013$
"育德"	$P=0.121$	$P=0.435$	$P=0.028$	$P=0.171$	$P=0.003$

上表可见，不同性别的小学体育教师在"自主学习"、"合作学习"、"差异教学"维度上体现了显著性差异（P<0.05），说明以上三个指标对于不同性别的体育教师理解与落实方面体现较大的差异性。不同年龄的小学体育教师在"健康第一""以学生发展为中心""教学目标""自主学习""探究学习""合作学习""差异教学"维度上体现了显著性差异（P<0.05），说明不同年龄的小学体育教师在理解与落实以上七个指标上体现较大的差异性。不同职称的小学体育教师在所有的十二个维度上均体现显著差异，说明职称不同，理解与落实体育课标的能力与程度各异。不同教龄的小学体育教师除了"过程评价""育德"维度无显著差异之外，其他十个维度均有显著差异。不同学历的小学体育教师在"健康第一""教学目标""自主学习""自我评价""同伴评价""过程评价""育德"维度上均有差异性。

（2）初中阶段体育教师第八次体育课改现状的差异性分析

表18 不同性别、年龄、职称、教龄、学历初中体育教师实施体育课改情况差异性比较一览表

认知项目	性别	年龄	职称	教龄	学历
"健康第一"	$P=0.842$	$P=0.211$	$P=0.000$	$P=0.036$	$P=0.042$
"以学生发展为中心"	$P=0.146$	$P=0.009$	$P=0.000$	$P=0.120$	$P=0.004$
"教学目标"	$P=0.208$	$P=0.399$	$P=0.006$	$P=0.006$	$P=0.049$
"课程内容开发"	$P=0.348$	$P=0.009$	$P=0.018$	$P=0.082$	$P=0.838$
"自主学习"	$P=0.015$	$P=0.004$	$P=0.001$	$P=0.073$	$P=0.014$
"探究学习"	$P=0.076$	$P=0.042$	$P=0.022$	$P=0.036$	$P=0.021$
"合作学习"	$P=0.007$	$P=0.054$	$P=0.000$	$P=0.130$	$P=0.017$
"差异教学"	$P=0.016$	$P=0.059$	$P=0.000$	$P=0.008$	$P=0.052$
"自我评价"	$P=0.070$	$P=0.047$	$P=0.229$	$P=0.070$	$P=0.849$
"同伴评价"	$P=0.397$	$P=0.148$	$P=0.629$	$P=0.360$	$P=0.232$
"过程评价"	$P=0.152$	$P=0.419$	$P=0.031$	$P=0.439$	$P=0.088$
"育德"	$P=0.232$	$P=0.008$	$P=0.007$	$P=0.004$	$P=0.228$

上表可见，不同性别的初体育教师在"自主学习""探究学习""合作学习""差异教学"维度体现了显著差异；不同年龄初中体育教师在"以学生发展为中心""课程内容开发""自主学习""自我评价""育德"维度体现了显著差异；不同职称的初中体育教师除了"自我评价""同伴评价"两个指标没

有差异之外,其他指标上均有差异;不同教龄初中阶段的体育教师在"健康第一""教学目标""课程内容开发""探究学习""差异教学""育德"维度均有显著差异;不同学历的初中体育教师在"健康第一""以学生发展为中心""教学目标""自主学习""探究学习""合作学习"维度均有显著差异。

(3)高中体育教师实施第八次体育课改现状的差异性分析

表19 不同性别、年龄、职称、教龄、学历
高中体育教师实施体育课改情况差异性比较一览表

认知项目	性别	年龄	职称	教龄	学历
"健康第一"	P = 0.397	P = 0.052	P = 0.000	P = 0.086	P = 0.897
"以学生发展为中心"	P = 0.892	P = 0.030	P = 0.000	P = 0.062	P = 0.337
"教学目标"	P = 0.602	P = 0.124	P = 0.000	P = 0.274	P = 0.993
"课程内容开发"	P = 0.499	P = 0.003	P = 0.000	P = 0.034	P = 0.377
"自主学习"	P = 0.975	P = 0.000	P = 0.001	P = 0.009	P = 0.545
"探究学习"	P = 0.169	P = 0.003	P = 0.008	P = 0.014	P = 0.105
"合作学习"	P = 0.063	P = 0.000	P = 0.008	P = 0.001	P = 0.358
"教学模式"	P = 0.144	P = 0.007	P = 0.211	P = 0.026	P = 0.859
"差异教学"	P = 0.452	P = 0.000	P = 0.003	P = 0.004	P = 0.155
"自我评价"	P = 0.937	P = 0.018	P = 0.693	P = 0.024	P = 0.389
"同伴评价"	P = 0.780	P = 0.001	P = 0.203	P = 0.002	P = 0.712
"过程评价"	P = 0.907	P = 0.000	P = 0.266	P = 0.000	P = 0.181
"育德"	P = 0.635	P = 0.000	P = 0.001	P = 0.008	P = 0.184
"选项课程"	P = 0.717	P = 0.000	P = 0.517	P = 0.000	P = 0.860
"模块教学"	P = 0.366	P = 0.000	P = 0.000	P = 0.000	P = 0.167
"终身体育"	P = 0.274	P = 0.000	P = 0.000	P = 0.000	P = 0.644

上表可见,不同性别的高中体育教师在16个维度上均无显著差异,说明性别与维度无关;不同年龄的高中体育教师除了在"教学目标"指标上没有差异除外,在其它维度方面均体现了显著差异;不同职称的高中体育教师除了"教学模式""自我评价""同伴评价""过程评价""选项教学"维度没有差异之外,其他指标均有差异;不同教龄的高中体育教师除了在"教学目标"没有差异之外,其他维度均有差异性;不同学历的高中体育教师16个维度上均无显著

差异，说明学历与维度无关。

四、结论建议

1. 结论

自第八次体育课改实施以来，中小学体育教师在 12 - 16 个维度上基本处于六个不同阶段中的第三、第四个阶段，说明体育与健康课程改革的基本方向是正确的，改革的前期效果也是显著的。但仍有部分中小学体育教师在理解体育课标精神与理念、落实学习方式、实施差异教学、倡导体育育人等方面依然处于"初步理解或似懂非懂"阶段；较少的中小学体育教师对体育课改进行"反思与重新思考"。

在各个维度的差异性方面，不同性别的小学体育教师在"自主学习""合作学习""差异教学"维度上体现了显著性差异，不同年龄的小学体育教师在"健康第一""以学生发展为中心""教学目标""自主学习""探究学习""合作学习""差异教学"维度上体现出显著性差异，不同职称的小学体育教师在所有的十二个维度上均体现显著差异，不同教龄的小学体育教师除了"过程评价""育德"维度无显著差异之外，其他十个维度均有显著差异，不同学历的小学体育教师在"健康第一""教学目标""自主学习""自我评价""同伴评价""过程评价""育德"维度上均有差异性；不同性别的初体育教师在"自主学习""探究学习""合作学习""差异教学"维度体现了显著差异；不同年龄初中体育教师在"以学生发展为中心""课程内容开发""自主学习""自我评价""育德"维度体现了显著差异；不同职称的初中体育教师除了"自我评价""同伴评价"两个指标没有差异之外，其他指标上均有差异；不同教龄初中阶段的体育教师在"健康第一""教学目标""课程内容开发""探究学习""差异教学""育德"维度均有显著差异。不同学历的初中体育教师在"健康第一""以学生发展为中心""教学目标""自主学习""探究学习""合作学习"维度均有显著差异；不同年龄的高中体育教师除了在"教学目标"指标上没有差异除外，在其他维度方面均体现了显著差异；不同职称的高中体育教师除了"教学模式""自我评价""同伴评价""过程评价""选项教学"维度没有差异之外，其他指标均有差异；不同教龄的高中体育教师除了在"教学目标"没有差异之外，其他维度均有差异性。

2. 建议

（1）深化体育与健康课程改革依然任重道远

第八次体育与健康课程改革已过去十几年，尽管在教学理念、教学方法、学习方式、评价方法等方面取得了较大的进步，改变了体育教师长期以来赖以存在的传统教学模式，同时，国家政府部门也不遗余力地开展各类全国性的教师培训活动，这对于全面实施与推进体育课标起到了重要的作用。但体育与健康课程改革毕竟是新生事物，要让所有的中小学体育教师所理解与接受其中的新理念、新模式与新方法等，并不是一朝一夕的事，既需要政府部门的倡导、督促与培训，更需要广大体育教师的自身努力。基于以上调研结果，体育课程改革的深化工作依然任务艰巨、短板明显、差距显著，不可懈怠。

（2）中小学体育教师培训需大力改革教学方法

自第八次体育课程改革以来，各级各类中小学体育教师培训如雨后春笋般地大量涌现，并取得了较大的成功，但同时也暴露了不少缺点。其主要的问题在于实践课程设置缺失、培训专家选用随意、灌输教学方法盛行、教师互动交流缺乏、培训效果评价依据不足[1]，从而导致培训效果大打折扣。因此建议在各级各类国家级、省市级培训中，要避免纯理论的授课方式，要注重理论与实践相结合，特别需要结合体育课堂教学设计，如何把理念与教学实际结合起来，而不是空谈"健康第一、以学生为中心"的理念，却在教案中成了空头支票，毫无教学措施支撑。另一方面，在培训过程中，要精选真正既有理论高度且拥有实践智慧的专家，并鼓励案例教学，切实提高培训的实效。

（3）中小学体育教师应进行分类分层培训

本研究调研结果显示，处于不同阶段的中小学体育教师存在各个维度在性别、职称、年龄、教龄等方面的显著差异，这些差异是长期以来由教师接受的职前教育、入职后的学习过程、教学经验等自然形成，这也是开展不同性质师资培训的重要依据。基于各级各类前期培训所暴露出学员不同需求导致培训效果欠佳的问题，建议在国家级与省级培训中，避免传统"一锅粥"的培训方式，应根据不同性别、职称、年龄、教龄、学历等分别进行分类分层培训，以满足不同层次体育教师的培训需求，并最大程度地提升专业培训的效果与质量。

（4）鼓励更多的中小学体育教师开展自主学习

外部宣传、政府培训、合作交流等均为外因，中小学体育教师的内在需求

---

[1] 李洪梅. 新课标视域下小学骨干体育教师培训效果的调查研究 [D]. 曲阜师范大学，2014.

是专业可持续发展的真正内因，因此，中小学体育教师开展自主学习是谋求自我发展的最佳路径之一，是中小学体育教师更深层次地理解体育课程标准、贯彻第八次体育课标最强大的原动力。因此，鼓励中小学体育教师把自主学习与外部培训相结合是实现他们专业成长的长久之计。另一方面，改变学习方式是体育与健康课程长期以来倡导的精神，既然要鼓励中小学生改变体育学习方式，提倡自主学习、探究学习，那么处于实施体育教学主导地位的体育教师，理应以身作则，为学生树立好榜样，这样才更具说服力。

第五章

第八次体育课改以来体育学习方式的研究状况

一、体育自主学习研究状况的知识图谱分析

（一）体育自主学习的数据来源

本研究所采用的国内中文期刊数据均来自中国知网的期刊数据库。检索主题词为"体育自主学习"，在学科分组中选择"体育"，时间跨度为2001-2018年，检索时间为2018年12月，共得到1542篇文献，筛选掉新闻稿及与主题相距甚远的条目即可下载，待题录数据下载完成，再对数据进行除重、筛选处理，如：相同作者在不同的期刊上发表内容相似的文章只保留一篇，最终得到的1151篇文献才是本研究所需要的数据。

（二）体育自主学习的知识图谱特征分析

1. 自主学习时间特征分析

赵华在《教育实践与研究》期刊上所发表的《关于学校体育开展学生"自主学习"的探索》一文①是本研究检索到最早的期刊文献，经过文献数据导入和处理，对2001-2018年间我国体育自主学习研究领域的年度发文量进行了统计与分析，得出下图。

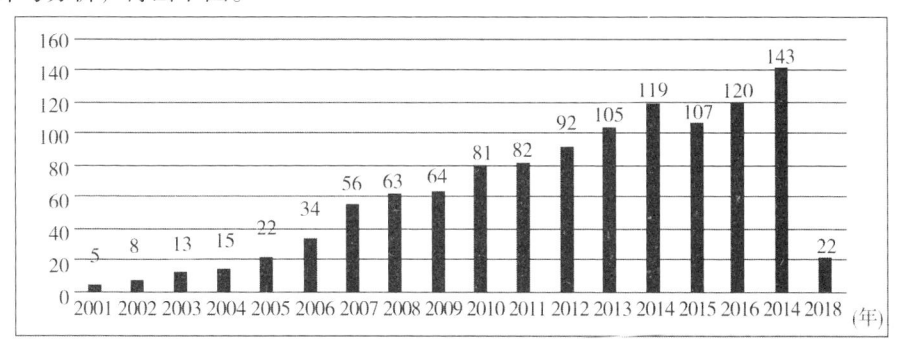

图9 2001-2018年我国体育自主学习年度发文量变化趋势示意图

---

① 赵华. 关于学校体育开展学生"自主学习"的探索[J]. 教育实践与研究, 2001 (02): 11-12.

2001年我国教育部颁布了《基础教育课程改革纲要（试行）》后，自主学习研究得到了快速发展。2001－2010年为快速增长阶段，发文总量由2001年5篇到2010年81篇，增长近16倍。2011－2014年为稳定增长阶段，发文总量由2011年84篇到2014年119篇，比较有代表性的研究成果是华东师范大学体育与健康学院的吴本连与季浏于2012年发表在《武汉体育学院学报》上的《体育自主学习影响学习不同向群大学生体质健康的实验研究》，被引26次。① 2015－2018年为成熟阶段，虽然2015年发文量有所下降，但是之后呈增长趋势，达到了新高峰。

2. 自主学习研究的期刊分布

本研究统计的1151篇体育自主学习研究文献中，有238篇硕博论文，913篇期刊，分布于212种期刊，利用Excel软件对发文期刊进行统计、筛选，在载文量排名在前20位的期刊如表20所示。从表20可以看出，载文量在前20位的期刊主要集中在体育类的中文核心期刊和体育学院学报的核心期刊上。例如：载文量排在前列的有《体育世界》（学术版）（24篇）、《体育科技文献通报》（22篇）等体育类的中文核心期刊；《北京体育大学学报》（25篇）、《赤峰学院学报》（20篇）、《吉林体育学院学报》（9篇）、《南京体育学院学报》（自然科学版）（9篇）等体育学院学报的核心期刊。

表20 "自主学习"研究文献的期刊分布一览表

序号	期刊	载文量
1	北京体育大学学报	25
2	体育世界（学术版）	24
3	才智	22
4	东北师范大学学报	21
5	赤峰学院学报（自然科学版）	20
6	中国校外教育	19
7	科技信息	18
8	苏州大学	17
9	华东师范大学	16

---

① 吴本连，季浏. 体育自主学习影响学习不同向群大学生体质健康的实验研究［J］. 武汉体育学院学报，2012.5：97－99.

续表

序号	期刊	载文量
10	张家界日报	14
11	体育科技文献通报	13
12	科学大众	9
13	吉林体育学院学报	9
14	南京体育学院学报（自然科学版）	9
15	读与写（教育教学学刊）	8
16	北京体育大学学报	8
17	哈尔滨体育学院学报	7
18	体育科技	7
19	中国成人教育	7
20	南京体育学院学报（社会科学版）	7

布拉德福定律指出，将期刊按照相关论文载文量的多少以递减的顺序排列，将这些期刊划分为 3 个区，即核心区、相关区、外围区。那么 3 个区中的期刊数量成下列关系：

$$n_1 : n_2 : n_3 = 1 : a : a^2 \quad (a > 1)$$

式中：a 为布拉德福常数，常数 a 的值大约为 5.0。

经计算得到，核心区有 7 种期刊，相关区有 35 种期刊，外围区有 170 种期刊，具体情况如表 3.1 所示。从表 3.1 可知：核心区 7 种期刊的刊文量为 149 篇，占论文总发文量的 12.9%；相关区 35 种期刊的刊文量为 272 篇，占总论文发文量的 23.6%；外围区 170 种期刊的刊文量为 730 篇，占论文总发文量的 63.5%。

3. 自主学习研究作者分析

（1）高产作者界定标准

下表是 2001 年－2018 年发文篇数和作者人数统计结果，发表过 1 篇论文的人数高达 1318 人，占总作者数的 89.6%，而发表 2 篇论文的只有 117 人，人数差距甚远。2 篇论文就是这些作者的"转折点"，在大多数作者中都只发表了 1 篇论文。

表21 2001年–2018年"自主学习"论文篇数和人数的统计结果一览表

发文数	人数
1	1318
2	117
3	26
4	5
5	2
7	1
11	1
16	1

找出高产作者对本研究的研究具有重要作用，通过文献计量学里的一个经典定律——普莱斯定律找出高产作者的代表。普莱斯定律：$m = 0.749 * \sqrt{n_{max}}$，其中 m 是高产作者中撰写论文篇数的最小值，$n_{max}$ 为高产作者撰写论文中的最大值。我国体育自主学习研究发文量最高的作者是吴本连，其发文量为 $n_{max} = 16$ 篇，即，那么 $m = 0.749 * \sqrt{16}$。因此，确定发文量的作者为高产作者。

（2）高产作者分布情况分析

以发文量至少三篇作为筛选条件，对符合该条件的研究者分布区域进行分析，发文数达到3篇以上的前20位高产作者，具体如表22所示：

表22 我国"自主学习"发表论文3篇以上的高产作者情况一览表

作者	论文数	第一作者论文数	所属机构	省份	职称
吴本连	16	4	安徽师范大学	安徽	教授
葛春林	11	6	北京体育大学	北京	教授
古松	7	4	北京体育大学	北京	教授
刘云娜	5	3	华东师范大学	上海	讲师
钟秉枢	5	0	北京体育大学	北京	教授
张欣	4	4	北京体育大学	北京	博士
靳小雨	4	5	鲁东大学	山东	教授
孙治国	4	3	内蒙古科技大学	内蒙古	讲师

续表

作者	论文数	第一作者论文数	所属机构	省份	职称
孙建华	4	4	东北师范大学	辽宁	教授
赵亮	4	1	天津师范大学	天津	教授
季浏	3	3	华东师范大学	上海	教授
史友宽	3	2	河南大学	河南	博士
闻先涛	3	3	鞍山师范学院	辽宁	讲师
江典在	3	3	福建商业高等专科学校	福建	讲师
蔡士凯	3	3	淮南师范学院	安徽	讲师
潘迎旭	3	2	首都师范学院	北京	教授
王洋	3	0	吉林师范大学	黑龙江	讲师
柏林	3	3	佳木斯大学	黑龙江	讲师
张润红	3	3	吕梁学院	山西	副教授
项贤林	3	3	上海体育学院	上海	副教授

20位作者发文量最多的吴本连为安徽师范大学体育学院副教授、研究生导师，共发表过16篇论文，第一篇《中学生体育自主学习的量表编制与现状调查研究》发表于2005年①，其次是北京体育大学葛春林教授发文量11篇，古松7篇，其余的作者在体育自主学习领域发文量在5篇以下。

在作者机构分布方面，其中师范高等院校9所；非师范高等院校11所。高等院校19所，占排名前20里的95%。

在地域分布方面，北京5人，上海3人，黑龙江、安徽、辽宁各2人，内蒙古、天津、河南、福建、山西各1人。

（3）研究作者合作可视化分析

根据CNKI（中国知网）检索得到的文献记录，将节点设置为Author，在2001－2018年份范围内，时间切割设置为3年，即时间切割 times lice＝3，然后设置 Top N＝30，经过处理，构建了作者与合作分布的图谱。

---

① 吴本连.中学生体育自主学习的量表编制与现状调查研究［D］.华东师范大学，2005.

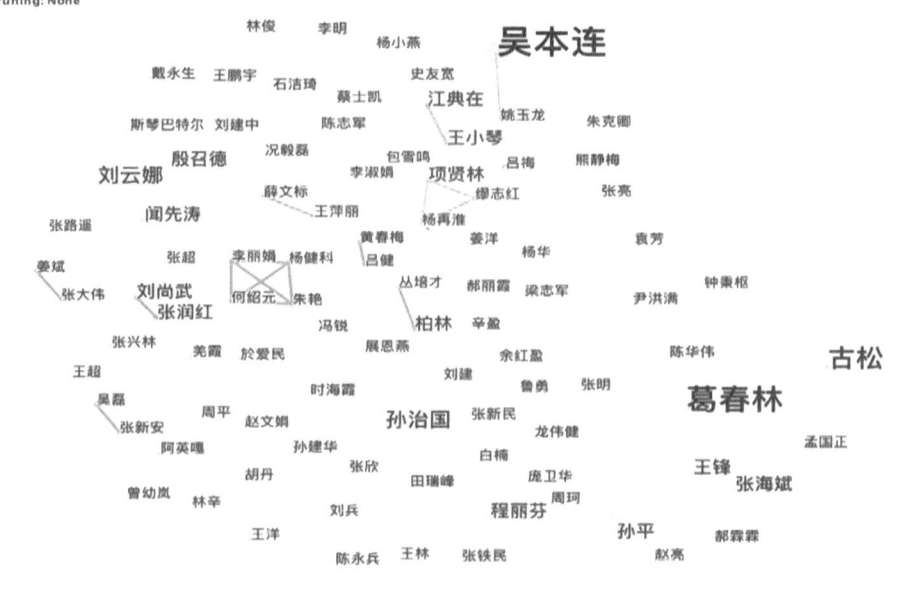

图10 体育自主学习研究作者合作可视化图谱示意图

上图中节点大小表示作者发文频次的高低，颜色对应的是时间，连线代表作者的合作。在此阈值的设定下，图中节点为 96 个，连线为 8 条，合作率约 8.3%，其余 91.7% 的作者为独立作者。

5. 体育自主学习研究机构分析

（1）体育自主学习研究领域的机构分布

下表 3.5 统计了发文量大于 3 篇的研究机构。

表 23 "自主学习"发文量前 10 研究机构一览表

机构	发文量（篇）	区域	机构	发文量（篇）	区域
北京体育大学	22	华北	东北财经大学	4	东北
安徽师范大学	10	华东	辽宁科技大学	3	东北
东北师范大学	6	东北	哈尔滨体育学院	3	东北
内蒙古科技大学	5	华北	华东师范大学	2	华东
上海体育学院	4	华东	南京体育学院	2	华东

经统计，我国体育自主学习研究领域主要分布于 583 个科研机构，其中发文量超过 3 篇的机构主要有 8 所，主要以体育院校和师范院校为主，其中北京体育大学发文量居于榜首，紧接着是安徽师范大学和东北师范大学。

（2）体育自主学习研究机构可视化分析

运用 Citespace 软件绘制研究机构合作情况的知识图谱，并对研究机构进行可视化分析，将时间跨度（Time Span）设置在 2001－2018 年份范围内，时间切割（Time Slice）设置 3 年，数据抽取对象选择前 30 项（top n = 30），节点类型（Node Types）选择机构（Institution），运行软件得到该领域机构合作分布的图谱。经过将图谱中关键位置进行放大等处理，构建了最终该领域的机构合作情况共现图谱。如图 11 所示。

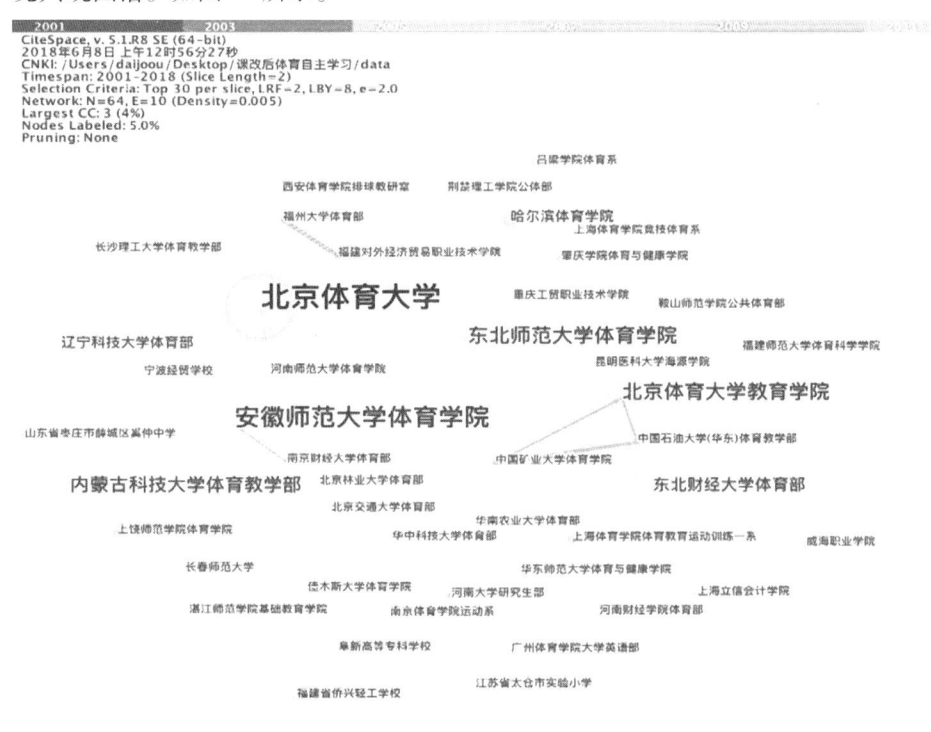

图 11　国内体育自主学习研究机构发文量可视化图谱示意图

运行得到节点数量 n = 64，E = 10（即机构数量为 64 个，连线数量为 10 条），一个节点代表一个机构单位，连线表示机构之间的合作，合作率约为 6.4%，其余 93.6% 的研究机构为独立研究。可以看出研究机构之间缺乏合作交流，且合作的形式几乎都为两两合作，形式单一。节点最大、发文量最多的北京体育大学也只与三个机构有合作，但合作频次比较少。

6. 体育自主学习研究热点与最新前沿分析

（1）体育自主学习研究热点可视化分析

在科学计量中，学者们通常"对高频次关键词进行统计分析，频次高的关键词常被用来确定一个研究领域的热点问题"。[①]

运用CiteSpace5.0.R2软件，设定时区分割，时间跨度（Time Span）设定从2001年起，到2018年止，时间片层（Years Per Slice）设定3年作为一个片层。这里分析我国体育自主学习领域热点，将关键词（Keyword）作为网络节点，分析对象的连接强度选择默认连接强度为夹角余距离（Cosine），数据抽取对象选择前30项（Top30），设置适当阈值，其他选项保持默认状态，然后点击运行开始绘制图谱。从图12中可以清晰地看出我国体育自主学习研究领域从2001年至2018年的研究热点，即该研究领域学者的关注焦点。

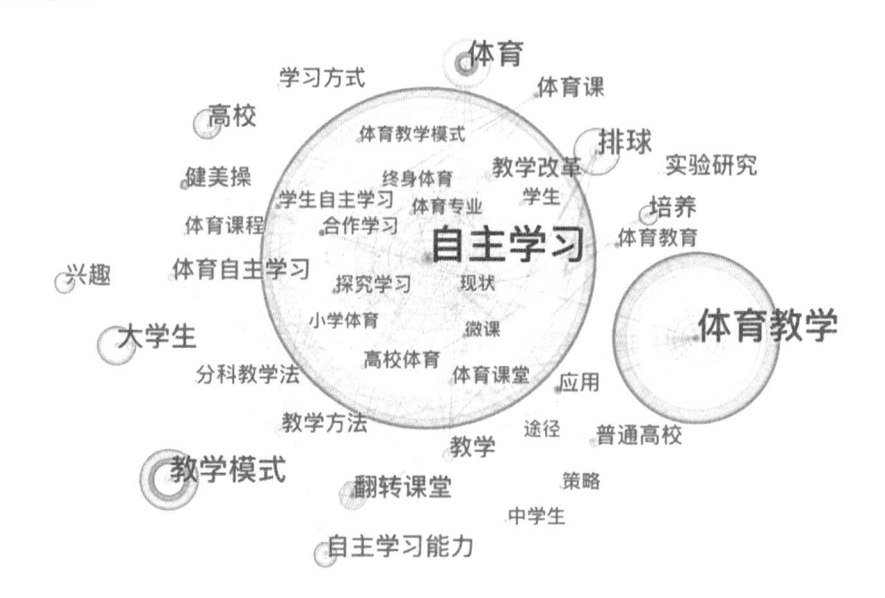

图12 国内体育自主学习研究热点关键词的可视化图谱示意图

[①] Chao mei Chen etc. Towards an Explanatory and Computational Theory of Scientific Discovery [J]. Journal of Informetrics, 2009, (3): 191-209.

从关键词共现图谱中（图12）可以看出，"体育教学"处于图谱中最核心的位置，节点最大，连线最多，说明他与其他词汇之间的关联性较强。其次，第二大节点是"自主学习"，因本研究是以"体育自主学习"为主题进行检索，因此"自主学习"词语出现频次排名居前与本研究的检索策略相关。图谱中还可以看到某些较小的节点，如"翻转课堂""教学模式""高校"等关键词，虽然出现频次较少，但是具有较高的中心性，中心性分别为0.07、0.1、0.07，相当于是各个关键词的联系枢纽，承接着关联其他关键词节点的重要作用。

（2）体育自主学习热点总体变化趋势

本研究将2001年1月–2018年12月间我国体育自主学习研究领域中关键词的发展趋势划分为三种类型：波动增长型、凸对称型、基本稳定型。图13是2001–2018年间我国体育自主学习研究领域中前十关键词的变化趋势。

表24 我国"自主学习"研究领域中前十的关键词发展趋势分类一览表

关键词	2001–2003	2004–2006	2007–2009	2010–2012	2013–2015	2016–2018	趋势类型
自主学习	13	31	87	109	102	38	凸对称型
体育教学	9	10	41	50	45	39	波动增长型
教学模式	2	8	8	14	17	30	波动增长型
体育	1	4	9	21	25	7	波动增长型
排球	4	10	14	16	12	5	波动增长型
大学生	1	2	6	14	16	12	波动增长型
翻转课堂	0	0	0	0	4	32	波动增长型
高校	1	2	8	6	8	10	基本平稳型
培养	1	4	6	11	8	1	波动增长型
兴趣	1	1	5	6	8	6	波动增长型

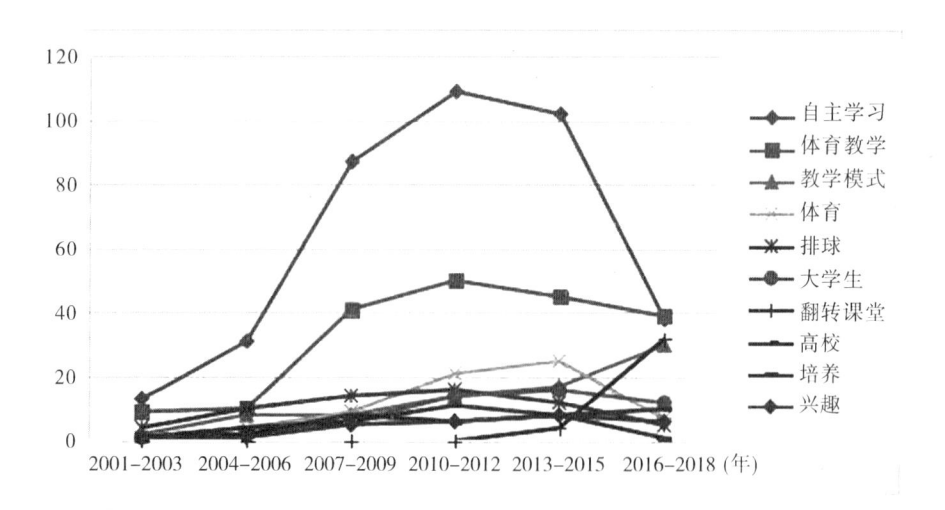

图13 2001-2018年间我国体育自主学习研究领域中前十关键词的变化趋势示意图

从上图看出，2010年后关键词的使用次数出现了飞速的上升，可以推断未来几年仍将是我国体育自主学习研究领域中的热点。而"自主学习"是凸对称型，2011-2012年达到了关键词的使用巅峰。"兴趣"是基本平稳型，始终是我国体育自主学习研究领域的热点关键词，保持着在研究领域中的热度。"翻转课堂"关键词在2013-2015年间突现，2016-2018年达到最高点。

（3）体育自主学习研究前沿可视化分析

运用关键词的突现率可以探索我国体育自主学习研究领域的前沿与发展方向。关键词的突变检测具体操作方法与关键词共现图操作基本相同，只是Citation on burst history设置burst terns，时间跨度为2001-2018年，得到了前17的前沿术语，如图14。

由上图可知，热点词"教学模式""翻转课堂"突现时间最晚，并且一直持续到2018年，可以说"教学模式"和"翻转课堂"是目前该领域主要研究的方

Top 17 Keywords with the Strongest Citation Bursts

Keywords	Year	Strength	Begin	End	2001 - 2018
体育教学	2001	3.8781	2001	2003	
自主学习	2001	4.5515	2001	2006	
排球	2001	5.3174	2003	2005	
体育课	2001	4.0363	2004	2007	
中学生	2001	4.0596	2006	2008	
学生自主学习	2001	2.968	2007	2012	
体育自主学习	2001	5.2205	2007	2008	
探究学习	2001	4.333	2008	2012	
学生	2001	3.0801	2010	2011	
途径	2001	4.9015	2012	2014	
运动员	2001	3.2589	2012	2014	
体育	2001	3.446	2012	2013	
体育教育	2001	4.3867	2013	2016	
微课	2001	3.825	2015	2018	
应用	2001	3.1082	2015	2018	
教学模式	2001	2.9966	2016	2018	
翻转课堂	2001	14.697	2016	2018	

图14 我国体育自主学习研究的突现关键词

向，在未来几年也可能会是研究的热点问题。翻转课堂是当今新型教学模式中的其中一种，且以此为基础设计出了多种教学模式。

综上，在时间分布方面，我国体育自主学习研究领域的发展主要经历了三个阶段：2001－2010年快速增长阶段、2011－2014年稳定增长阶段、2015－2018年成熟阶段。从年发文量变化趋势线可以发现，在未来一段时间内我国体育自主学习方式研究的发文量仍呈现出增长的趋势，说明我国体育自主学习的研究越来越受到人们的关注和重视；在期刊分布方面，从总体上来看，有关我国体育自主学习研究的文献分布基本符合布拉德福定律，呈现出即相对集中有高度分散的特性；在作者研究方面，科研团队较少，团队规模小，少数作者之间有合作，但是合作形式比较单一。在研究机构方面，机构之间缺乏合作交流并且合作形式比较单一，没有形成长期稳定的合作关系；在研究热点前沿方面，我国体育自主学习研究领域的热点关键词有"体育教学""自主学习""翻转课堂""教学模式""高校"等，这些关键词在过去几十年的研究过程中，在不同的时段为该领域的研究提供了新的研究热点，并且大多数关键词是波动增长型，从而促进该领域的研究在广度与深度层面上不断发展。只有"兴趣"是基本平稳型，始终是我国体育自主学习研究领域的热点关键词，保持着在研究领域中的热度。通过突现词检测，"教学模式""翻转课堂""微课""应用"都是该领域的研究前沿，但是"翻转课堂"和"教学模式"一词出现的时间最晚，在体育自主学习领域中是最新的研究前沿。

（三）《中国学校体育》与《体育教学》刊发"自主学习"论文及其观点与问题

为了梳理自主学习较为典型的研究成果，本研究选择基础教育界普遍认可的杂志《体育教学》与《中国学校体育》，共查询到以下27篇文章（其中《体育教学》杂志8篇，《中国学校体育》杂志13篇）。

表25　发表在《中国学校体育》《体育教学》杂志有关"自主学习"的文章一览表

选题	作者	杂志	主要观点
引导学生自主学习自主发展	张立志	体育教学 2003.1	让学生自己先探究，分小组尝试、交流，然后再进行全班同学的交流、讨论。
营造学生自主学习的氛围 提高教学效果	王珍	体育教学 2003.3	培养学生自主学习的途径：强化自主学习的意识；提供自觉学习的环境；提高学生自主学习。

续表

选题	作者	杂志	主要观点
浅谈体育教学走出"自主学习"的误区	龚旭东	体育教学 2005.7	学习目标"自由化"的倾向突出;学习内容"自由化"的倾向严重;"自主学习"成了"自己学习"的现象普遍存在。
体育教学"自主学习"研究评述	邵伟德 曹舒晴 李启迪	体育教学 2015.4	自主学习的设计是开展纪基础,但难度很大,需要专家引领。
浅议小学体育教学中自主学习的"度"与"效"	廖土军 蓝涛	体育教学 2015.9	把握自主学习的"度"、优化学习过程,把握自主学习的"效"、强化过程调控,处理好学生主体与教师主导间的关系、使自主学习"度""效"兼具。
自主学习方式促进学生体育学习质量提升的优化策略	马晓敏 梁勇峰	体育教学 2017.8	从优化策略的角度构建自主学习运动技能模型、选择指标以及指标体系,以及对应的实践操作策略。
浅谈如何在体育课堂中提高学生自主学习能力	洪伟男	体育教学 2017.4	提高学生自主学习能力关键问题是如何处理师生教学关系以及提高自主学习能力的具体实施方法。
自主学习、合作学习、探究学习——三种教学模式在体育教学中运用的研究	王国林	体育教学 2007.9	学生在教师的指导下,根据自己的实际,自设目标,自选方法,自选难度,自主练习。
论高中学生自主学习方式的几个问题	邵伟德等	体育教学 2007.1	高中体育开展自主学习应注意的几个问题:(1)自主学习不能"放羊";(2)是运动技能学习的补充;(3)需要课外大量学习;(4)需要一定的评价;(5)应"主动选择"。
一定要有自主学习和自我创新吗?	邓乃明	体育教学 2009.3	作者认为没有教师"监控下"的学生自主学习是危险的教学行为。

续表

选题	作者	杂志	主要观点
在体育与健康课中运用自主学习需要关注的几个问题	李文江	体育教学 2012.9	学生的自主学习与学习需要和兴趣、认知冲突、学习内容、运动体验、创新有关。
对"自主学习"主体"能动性"的思考	于素梅	体育教学 2014.7	"自主学习"与"接受学习"交替互融;自主学习"与"合作、探究学习"并行协同;"自立""自为""自律"是三大支柱。
学生自主学习能力的培养	王国林,祁玉萍	中国学校体育 2001.1	根据教学内容、教学要求和学生情况进行自主学习的能力培养。
对"自主学习"教学的思考	袁瑞堂	中国学校体育 2003.1	"自主学习"教学的评价指标:一看,学习热情;二看,教师主导;三看,学生参与人数;四看,教学思路;五看,学生课堂意见。
论新体育课程中的自主学习	吴本连,季浏	中国学校体育 2004.11	自主学习的教学程序是:自定目标、自选练法、自我监控与反馈、自我评价。
对体育课程改革提倡的三种学习方式的思考	蔡士凯,种静萍	中国学校体育 2006.6	建立自主学习的模式,促进学生的自主学习,深入自主学习细节,鼓励学生自主学习。
如何正确理解与运用自主学习	毛振明,赖天德	中国学校体育 2006.9	自主学习的课题与学生的学习能力相适应、准备好信息支持;学习环境的安全、不偏离目标、不发生德问题。
论体育教学中自主学习的几个误区与对策	邵伟德等	中国学校体育 2007.12	自主学习的几个误区:放任自流;无所适从;形式主义;喧宾夺主。
例析自主学习在初中体育教学中的实践运用	张震伟	中国学校体育 2015.6	转变教师的教学方式,"收"与"放"相结合,创造自主学习的空间。

续表

选题	作者	杂志	主要观点
体育课堂中自主学习的实施策略	张小伟	中国学校体育 2018.2	教师要以学生为主体，充分体现生本资源的重要性，通过可视技术、言语的激励等方法、手段，将课堂还给学生，让他们成为课堂中真正的主人。
体育自主学习的心理障碍及归因训练	陈云汉，侯志强	中国学校体育 2007.12	自主学习对教师而言是一种教学方法，对学生而言是一种学习方式。
构建"先练后教"学习模式，培养学生自主学习能力——"体前变向运球"教学案例分析	李松	中国学校体育 2010.8	构建"教与导"和"学与练"的教学方式，促进学生自主、合作、探究的学习方式形成。
体育教学中培养高中生自主学习能力的思考	胡连峰	中国学校体育 2011.12	根据学校的实际和学生的需要，精心教材内容；建立师生关系；激发学习兴趣；增强自我评价，诱发自主习惯。
培养小学生在体育课堂自主学习的三点尝试	秦礼春	中国学校体育 2011.12	营造氛围，唤起自主意识；灵活运用教法，发挥学生的主动性。
转变学习方式，促进自主、探究与合作	毛振明，张媛媛	中国学校体育 2011.11	（1）制定自主学习的课题与任务；（2）自由学习的时间与空间；（3）学习形式与方法；（4）教师巡回指导；（5）总结与交流。
"生态化"体育课让学生学会自主学习	乔守宇	中国学校体育 2012.11	生利用课余时间分组上网查找资料各种方法，经过练习后实证方法的实用性。
体育课堂中提高学生自主学习能力的教学策略	李雪	中国学校体育 2013.3	培养主动意识；激发兴趣；目标设置；自我监控；提高自主学习能力。

从以上研究成果来看，学者们对体育自主学习研究的主要内容集中于以下几个方面：一是对体育"自主学习"的理论进行了较为系统的研究；二是部分研究开展了教学实验研究；三是对体育自主学习的操作程序与应用策略进行了研究等等。另一方面，体育与健康课程改革以来依然存在体育自主学习的误区与未解问题。

1. 体育自主学习的主要误区

（1）放任自流型

由于在第八次体育课改突出了学生的主体性，调动学生的积极性，摆脱传统的灌输式教学方法，鼓励学生开展自主学习、多动脑多思考，对此，一些体育教师则片面地认为体育课中以学生自学、自练为中心，教师的讲解、示范、传授越少越好，于是有教师一改过去（以教师为中心）只顾自己滔滔不绝的教法，矫枉过正，完全让学生自我练习、自我表演，教师本人则成为闲人，这样学生就在迷迷糊糊、闹闹哄哄地上完一堂体育课，这种"放羊式"的教学活动导致学生放任自由，学生爱干什么就干什么，最终的结果只能是一无所获，达不到预期的教学目标。灌输式教学是一个极端，而"放羊式"教学又是另一个极端，第八次体育课改提出学生自主学习的要求，是针对过去体育教学中以教师绝对权威压倒学生做法的一个反思举措，但并不是说否定教师主导作用，而使学生随意自由，如此就又回到过去"两声哨子一个球，学生教师都自由"的老路上。

（2）无事可做型

第八次体育课改强调三类新型学习方式的理念，体育教师为了贯彻自主学习的新理念，在体育课的设计中增加了这部分内容与教学时间，但由于体育教师对自主学习理解不到位或产生了一定偏差，认为自主学习就是让学生有一定的自学与自练时间，因此在具体教学实践中，自主学习就变成了无所事事，因为教师没有提出具体要求和目标，学生对于什么该做，什么不该做，什么要做等不明确，所以自主学习就变成了课间休息，教师眼睁睁地期待学生有好的表现，学生则傻乎乎地不知所措，这样的课堂表面上安排了学生自主学习，但无实质性内容则实际意义与价值不大，错误地把学生自主学习理解为自我学习，从而导致自主学习漫无边际、费时低效，当然也更谈不上真正发挥学生主体意识了。

（3）形式主义者

在体育课堂教学中，鼓励教师运用丰富多彩的教学手段、形式、方法，如可以运用自主学习法、探究学习法、合作学习法、分层学习法等来改变过去教师运用简单讲解—示范—练习—纠正错误—再练习的运动技能教学模式，以此调动学生积极性，活跃课堂气氛，增强教学效果，真正发挥学生主体作用，但是有的教师在运用这些手段时却又走进了另一个误区——不顾学生的年龄层次特点、认知水平和教学内容等特点，盲目追求，致使教学手段与内容发生错位，无法实现预期的教学目标。甚至把体育课堂的教学模式统一化，如不管低年级还是高年级，不管简单还是复杂的内容都千篇一律地安排学生自主学习，结果适得其反。因为自主学习是有一定条件的，在自主学习前，学生对该项目内容应有一定基础，包括知识基础、技能基础，有了这样基础，学生在进行自主学习时就能根据教师提出的要求进一步开动脑筋，边练习边思考，达到正确理解运动技术、综合运用运动技术、巩固提高运动技能的目的。但并不是所有的运动项目都要安排学生自主学习，一些介绍性的项目、无须深化发展的项目，一些简单的容易掌握的项目就无需安排自主学习，一些低年级学生、一些运动技能较差学生、运动技能教学初期就不应该安排自主学习。因此不能搞形式主义，要根据教学具体条件、情况加以运用，才能收到好效果。

（4）喧宾夺主者

在运动技能教学过程中，学生从不会到会，从不懂到懂并不是一个简单的事，在学习过程中，我们虽然鼓励学生开展自主学习活动，但发挥教师主导作用也是必要的，因为学生对于一项比较陌生的运动项目，如果没有教师主动引导，学生的学习就会变得很盲目，也可能造成学生一无所获的结果，特别是运动技术教学初期，更应以体育教师引导为重点，以学生的运动技能强化练习作为基础，以常用的运动技能教学方法为核心，才能把握整个学习的进程，因为自主学习活动只是起到了教学方法的补充作用，并不是教学方法的主体。因此在开展学生自主学习活动中应明确自主学习地位，控制好自主学习时间、时机、次数等。自主学习次数不能安排过多，时间也不能安排过长，在运动技能教学后期可适当安排一些自主学习的活动和时间，而不能为了开展自主学习方式，在每节课中都安排自主学习，这样容易造成丢了西瓜捡了芝麻的结局。

2. 体育自主学习的未解问题

（1）自主学习前人研究中理论探讨较多、教学实证案例太少

对于自主学习的理念，体育课标已论证明确，无须再行讨论，理应更多地关注一线体育教学中的实践环节，把先进的理念落实到教学之中，但有关自主学习实践研究的文章较少。其中的原因可能是一线教师对于自主学习的理论并不十分理解，专家学者们解读不到位，更无实践教学经验，拿不出更具体更好的范例供广大的基层教师参考，从而导致了体育教师开展自主学习的一些误区、实践研究乏力。

（2）自主学习与探究学习相混淆

探究学习与自主学习显然是两个不同的概念，它们有不同的内涵、本质、

内容与方法，虽然探究学习过程中也可能具有自主成分，但两者毕竟是两回事，不能相提并论。大多学者与教学实践者对此并没有深入探究，并误认为探究学习与自主学习雷同，这是需要及时纠正的。尽管探究学习也需要学生自主学习的意识与能力，但毕竟探究学习更多地关注探究学习内容的原理与方法，而自主学习更多地关注学习的自愿性与主动性。

（3）自主学习与自主练习相混淆

体育活动更多地强调学生身体练习，在身体练习过程中，学生的身体练习一般是自主的，而非强迫的，第八次体育与健康课程实施以来，体育课标更强调了"以学生为中心"的理念，该理念要求教师要以学生兴趣为主体，既如此，学生的身体练习理应也是以自愿自觉为核心的。那么自主学习与自主练习两个词语只有一字之差，其本质区别又是什么？这是一个既简单又复杂的问题。按常理推断，自主学习应侧重于"学习"，而自主练习侧重于"练习"，学习与练习显然是不同的，学习是在教师教授下的活动，而练习可能是在教师指导下的活动，也可能是无教师指导下的自己活动，因而，本研究认为，在体育教学活动中大量存在的是学生身体的自主练习，但这些身体练习并不都是自主学习，只有那些事先在体育教师的精心设计下，有计划、有目的、有步骤、有程序地让学生自主学习的活动才是自主学习。

（4）自主学习与传统教学方法相混淆

第八次体育课程改革重点推出的是学生学习方式的改变，即提倡"自主学习、探究学习与合作学习"，但这些"新型"学习方式到底与"传统"学习方式有何不同，开展"新型"学习方式是否对"传统"学习方式进行全面否定，对于这个问题，体育课标没有说明，专家学者也没能很好解读，从而导致了基层教师的含糊不清。实际上，新型学习方式的推广并不是要推翻传统的学习方式，只是传统的学习方式过于强调了教师的主体作用，形成了"灌输式"为主的教学方式，提倡新型学习方式就是要去除"灌输"的成分，强化学生的自主、探究与合作的意识与能力，但是在教学过程中的某些步骤、内容与方法还是传统的，如果去除这些内容，教学方法是不完整的，但在前期研究中，很多作者并没有理清这层关系，何况如前所述，新型与传统需要时间定格，没有时间限制的新型与传统是不正确的。

通过以上自主学习知识图谱分析与综合前期自主学习的研究文献分析，自主学习实施过程中依然暴露出很多问题，教学实践效果并不理想，更多的是徒有形式、并无实质，因此本研究认为，第八次体育课程改革提出的自主学习理念无疑是正确的，也是超前的，在近20年的实践中取得了一定的成绩（理念接受了、部分实践了),但总体来看,自主学习尚未形成一套完整的理论体系、方法、程序,更缺乏实践指导案例。因此,在未来体育教学改革中依然要深化自主学习的理论与方法,研制适合中小学体育教师开展自主学习的案例与方案,为更多的体育教师提供可参考的范例与样板。

二、体育探究学习研究状况的知识图谱分析

(一)体育探究学习的数据来源

进入中国知网(CNKI)首页,打开高级检索,选择主题词"体育"并含"探究学习",检索时间为 2018 年 12 月,时间跨度为 2001 年 1 月到 2018 年 12 月,点击检索,共计得到 406 篇文献,筛选掉新闻、报纸、年鉴等内容,通过筛选,最终得到 402 篇文献题录为最终研究数据。

(二)体育探究学习的知识图谱特征分析

1. 时间特征分析

2001 年陈曦、陈新民在《天中学刊》上发表的体育与健康课课堂教学模式及操作程序初探一文[①]是本研究检索到 21 世纪体育课程改革以来最早的期刊文献。经过文献数据的导入和处理,得出以下图表。

表26 我国"探究学习"研究领域年度发文量一览表

时间	发文量	时间	发文量
2001	1	2010	37
2002	0	2011	43
2003	4	2012	42
2004	5	2013	44
2005	2	2014	28
2006	12	2015	36
2007	27	2016	40
2008	14	2017	37
2009	26	2018	4

---

① 陈曦,陈新民.体育与健康课课堂教学模式及操作程序初探[J].天中学刊,2001(05):40-41.

根据以上表显示，从 2001 年到 2005 年这段时间里，我国体育探究学习领域的相关研究年度发文量基本都处于个位数，平均每年不到 3 篇的发文量，此阶段相对来说处于研究的起步阶段，自 2006 年起，体育探究学习领域的研究年度发文量开始突破两位数，并且在之后的几年时间里，除了 2008 年有较大下滑外，其余时间都呈现逐年增长的趋势，2013 年达到最大值 44 篇，之后又有一个发文量的小滑坡；从 2011 年到 2017 年，发文量波动比较频繁，总体稳定在年均38.5 篇。

2. 空间特征分析

（1）体育探究学习研究领域的高产期刊分布

本研究对体育探究学习研究领域主要刊载期刊进行了统计，梳理出排名靠前的 20 位，发文量超过 10 篇的只有 4 本期刊，分别是《中国学校体育》（24篇）、体育与健康课程（24 篇），《体育教学》（23 篇）和《考试周刊》（21篇），可以看出，这些期刊是体育探究学习研究领域的主要发文阵地，较高层次的体育类核心期刊有《体育学刊》和《南京体育学院学报（社会科学版）》，发文量分别是 5 篇和 3 篇，载文量相对较少，这些期刊对研究的文章质量要求较高，发文具有一定的难度。

表 27 "探究学习"发文期刊分布一览表

期刊	发文量（篇）	期刊	发文量（篇）
中国学校体育	24	中国科教创新导刊	5
体育与健康课程	24	好家长	4
体育教学	23	中华少年	4
考试周刊	21	华东师范大学	4
成才之路	9	中国校外体育	4
体育师友	8	时代教育	4
吉林体育	6	南京体育学院学报（社会科学版）	3
数学爱好者	6	甘肃教育	3
教师	5	浙江体育科学	3
体育学刊	5	教学与管理	3

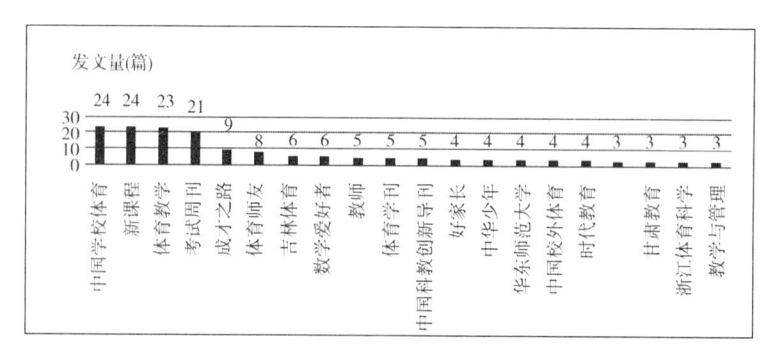

```
发文量(篇)
30
    24 24 23 21
20              9
10                 8 6 6 5 5 5 4 4 4 4 4 3 3 3
 0
   中 新 体 考 成 体 吉 数 教 体 中 好 中 华 中 时 甘 浙 教
   国 课 育 试 才 育 林 学 师 育 国 家 华 东 国 代 肃 江 学
   学 程 教 周 之 师 体 爱 　 学 教 长 少 师 校 教 教 体 与
   校 　 学 刊 路 友 育 好 　 刊 科 　 年 范 外 育 育 育 管
   体 　 　 　 　 　 　 者 　 　 创 　 　 大 体 　 　 科 理
   育 　 　 　 　 　 　 　 　 　 新 　 　 学 育 　 　 学 　
   　 　 　 　 　 　 　 　 　 　 导 　 　 　 　 　 　 　 　
   　 　 　 　 　 　 　 　 　 　 刊 　 　 　 　 　 　 　 　
```

图 15　体育探究学习期刊分布柱状图

（2）体育探究学习研究领域的作者分布

根据下载的402篇文献数据统计结果来看，约有473位作者对体育探究学习领域进行了相关的研究和讨论，其中发文量超过2篇的只有9人，约有98%的人在该领域的研究中都只发表了1篇文章；另一方面，来自北京师范大学的毛振明教授，中国教育科学研究院的于素梅教师以及浙江师范大学的邵伟德教授发文量名列前茅。

表28　"探究学习"研究高产作者分布一览表

作者	发文量（篇）	单位
毛振明	7	北京师范大学
于素梅	7	中国教育科学研究院
邵伟德	3	浙江师范大学
蔡士凯	2	华东师范大学
高胜光	2	江苏省宿迁实验学校
万茹	2	河南大学
蔡志庆	2	江苏省奔牛高级中学
蔡世凯	2	淮南师范大学
施春良	2	江苏省吴江山湖花园小学
刘志	1	吉林体育学院

通过对体育探究学习研究领域的知识图谱分析，发现在该领域大部分科研人员都是独立进行研究的，合作研究的比例不足两成。在已有的合作研究中，合作成员少，没有形成稳定的合作团体。

(3) 体育探究学习研究领域的机构分布

表29 体育探究学习研究高产机构分布

机构	发文量（篇）	机构	发文量（篇）
北京师范大学	8	吉林体育学院	2
华东师范大学	7	江苏省南通中学	2
中国教育科学研究院	7	河南大学	2
浙江师范大学	4	河北师范大学	2
淮南师范学院	3	江苏省宿迁实验学校	2

我国体育探究学习研究领域主要分布于385个科研机构，其中发文量超过3篇的机构主要有5所，以师范类大学为主，其中北京师范大学以8篇的总发文量位居第一，中国教育科学研究院和华东师范大学都以7篇发文量紧随其后并列第二，然后是浙江师范大学和淮南师范学院。

3. 体育探究学习研究领域的热点前沿分析

"对高频次关键词进行统计与分析，频次高的关键词常被用来确定一个研究领域的热点问题[①]"。利用Cite Space软件对关键词进行统计分析，可以直观地了解某一领域里研究的重点、热点与研究主题。

(1) 体育探究学习研究领域的关键词词频分析

运用Cite Space 5.0.R2软件，将体育探究学习的研究文献成果导入其中，新建项目，设置时间切片为1年，时间范围选择在1988年-2017年之间，节点类型（Node Types）选择为关键词（Keyword），阈值设置为Top N% = 10%，采用寻径网络算法（Pathfinder），运行软件得到该领域的关键词共现图谱。

---

① Chao mei Chen etc. Towards an Explanatory and Computational Theory of Scientific Discovery [J]. Journal of Informetrics, 2009. 3: 191-209.

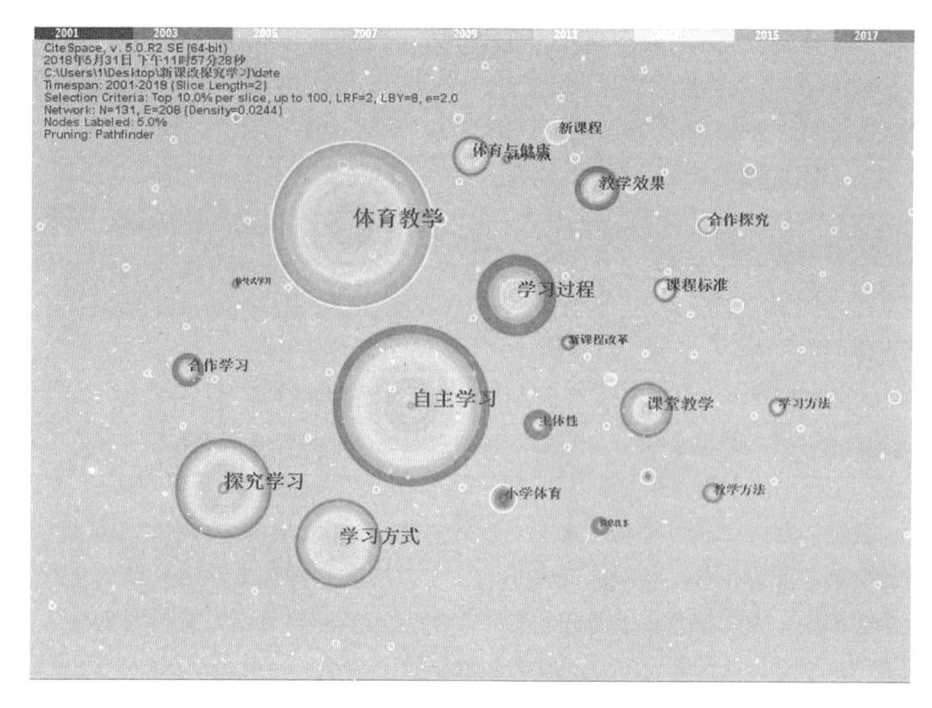

图 16 体育探究学习研究领域关键词共现图谱

上图可以看出，这些频次和中心性较高的关键词节点一同构成了体育探究学习研究领域的关键词共现图谱，并且多数关键词节点散落的位置比较靠近集密，说明体育探究学习研究领域的研究热点较为集中。根据关键词图谱，绘制出国内体育探究学习研究文献成果的关键词频数超过5次的排名情况。

表 30 "探究学习"研究领域关键词频次一览表

关键词	频次	关键词	频次	关键词	频次
体育教学	101	小学体育	15	运动项目	8
自主学习	89	体育与健康课程	15	体育与健康课程改革	8
学习方式	61	教学方法	10	自主探究	7
探究学习	59	主体性	10	指导思想	7
学习过程	43	学习方法	10	运动兴趣	6
课堂教学	32	体育活动	9	探究性学习	6
教学效果	24	学习活动	9	探究式教学	6

续表

关键词	频次	关键词	频次	关键词	频次
体育与健康	23	自主探究学习	9	合作小组	5
合作探究	18	身体练习	8	教学组织形式	5
课程标准	17	高中体育	8	学生体育学习	5
合作学习	17	小学体育教学	8	新课标	5

从表 30 中可以看出，关键词"体育教学"共出现载文中的 101 次，这说明探究学习存在于体育教学领域。

"自主学习"排名第二，在该领域的载文中一共出现了 89 次，自主学习是第八次体育课改中推出的三种学习方式之一，与探究学习联系密切，分别反映了有效学习方式的不同侧面。

"探究学习"出现 59 次，类似的还有"探究式学习""探究式教学"等关键词，都是 6 次。至于"探究式教学""探究式学习"等提法，可能是探究学习的拓展。

（2）体育探究学习研究领域的关键词聚类分析

关键词作为统领全篇文献的概括性术语，在生成的共现网络图谱上进行特殊处理，可以生成不同的聚类，这些聚类是体育探究学习领域研究演化形成的主题与研究方向。

根据下载的 402 篇文献成果的关键词聚类分析，共涉及 19 个研究聚类方向，经过整理得出，体育探究学习领域的研究关键词主要有 8 个聚类：#0 探索活动；#1 教学活动；#2 信息技术；#3 自我教育；#4 探究学习；#5 评价激励；#6 体育游戏；#7 小学体育教学，这八个聚类主题也是目前体育探究学习领域研究的最主要的研究方向和模块。

表 31　体育探究学习研究领域关键词聚类关键词一览表

聚类编号	年份	主要关键词
#0	2010	自我体验；课堂教学目标；特定要求；探索活动；运动技术
#1	2012	小组讨论；合作学习方式；教学活动；体育教师
#2	2008	现代教育技术；学习评价；现代体育教学；运动负荷
#3	2012	新课标；课堂气氛；教育改革；自我教育；新课标精神
#4	2010	中小学生；自主合作；身体素质；新理念

续表

聚类编号	年份	主要关键词
#5	2011	评价激励；学习策略；学习空间
#6	2010	锻炼习惯；体育教学与工作者；体育游戏；教育思想
#7	2011	性别差异；排球教学；体育素养，教学变革；小学体育课程

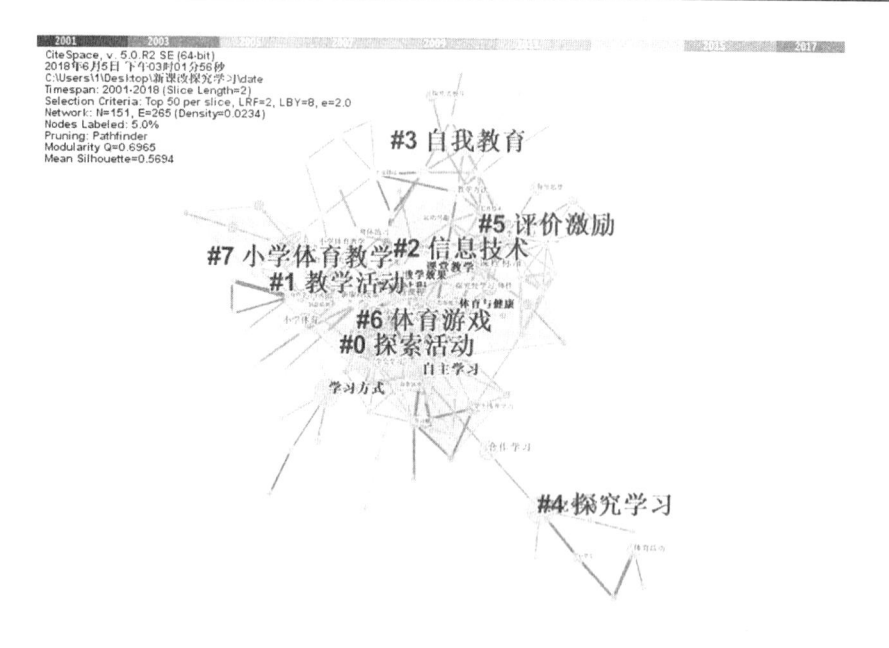

图17 体育探究学习研究领域的关键词聚类图谱

（3）体育探究学习研究领域的关键词突现性分析

运行软件并处理得到体育教学探究学习研究领域关键词图谱，其中，突变程度高的词节点用红色的圆圈标注。导出突变词排序，可以清楚地看出在2001年到2018年之间体育教学探究学习研究领域只有3个突现词，红色标注的部分是它们突现时间的长短，其中突现值最高的是"小学体育"（Strength = 4.2707），排名第二的是"身体练习"（Strength = 3.9335），然后是"体育与健康课程"（Strength = 3.1357），这三个关键词的相关研究构成了该领域不同时间的研究前沿。

Top 3 Keywords with the Strongest Citation Bursts

Keywords	Year	Strength	Begin	End	2001 - 2018
身体练习	2001	3.9335	**2006**	2009	
新课程	2001	3.1357	**2009**	2010	
小学体育	2001	4.2707	**2014**	2018	

图18 体育探究学习研究领域的突现词图谱

"身体练习"是2006年到2009年的研究前沿主题,体育课堂教学与其他学科课堂教学相比最大的区别就是身体的直接参与,要锻炼学生的身体素质,学会运动技能,提高学生体质健康,培养体育锻炼的意识等等诸多体育教学目标,最终都离不开身体练习。这方面的研究,主要是认为探究学习改变了传统的教学方式,使学生得上课积极性提高,激发了他们作为课堂主体的主动性和创造性,学生乐于上课,热爱体育,从而提高教学效果[①②]。总体来看,体育探究学习研究领域的突现词少,并且突现时间也存在断裂情况,说明目前该领域的相关研究缺乏持续的热点前沿。

(三)《中国学校体育》《体育教学》刊发"探究学习"论文及其观点与问题

为了梳理探究学习较为典型的研究成果,本研究选择《体育教学》与《中国学校体育》杂志,共查询到14篇文章(其中《体育教学》杂志8篇,《中国学校体育》杂志6篇)。

表32:发表在《中国学校体育》《体育教学》杂志有关"探究学习"的文章一览表

题目	作者	期刊及日期	主要观点
转变学习方式,促进自主、探究与合作	毛振明 张媛媛	中国学校体育 2011.11	探究学习要素:探究学习的目的;探究的问题;探究的技术路线;探究的形式与方法。

---

① 周加喜. 探究学习在体育教学中的几点误区[J]. 中小学教学研究,2007.8:55.
② 陈建明. 浅谈体育教学中如何激发调动学生学习的主动性和积极性[J]. 新课程(初中版),2007.3:39.

续表

题目	作者	期刊及日期	主要观点
如何正确理解与运用探究学习	毛振明 赖天德	中国学校体育 2006.8	探究学习要素：（1）提高探究问题与思考能力。（2）必须要有一个值得探究的问题。（3）程序：确定探究的主题；搜集信息-得出结论-表达与交流。（4）方法：提出问题-解释问题-讨论问题-验证问题-总结问题-推导规律等。
对体育课探究学习误区的思考与案例设计	邵伟德	中国学校体育 2007.9	探究学习误区：肤浅探究；解决不了的探究；不需要探究；形式探究。
厘清内涵 直面问题 精准施策——体育教学中自主、合作、探究学习存在的问题与对策	秦银桂；武云飞	中国学校体育 2017.12	探究学习误区：课前预习不充分，知识建构不充实、学习目标不明确，学练动机不强烈、问题设计无梯度，思维缺少纵深度、学练过程缺引导，学习实效缺丰厚。
对体育课程改革提倡的三种学习方式的思考	蔡士凯；种静萍	中国学校体育 2006.6	1.运动技术问题的探究；2.体能问题的探究；3.运动知识的探究；4.体质问题探究。
体育教学中学习方式的选择与运用	陈益军	中国学校体育 2017.12	探究学习在体育教学中的运用，要把握好时机、内容、形式。探究的内容不能过易，更不能过难，探究的结果必须通过实践验证。教师及时对学生的探究学习作出评价。

续表

题目	作者	期刊及日期	主要观点
对"探究学习"在体育教学中运用的思考	陈李贵	中国学校体育 2017.12	运用探究学习时,至少应该具备提问、实践、探讨、归纳四个环节。环节一:激发兴趣,提出问题;环节二:身体实践,感受体会;环节三:探讨交流,师生互动;环节四:归纳总结,得出结论。
对接受与探究学习的思考及运用	许德俊	中国学校体育 2008.2	探究学习四形式:(1)讲解+讨论十练习。(2)分层探究。(3)合作探究。(4)开放探究。
自主学习 合作学习 探究学习三种教学模式在体育教学中运用的研究	王国林	体育教学 2007.9	探究学习步骤:第一,自学生疑。第二,合作质疑。第三,归纳释疑。第四,巩固拓展。
体育教学正确运用自主、合作、探究学习方式的关键	于素梅	体育教学 2012.6	探究学习的前提条件:1.提供值得探究的课题;2.提出探究学习的明确要求;3.营造探究学习的氛围;4.做好探究学习的引导。
体育教学"探究学习"研究评述	邵伟德;施鑫;李启迪	体育教学 2015.6	由于人们对探究学习的概念、要素、目的、要求、程序等方面的理解不够深入,从而形成了貌似探究学习的虚假形式
"扎堆"——规避体育课堂形式上的探究学习	于素梅	体育教学 2011.7	探究学习的误区:"扎堆"等于"探究""提问"等于"探究""探究"展示"成果""探究"等于"好课"。

续表

题目	作者	期刊及日期	主要观点
体育与健康课程下体育教师要怎样做研究——听《体育教学中开展探究学习存在问题与解决策略之研究》报告有感	潘雪峰	体育教学 2009.9	核心思路："问题解决实现探究"；"有些内容不需要探究，需要结合内容探究"。
对体育教学中探究学习方式的反思与期待	李永灿	体育教学 2008.3	增加探究性学习的可操作性；避免泛化现象；减少随意性；尽量加重过程又重结果。

"探究学习"是转变三类学习方式的难点，经过科研人员十几年不懈的努力，体育探究学习领域的研究可圈可点。但第八次体育与健康课程改革以来体育探究学习依然存在一些误区与未解问题。

1. 体育探究学习的主要误区

（1）比较肤浅的问题探究

第八次体育课改只是提出了重视探究学习的理念，并没有提供体育课实践教学的具体做法，因此在具体教学设计中还会遇到许多困难，如"如何提出探究学习中的问题"，这个问题很关键，它会直接影响到体育探究学习的成败。所谓探究学习，必须要有一个需要探究的问题，那么这是一个怎样的问题？这是个真问题还是假问题？需要体育教师认真思考，并不是简简单单地提出比较肤浅的问题就可以了。如有的教师举着一个篮球问"这是什么？"，这样的问题未免过于表面化，除了智力有障碍，对于一般学生来说，基本不是问题，还需要去探究吗？还有的体育教师提出的问题是"单手肩上投篮为什么要把篮球举在肩上方？"，这个技术不是已经说明了"单手肩上投篮"吗？还需要明知故问？因此我们在具体的运动技术教学中，要真正结合该运动技术的关键问题提出相应的问题，而不要把问题停留在表面，以"单手肩上投篮"这个技术为例，可以找出该技术的教学难点，并提出探究的问题"单手肩上投篮用力顺序为什么要从下肢开始并把力传送到上肢最后到出手？""单手肩上投篮过程中篮球的运行轨迹是怎样的？"等，这些问题远比以上表浅的问题符合探究的需要。

（2）解决不了的问题探究

有许多运动技术具有一定的难度，需要比较专业的人体运动原理与知识来理解，如体育锻炼对心血管系统的效果需要通过解剖学、生理学、运动生物化学等专业知识来理解，初高中学生基本没有这方面的专业知识，因此要让他们理解"体育锻炼对青少年骨骼的生长发育有什么好处？"等问题是非常困难的，这些问题若成了体育课教学的探究问题，那么学生是无法探究的。又诸如"背越式跳高为什么要转体？"等问题还涉及了运动生物力学原理，虽然高中学生也学了些力学原理，但要运用普通的力学原理来解释跳高过程中的转体动作，还是很不够的。因此在体育课教学中提出探究问题时需要结合运动技术的特点，还要根据学生基础、知识背景等，才能有的放矢，真正起到好效果。

（3）不需要探究的事实

提出好的问题对体育教师的探究学习设计很重要，但也比较困难，因为"问题"不是现成的，需要体育教师深入体育教学内容，深挖运动技术特性，且能在运动技术教学过程中起到重要作用，才能提出好问题。正因为提出问题是一个难点，因此在体育教学实践过程中，有的体育教师就会犯这样那样的毛病，如没有深入运动技术特点就提出"跳远为什么要分成助跑、起跳、腾空、落地等几个环节？"等比较表面问题。关于这个问题的答案，体育教师直接告诉学生就可以了，不需要学生去探究，因此，不要牺牲大量的运动时间"探究"一个已成定论的事实。

（4）形式主义的探究

体育自主学习中的形式主义存在，体育探究学习中的形式主义同样存在，其根源在于很多基层体育教师对体育探究学习一知半解，或因体育公开课的误导而致。对于该问题，专家学者有一定的责任，需要认真解读课标，开展教学实践研究，收集成功案例，为基层体育教师提供范本与实例。

2. 体育探究学习的未解问题

（1）对体育探究学习的内涵与本质理解不足

什么是体育探究学习？需要探究什么？如何探究？探究结果如何评价？等理论问题依然没有很好地解决，并未达成共识。这些理论问题虽然学者们有所涉及的，但论述的并不深刻，不具操作性，不能为一线的体育教师提供很好帮助。

（2）对体育探究学习的"问题意识"缺乏深入研究

在探究学习的实践教学中，"问题意识"是难点，也是关键。但大部分教师不知道如何根据目的和重难点提出问题，具体表现在：一是探究的问题常常浮于表面，用一些简单的问题当作是探究学习问题。二是体育教师不能根据教材的特点提出所要探究的问题。这说明体育教师并不具备教学的"问题意识"。三是体育教师所提出的"问题"难度太大，对于不具备复杂运动专业知识的学生来说根本解决不了。

（3）"探究学习"实施缺乏教学实验与典型案例支撑

在众多的"探究学习"理论研究中，大多学者主要阐述的是宏观层面内容，对于体育教学过程中探究学习是如何具体操作还缺乏认识，其中包括如何结合体育课教学目标、教学内容、教学方法、教学手段等开展具有针对性的探究学习活动，缺乏更多的教学实践与实验研究，更无法提供一些成功案例作为参考。

（4）"探究学习"的适用范围不明

并不是所有学生都适合开展"探究学习"的，也不是所有教材都适合开展，因为探究学习主要探究动作变化的原理、规律或者是机制，这需要学生具备一定的理论基础与学科背景，而大部分中小学体育教师对于探究学习适合什么学生开展，适合什么教材，适合什么学习阶段等并不了解，学者们也没有提供较多的实用案例。

（5）体育教师专业素质无法与探究学习的要求同步

由于探究学习的复杂性与变化性，探究学习对体育教师和学生都提出了较高要求。而专家学者本应把探究学习的理论与方法通过解读与引领的方式传授给广大的体育教师，但大多专家对于"探究学习"的理论与方法也是一知半解，导致了在解读与引领过程中基本停留于理论层面，并没有实践操作层面的方法；其次，因体育教师的接受能力有限，导致了大多数体育教师无法开展体育探究学习，而那些在教学实践偶尔开展探究学习实践教学的体育教师也是装装样子，徒有形式罢了。

通过体育探究学习的知识图谱分析与综合前期探究学习的文献分析，面对体育探究学习实施过程中所暴露的问题，本研究认为，第八次体育与健康课程改革提出的探究学习理念是正确的、超前的，在实践过程中也取得了一定的成绩（理念接受了、部分实践了），但总体来看，探究学习尚未形成一套整体的理论体系、方法，更缺乏实践的操作程序，因此，在未来的体育教学改革中专家学者们依然要深化探究学习的理论与方法，研制更具操作意义的探究学习范例，供广大的基层体育教师参考、遵循与实施。

三、体育合作学习研究状况的知识图谱分析

（一）体育合作学习的数据来源

检索 2001 年 1 至 2018 年 12 月间有关体育合作学习文献，共获得 1318 条文献，除去会议、新闻、目录等，最后获得 1314 条有效文献。

（二）体育合作学习研究的知识图谱研究

1. 体育教学"合作学习"研究的时空状况分析

（1）体育合作学习研究的时间分布特征

表33 第八次体育课改以来体育合作学习研究文献的年度发文量与累积量

年份	数量	累积量	年份	数量	累积量
2001	4	4	2010	105	478
2002	8	12	2011	88	566
2003	19	31	2012	117	683
2004	19	50	2013	92	775
2005	34	84	2014	126	901
2006	54	138	2015	107	1008
2007	63	201	2016	108	1116
2008	79	280	2017	137	1253
2009	93	373	2018	61	1314

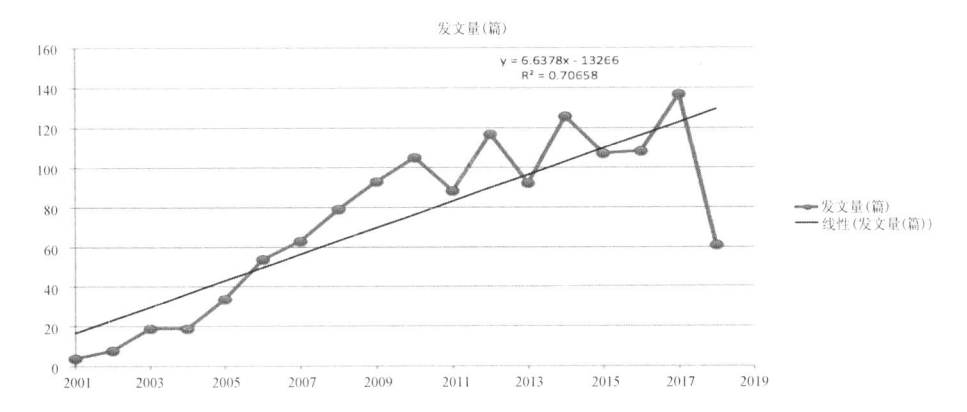

图19 第八次体育课改以来体育合作学习研究文献的年度发文量变化趋势图

上图可见，体育教学"合作学习"研究领域的发文量有三个不同的阶段：2001年-2004年；2005年-2010年；2011年-2018年。

（1）起始阶段：从2001年6月体育课改以来，体育教学"合作学习"领域研究的论文发表量较少，每年的发表量都在20篇以内，增长量也几乎为个位数。来自首都体育学院的李京诚和北京教育科学研究院于2001年在《首都体育学院学报》上发表的《合作学习理论与体育合作学习实践》一文，是 21 世纪体育课程改革以来第一篇以"体育合作学习"为研究主题的文章。

（2）上升阶段：在 2005 年－2010 年这个时间跨度中，"体育合作学习"发文量每年都在呈阶梯式的增长，每年的增长量稳定在 20 篇左右。

（3）波动阶段：2011 年－2018 年这一时期，年度发文量的折线图上下起伏，较难进行判断与分析。虽然总体上来看发文量有上升趋势，但是在这期间，发文量的起伏较大，较不稳定，增长缓慢。在 2011 年－2012 年和 2013 年－2014 年间，年度发表量还是有一个较大的提升；在 2012 年－2013 年和 2014 年－2015 年间，年度发表量却有所下降；在 2015 年－2016 年间，年度发表量维持在同一水平。

2. 体育合作学习研究的空间分布特征

（1）体育合作学习研究的作者特征分析

本研究整理出该领域发文量在 2 篇以上的前 30 位作者的发文量和分布情况，具体情况如下表所示。

表 34　第八次体育课改以来体育合作学习研究的作者分布统计

作者	发文量（篇）	单位	作者	发文量（篇）	单位
李京诚	10	首都体育学院	何海强	2	湖南科技大学
单宇	4	华南农业大学	毕荣君	2	秦皇岛广播电视大学
麦粤徽	4	华南农业大学	陶永仲	2	贵阳医学院
洪美玲	3	江苏科技大学	陈诗强	2	玉林师范学院
马昆	3	河北北方学院	高兴旺	2	山西省吕梁高等师范专业学校
张亚菲	3	河海大学	侯海燕	2	江门职业技术学院
傅杰	3	井冈山大学	张健	2	上海交通大学
杨宏昌	3	河海大学	徐宜芬	2	贵阳学院
王炜	3	井冈山大学	高红梅	2	华中科技大学
韩永红	3	中国科技大学	徐建荣	2	湖北大学
高秋平	3	大庆师范学院	卢三妹	2	华南农业大学

续表

作者	发文量（篇）	单位	作者	发文量（篇）	单位
龙晓东	3	井冈山大学	吴本连	2	杭州师范大学
张娅	3	河北政法职业学院	魏中	2	西安工业大学
周雅丽	2	湖南科技大学	马骏	2	安徽师范大学
吴楠	2	东北大学	陈君霞	2	湖北大学

上表显示，来自首都体育学院的李京诚发表的篇数最多，达到10篇。同时，发表于2001年6月30日的《合作学习理论与体育合作学习实践》一文[①]，被同学科领域的科研工作者引用237次，同时被下载1033次。

对比第八次体育课改中倡导了三种学习方式：自主学习，合作学习，探究学习的发文总量，自主学习方式最多，其次是合作学习，探究学习最少。

表35 第八次体育课改以来体育教学自主、合作、探究三种学习方式的总发文量对比

学习方式	自主学习	合作学习	探究学习
发文量	1550篇	1314篇	249篇

（2）体育合作学习研究的机构特征分析

本研究对第八次体育课改以来体育合作学习研究领域发表过5篇以上的机构进行统计，并制成表格（见表）。从表中可以看出，各个机构文献发表数量差距很大，最高的有26篇，最低的只有5篇。其中苏州大学和首都体育学院发文量并列第一，各发表了26篇研究文献。排在第二位的是东北师范大学，发表了24篇。北京体育大学紧随其后，发表了23篇；华东师范大学21篇；武汉体育学院16篇；云南师范大学14篇、广州体育学院12篇；山东师范大学、沈阳体育学院、吉林体育学院、河北师范大学各发表了10篇。

---

① 李京诚，孙伟．合作学习理论与体育合作学习实践［J］．首都体育学院学报，2001（02）：1-5．

表36 第八次体育课改以来体育合作学习研究发文量5篇以上的机构分布统计

机构	发文量	机构	发文量
苏州大学	26	扬州大学	7
首都体育学院	26	宁夏大学	6
东北师范大学	24	杭州师范大学	6
北京体育大学	23	上海体育学院	6
华东师范大学	21	华南农业大学	6
武汉体育学院	16	华中师范大学	6
云南师范大学	14	湖南科技大学	6
广州体育学院	12	山西师范大学	6
山东师范大学	10	河南大学	6
沈阳体育学院	10	哈尔滨工程大学	6
吉林体育学院	10	河北北方学院	5
河北师范大学	10	湖南师范大学	5
郑州大学	9	成都体育学院	5
南京师范大学	8	西北师范大学	5
河南师范大学	8	辽宁师范大学	5
上海师范大学	7	河海大学	5

3. 体育合作学习研究的合作可视化分析

本研究利用 Cite Space v.5.3 R3 软件，时间范围区间选择 2001 年 1 月 1 日至 2018 年 12 月 31 日，时间切割设置为 1 年，即 Year Per Slice = 1，节点类型（Node Types）设置为作者（Author），阈值设置为 Top N = 50，运行软件得到初步的图谱，经过处理，构建了作者与合作分布的图谱，如下图所示。

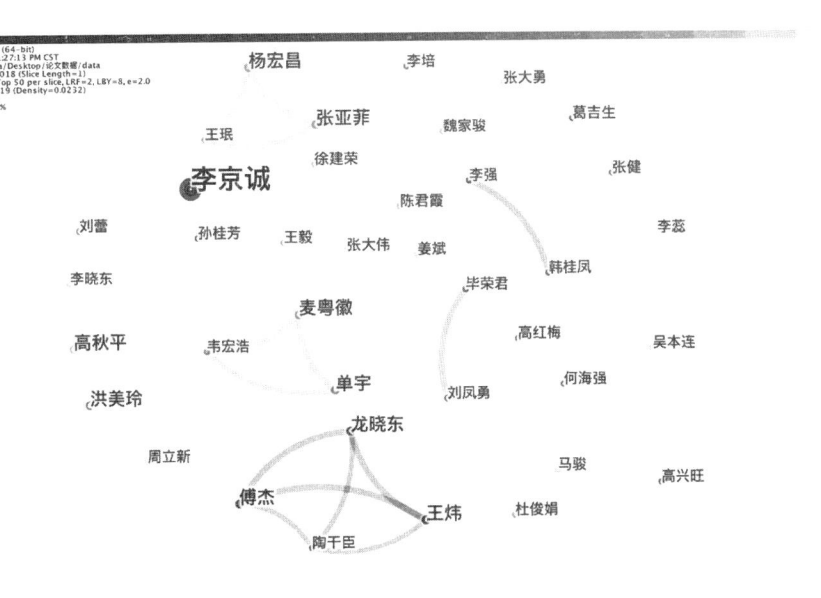

图 20　第八次体育课改以来体育合作学习研究的作者合作图谱

从图中可以看出，已有研究合作成员较少，在团队合作中，唯一由四人组成的团队是王炜、傅杰、龙晓东、陶干臣。其次有三组三人的团队，包括杨宏昌、张亚菲、王珉；陈君霞、徐建荣、魏家骏；麦粤徽、韦宏浩、单宇。总体来看，21世纪体育课程改革以来我国体育合作学习研究领域的科研团队较少。

4. 体育合作学习研究的热点前沿可视化分析

（1）第八次体育课改以来体育合作学习研究的关键词分析

本研究利用 Cite Space v. 5.3 R3 软件，将21世纪体育课程改革以来我国体育合作学习的研究文献成果数据导入，新建项目，时间范围区间选择2001年1月1日至2018年12月31日，时间切割设置为1年，即 Year Per Slice = 1，节点类型（Node Types）设置为关键词（Keyword），阈值设置为 Top N% = 10%，采用最小生成树算法（MST），运行软件得到初步的图谱，经过处理，得到此领域的关键词共现图谱（如图4.4）。

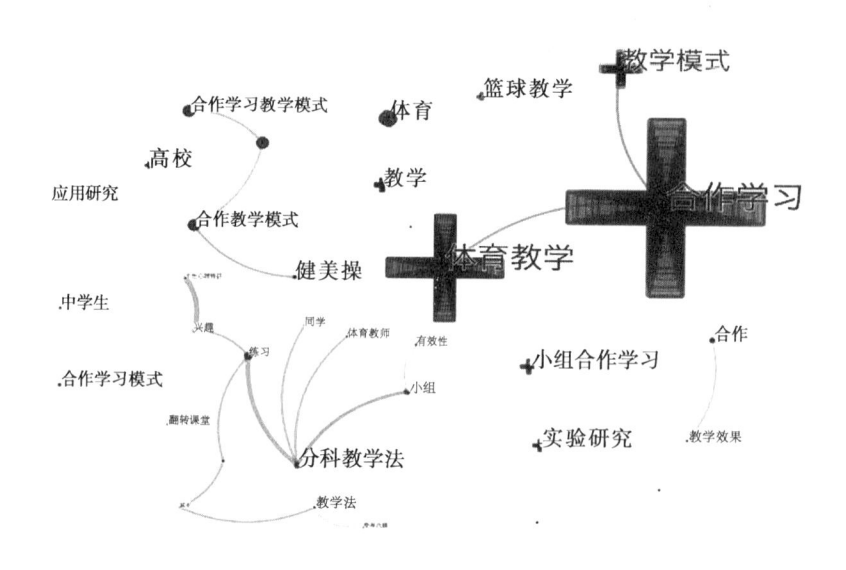

图 21　第八次体育课改以来体育合作学习研究的关键词共现图谱

根据关键词的图谱，本研究绘制出第八次体育课改以来体育合作学习研究文献成果的关键词前 20 的排名情况，如下表所示。

表 37　第八次体育课改以来体育合作学习研究的关键词频次表

关键词	年份	中心性	频次
合作学习	2001	0.12	501
体育教学	2002	0.23	313
教学模式	2001	0.02	127
小组合作学习	2007	0.12	58
实验研究	2007	0.12	58
体育	2005	1.11	52
教学	2003	0.24	49
高校	2007	0.04	40
健美操	2003	0.30	37
篮球教学	2008	0.00	37
分科教学法	2005	0.55	34
应用	2010	0.06	33

续表

关键词	年份	中心性	频次
合作	2006	0.25	33
策略	2005	0.13	30
教学方法	2007	0.08	29
普通高校	2008	1.02	28
合作学习模式	2008	0.14	27
自主学习	2007	0.02	26
小组合作	2009	0.00	25
初中体育	2012	0.04	23

从表中可以看出，"合作学习""教学模式""小组合作学习"等关键词出现的频率很高，但中心性却不高；"体育""分科教学法""普通高校"频次较少，但其中心性却非常高。由此可见，关键词在文献中出现的次数的高低与其中心性，既不成正相关，也不成负相关，两者互不影响，并无关联。根据陈超美、王琪等学者在论文中所认为的学科研究热点确认方式，本研究依据词频来对体育合作学习研究领域热点进行确认，将中心度作为参考的选项。通过中心性对关键词进行重现排序，从高到低排序，前十位的分别是："体育""普通高校""分科教学法""健美操""合作""教学""体育教学""合作学习模式""策略""合作学习"，这10个关键词的中心度较高，由此可以说明，有些关键词在该领域的发展过程中发挥着重要的作用，是一个研究热点。

5. 体育合作学习研究的关键词聚类分析

关键词作为统领全篇文献的概括性术语，在生成的共现网络图谱上进行特殊处理，可以生成不同的聚类，这些聚类是体育合作学习研究领域相关的知识子群，每一个聚类都会自动生成相应的标签，即是该领域知识子群的研究方向。

经过处理的源数据文件导入Cite Space软件后，得到体育合作学习领域内研究的聚类视图，如下图所示。

图22　第八次体育课改以来体育合作学习研究关键词聚类分析图谱

以上绘制的关键词聚类视图中，在体育合作学习研究领域下有如下10个热点知识子群："合作学习"，"练习"，"健美操教学"，"中小学生"，"合作"，"合作学习"，"体育与健康课程"，"模式"，"教学策略"，"学习方式"。

表38　第八次体育课改以来体育合作学习研究关键词聚类视图信息一览表

聚类编号	主要关键词
#0	合作学习；教学模式；大学生；合作教学
#1	体育教学；小组合作学习；分科教学法；中学
#2	实验研究；高校；健美操；应用
#3	自主学习；体育合作学习；中学生；中学体育
#4	合作；体育课；教学效果；探究
#5	体育；教学；小组合作；合作学习法
#6	策略；体育与健康课程；初中体育教学；中学体育教学
#7	篮球教学；运用；研究；合作学习模式
#8	教学方法；高中体育；翻转课堂；教学策略
#9	学习方法；探究学习；体育课程；对策；问题

#0 具有最大规模的聚类，使之成了最大一个知识子群体，合作学习是它的主要研究方向，所有的研究都围绕此进行。在此知识子群中，包含了"教学模式""大学生""合作教学"等关键词。

#2 健美操教学。根据表 39 我们可以看出，跟"健美操教学"相关联的关键词有"实验研究""高校""应用"等，说明在体育合作学习领域，以大学生健美操教学中合作学习应用的实验研究较多。

"篮球教学"突现始于 2016 年，是体育合作学习这一研究领域中的前沿。"篮球教学"属于体育教学的一部分，特别适合用合作学习的教学模式去进行教学。并且，篮球一直以来都是全民参与人数最多的运动项目之一，将合作学习加入至篮球教学中，有利于这一运动进一步的发展，提高运动水平。

7. 体育合作学习研究的热点前沿的总体演化分析

通过考虑关键词的频次多少、中心性高低和突现性，表 38 选取了 2001 年 6 月 21 世纪体育课程改革以来至 2018 年 12 月，这一时间段内的热点关键词，整理了排名前 15 的热点关键词年度变化表，来分析热点关键词的发展和演化。

表39　第八次体育课改以来体育合作学习研究领域中前 15 的热点关键词年度变化表

	02	03	04	05	06	07	08	09	10	11	12	13	14	15	16	17	18
合作学习	4	14	17	24	31	33	46	46	37	52	38	35	41	30	32	32	12
体育教学	5	8	18	25	19	21	26	25	28	28	24	18	22	15	18	18	10
教学模式	3	0	3	8	11	9	14	16	5	6	6	17	8	5	11	11	0
实验研究	0	0	0	0	3	0	4	3	4	7	5	10	8	8	4	4	2
小组合作学习	0	0	0	0	2	4	0	0	3	7	8	4	10	3	12	12	5
体育	0	0	2	0	5	3	5	7	4	5	2	8	4	2	3	3	2
教学	0	0	2	0	4	6	3	4	0	3	3	7	5	4	5	4	2
高校	0	0	0	0	4	0	4	0	5	4	0	0	5	6	6	3
健美操	0	0	2	0	2	3	4	5	0	3	3	5	3	2	2	0
篮球教学	0	0	0	0	0	0	2	4	2	0	2	0	0	6	13	13	4
分科教学法	0	0	4	3	5	2	4	4	0	2	0	0	4	3	0	0	0
合作	0	0	0	3	0	2	4	2	2	7	4	4	3	0	2	0	0
应用	0	0	0	0	0	0	0	3	2	5	3	4	5	5	4	4	2
策略	0	0	0	0	0	0	2	0	2	2	0	2	0	2	2	2	0
教学方法	0	0	0	0	2	2	3	5	0	3	3	3	2	4	4	0

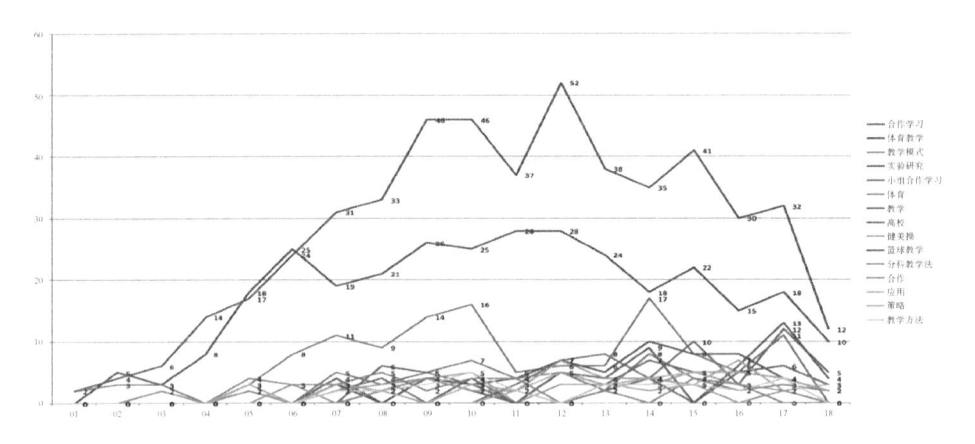

图 23　第八次体育课改以来体育合作学习研究前 15 的热点关键词变化趋势

总体来说，关键词的发展演化处于一个较平稳的状态，"合作学习""教学模式"这两个关键词的波动较大，时而高，时而低，但一直都有出现。许多的热点关键词较不稳定，出现的次数也不多。以 2012 年作为一个分界点，之前体育合作学习研究领域的热点关键词主要是"合作学习""体育教学""教学模式"等，2012 年后热点关键词逐渐演变，近几年的热点关键词为"高校""篮球教学""健美操""策略""教学方法"等。

综上，"体育""普通高校""分科教学法""健美操""教学""合作学习模式""策略"等是体育合作学习研究领域的热点关键词。通过聚类分析，10 个聚类标签成为体育合作学习的主要研究方向，包括："合作学习"，"练习"，"健美操教学"，"中小学生"，"合作"，"合作学习"，"体育与健康课程"，"模式"，"教学策略"，"学习方式"。通过突现词检测，"体育教学""篮球教学""初中体育"作为突现值最高的三个关键词，代表了此领域不同时期的研究前沿。同时，"高校""篮球教学""健美操""策略""教学方法"等关键词的热度较高，未来可能还会保持如此的趋势。

（三）《中国学校体育》《体育教学》刊发的合作学习论文及其观点与问题

为了梳理合作学习较为典型的研究成果，本研究专门选择《体育教学》与《中国学校体育》杂志，共查询 92 篇文章（其中《体育教学》杂志 38 篇，《中国学校体育》杂志 54 篇）。

表40　发表在《中国学校体育》杂志上的有关合作教学的文章

期刊与发表时间	文章题名	作者
中国学校体育 2018-03-01	例析有效合作学习的前置准备策略	尹耀，徐建军
中国学校体育 2018-02-01	共生视角下小组合作学习中教与学的转化方略	陈冬梅，杨浩
中国学校体育 2018-02-01	追求真实有效合作学习模式体育课堂——江苏省"体育名师课堂"评析	胡曼玲
中国学校体育 2017-02-01	例析体育教学中的合作学习策略	秦银桂
中国学校体育 2017-02-01	探析小学体育"三环六学"自主合作学习教学策略	彭丽富，王兴发
中国学校体育 2016-09-01	合作学习有类型，准确运用得共赢	钱张伟，潘龙龙
中国学校体育 2016-09-01	中小学体育合作学习的五个"着力点"	潘卫成
中国学校体育 2016-01-01	如何运用"合作学习"促进学生心理健康与社会适应能力的发展	马晓敏
中国学校体育 2015-09-01	小组合作学习任务单引领初一学生分层复习前滚翻的实践及体会	尹耀，单中卫
中国学校体育 2015-06-10	中专足球教学中运用合作学习的实践与研究	明文杰
中国学校体育 2015-06-01	如何在合作学习中发挥学生的主体作用	梁明，于周涛
中国学校体育 2015-03-01	运用小组合作学习应注意的四个问题	付循平
中国学校体育 2015-03-01	有效实施趣味性小组合作学习三技巧	宋大勇
中国学校体育 2015-03-01	例析体育教学中提高学生合作学习能力的有效策略	汤祥

续表

期刊与发表时间	文章题名	作者
中国学校体育 2015-03-01	小组合作学习四忌	陈文，王腾
中国学校体育 2015-03-01	提高体育课小组合作学习效果的三个小妙招	姜军
中国学校体育 2015-03-01	让学生在参与合作中学习——一堂培养学生合作学习习惯的体育课	伯绍状，于洪志
中国学校体育 2013-05-15	探索小学体育教学中采取合作学习方式的研究	陈云
中国学校体育 2012-11-25	小班化体育教学中小组合作学习的实施策略研究	戴志强
中国学校体育 2012-05-25	对体育教师合作学习的思考	徐春兰
中国学校体育 2011-12-25	中学体育教学"合作学习"模式的应用	张磊，李维芹
中国学校体育 2011-12-25	论"小组合作学习"在体育课上的效应	缪大贵，李庆国
中国学校体育 2011-05-01	合作学习在教学实践中的应用	陈晶
中国学校体育 2011-05-01	体育教学中有效合作学习的三点思考	祝芳，吴锐
中国学校体育 2011-05-01	合作学习：体育教师专业发展的有效途径	邓幼玲
中国学校体育 2010-11-01	合作学习在体育教学中的思考	张思刚
中国学校体育 2009-05-01	美国体育教育中"合作学习模式"简介	范振国
中国学校体育 2009-02-01	高中排球教学中实施合作学习模式的探究	李古棣

续表

期刊与发表时间	文章题名	作者
中国学校体育 2009-01-15	注重课堂交往 实施合作学习	贺桂萍
中国学校体育 2008-12-01	合作学习应形而有实	惠志东
中国学校体育 2008-12-01	合作学习实施"七要"	陈永芳
中国学校体育 2008-12-01	从男女生合作学习篮球想到的	陈圆，阿芒嘎
中国学校体育 2009-06-01	小组合作学习要"合"而有"作"	宋学光，王美香
中国学校体育 2009-09-01	高中体育课合作学习的误区与思考	王洁
中国学校体育 2009-10-01	合作学习的几个误区	周纯阳，张仕军
中国学校体育 2010-02-01	小组合作学习在体育与健康课教学中应用的实验研究	朱忠华
中国学校体育 2010-08-01	两例伪合作学习的剖析及改进策略	唐光常，戴元香
中国学校体育 2010-08-01	合作学习的分组流程与实施：从聚到合，为学而合	刘辉利
中国学校体育 2010-08-01	例析合作学习的有效性	孔令杰
中国学校体育 2010-08-01	有效运用"合作学习"提高课堂效率	王兴发
中国学校体育 2010-08-01	从课堂实证的视角解读合作学习	付国超，王成豹
中国学校体育 2008-05-01	体育教学中运用合作学习的实践体会	陈志山，刘军

续表

期刊与发表时间	文章题名	作者
中国学校体育 2008-03-01	对体育教学中合作学习几个问题的思考	董大肆
中国学校体育 2008-02-01	如何提高体育合作学习的有效性	牟先涛
中国学校体育 2007-12-01	常态体育课堂合作学习要素分析	张海平，王屹川
中国学校体育 2007-03-01	参与 倾听 点拨 导向——浅谈小组合作学习中教师的角色定位	赖华荣
中国学校体育 2006-07-01	如何正确理解与运用合作学习	毛振明，赖天德
中国学校体育 2005-11-25	体育教学中有效合作学习的实施策略	覃俊平，谭涛
中国学校体育 2005-09-25	小学体育课中有效合作学习的实施策略	龚旭东
中国学校体育 2005-03-25	在课堂教学中实施合作学习	李连琴
中国学校体育 2004-09-25	合作学习与自我教育理论在体育教学中的运用	周卫红，夏拥军
中国学校体育 2003-03-30	合作学习在体育教学中的作用	金鑫
中国学校体育 2001-11-30	运用"合作学习"方法应注意的问题	袁跃
中国学校体育 2001-03-30	进行合作学习 深化素质教育	周红波，于晓红

表41 发表在《体育教学》杂志上的有关合作教学的文章

期刊与发表时间	文章题名	作者
体育教学 2011-01-15	合作学习在跳绳教学中的运用	何云
体育教学 2011-03-15	让合作学习真正做到形神兼备	金海滨
体育教学 2011-06-15	中学生体育课堂主体性合作学习模式的创设	高升
体育教学 2012-02-15	合作学习在体育教学实践中的应用	周纯阳
体育教学 2012-10-15	如何保证小组合作学习的有效性——一节失败的小组合作学习课的启示	陈永概
体育教学 2012-12-15	技巧：连续两次前滚翻教学设计片段——对小学低年级学生"体验与合作学习方式"的研究与应用	韩荣
体育教学 2013-01-15	体育教学中运用合作学习方式的三种误区	王勇
体育教学 2013-06-15	中小学体育教学中合作学习小组成员任务分工的研究	梅杨，徐强
体育教学 2013-06-15	中小学体育教学中合作学习小组划分的研究	李俊，刘超
体育教学 2014-07-15	试析运动教育模式中的合作学习	许晨晨，高嵘
体育教学 2015-05-15	体育教学中合作学习的反思与教程	陈帅，陈璐
体育教学 2015-05-15	体育教学"合作学习"研究评述	邵伟德，邵天逸
体育教学 2015-05-15	论"合作""合作学习"及"合作教育"	毛振明，付晓蒙

续表

期刊与发表时间	文章题名	作者
体育教学 2015-05-15	武术教学中"基于图示的小组合作学习"方式研究	陈辉，严伟
体育教学 2015-05-15	合作学习略论	杜俊娟，张建
体育教学 2015-05-15	基于课例谈合作学习的效标	潘建芬
体育教学 2017-01-15	激发小学生合作学习兴趣 有效提高体育课质量	郑小真
体育教学 2017-05-15	小学羽毛球合作学习三法	杨凯平
体育教学 2009-03-15	审视当下体育教学中合作学习的五维"流行病"	陈丽娜
体育教学 2007-09-15	合作学习的"五要""五不要"	查维克
体育教学 2007-09-15	自主学习 合作学习 探究学习——三种教学模式在体育教学中运用的研究	王国林
体育教学 2007-09-15	对小组合作学习中某些矛盾的思考	杜军
体育教学 2007-09-15	让"探究、自主、合作"学习从"形式"走向"实质"	姜迅
体育教学 2007-03-15	反思体育教学中的合作学习	刘昕
体育教学 2007-03-15	体育教学中合作学习不是万能的——对普通高中体育与健康课程标准中的体育合作学习的理解	武俊清
体育教学 2006-07-15	分层施教 合作学习	黄慎
体育教学 2000-02-15	体育教学中"合作学习法"初探	徐永霞

续表

期刊与发表时间	文章题名	作者
体育教学 2006-07-15	谈体育教学中的合作学习	程驰
体育教学 2006-03-15	新课标背景下体育教学如何走出"合作学习"的误区	宋军,邓艳艳
体育教学 2005-07-15	体育合作学习必须注重其实质	尹家政
体育教学 2005-03-15	体育与健康课堂小组合作学习模式新议	张海平
体育教学 2005-03-15	反思体育教学中的合作学习	陆一叶
体育教学 2003-11-15	体育课堂教学中合作学习的误区及其对策	钱伟明
体育教学 2003-11-15	小组合作学习七不宜	邵力
体育教学 2003-11-15	小组合作学习在立定跳远教学中运用的体会	刘立明
体育教学 2003-01-15	谈体育教学中的合作学习	葛永利
体育教学 2002-09-15	对中学体育课合作学习、自主发展"八自"教学模式的探索	严永安
体育教学 2000-08-15	试论体育课堂教学中的"合作学习"	肖斌

上述文章是理论研究者与中小学体育教师撰写的、较为可信的有关合作教学的真实反映,与"自主学习、探究学习"发表的文章数量对照发现,有关合作教学的文章多得多,这一事实说明合作教学在体育教学实践中运用较为广泛,同时运用过程中操作较为简单。尽管有关合作教学发表文章较多,但综观以上文章及其观点发现,对体育合作学习方面依然存在以下几个方面未解问题。

1. 为什么要开展合作学习

为什么要开展合作学习是提倡与实施合作学习的前提，对于这个问题，我们需要深入教学班级进行考察，如果班级学生的合作意识与行为已经较强，那么我们认为，通过体育活动发展学生的合作能力的必要性就明显降低了，因为体育活动的主要目的并不是发展学生合作能力，而是学习体育知识与技能、发展学生的身体。但如果这个班级学生的合作意识与行为较差、急需培养，那么，我们可以通过各种方式发展学生合作与社交能力，而体育活动正是一种很好的手段与方法，此时，通过体育教学活动发展学生的合作能力就显得十分必要了。

2. 合作学习是属于教学模式还是教学方式

从前期他人的研究文献来看，把学习方式描述为教学模式的作者不在少数，但合作学习是教学模式还是学习方式？对于这个问题，本研究认为，首先，学习方式主要是针对学生而言的，教学方式是针对教生而言的，而教学模式是教学方式与学习方式的上位概念，它还包含了教学思想、教学理念、教学方法、教学评价等；其次，学习方式与教学方式具有一定的相似性，它们都是具体的操作手段与方法；再次，教学模式主要针对单元教学设计，而学习方式主要针对课时教学设计。总之，合作学习是一种学习方式，它与学习方法不是一回事，合作学习与教学模式也不等同，我们不能把三者混为一谈。

3. 合作学习与合作练习之间的关系

合作学习是一种学习方式，它的上位概念是教学方式，而合作练习是学生练习方式，两者是不同的概念，合作练习是合作学习的下位概念。合作练习不是合作学习的全部，如在体育课堂教学中，2人1组、3人1组、多人1组的合作练习很多，但我们不能把它简单地认为就是合作学习，因为合作学习应具备一定的教学理念、教学目标、练习方法、练习手段、教学评价等组成的一个整体。

4. 合作学习中体育教师的作用

众所周知，体育教学是双边活动，学理的说法是：教师是主导、学生是主体。因此，无论是采用何种学习方式，体育教师的主导作用都是不可忽视的。在合作学习中，尽管学生有自己的合作小组，小组长则负责小组系列体育活动的，但如果缺失了体育教师的整体安排与课中指导，那么各小组学生的学习目标也较难实现。因此，在合作学习过程中，既要让学生明确自身的角色、分工，承担自己的责任，完成合作的任务，也要帮助体育教师收集合作的反馈信息；另一方面，教师并不是无事可做的闲人，而是学生合作学习的协助者。

5. 合作学习实验的科学性

在前期他人的研究成果中，合作学习实验研究十分匮乏，理论研究过多。同时，在少量的实验研究中也暴露出一些问题，如实验设计的合理性、变量控制的严谨性、实验过程的科学性等，针对这些问题，本研究认为，首先应鼓励广大体育教师开展教学实验研究；其次在合作学习实验研究设计过程中要关注实验过程的合理性，不能把教学实验简单化，要对教学实验的样本、过程、因素等进行严格控制，要有实验组与对照组的前后对比等，这样才能提高合作学习实验的科学性。

6. 关于合作学习的评价问题

合作学习是一个教学过程，体育教师的评价不可缺少，特别是对合作学习的结果应做好评价工作。如果只有学习过程，没有结果评价，那么这样的合作学习也是不完整的。因此，在整个合作学习设计过程中，体育教师首先要针对合作学习评价的指标进行预设；其次，在实施过程中做好即时评价；最后，在合作学习完成之后应对其效果进行评价，肯定成绩、发现问题、反思总结，为之后的合作学习提供依据。

第六章

第八次体育课改以来体育课程内容与问题

一、文献评述

大中小学体育课程内容体系是一个体育课程理论必须面临但却异常复杂的问题，新中国成立以来，我国体育课程以竞技运动项目为编排依据建构了《大中小学体育教学大纲》（以下简称《大纲》），历经了七次大规模的课程改革，其中体育教学内容也发生了较大的变化，但并非从根本上改变其核心框架，体育教材的内容从小学到大学存在着田径"一跑到底"；篮球"一传、一运到底"；排球"一传、一发到底"；足球"一踢、一停到底"的情况。① 新世纪第八次体育课程改革推出了《体育课程标准》，打破了以"竞技运动项目"为编制依据的课程体系，取代了《大中小学体育教学大纲》，倡导了"目标引领内容"的新理念，这是值得肯定的。但随之出现了课标中"只有理念目标、课程内容，没有具体的教材"的现状，使广大基层教师缺乏体育课程内容自主开发的能力，因而，体育课程内容的放开导致了体育教师在体育课程内容选择的迷失，出现了较之前（有《大纲》引导）的更大混乱。

体育学科课程内容体系实际上涉及了"课程内容、学科特点、学生年龄、排列方式"等四个主要因素，无论是之前《大纲》引导下的体育课程体系还是当下体育课标下的体育课程体系，在以上四个重要因素上都存在较大的问题，因而导致了大中小体育课程衔接较差、体育课程内容低水平重复、学生学而不会等现象。体育知识与技能并不像其他学科一样存在"先教后教"的逻辑关系，导致体育课程内容与教材内容的无序。"直线式与螺旋式是一个不能解决问题的空洞理论。因为直线的长短、螺旋回归周期不明；什么教材、多少教材可用于直线式和螺旋式排列解释得太过笼统与含糊。"②

---

① 柴娇鹤.建构有效衔接的大中小学体育教材内容体系的必要性［J］.体育学刊，2011.11：91-93.
② 毛振明.体育课程改革新论—兼论何为好的体育课［M］.北京：教育科学出版社，2012：46-49.

课程内容"繁、难、偏、旧"和低水平重复现象在不同历史时期、不同学段、不同学科以或隐或现的形式反复出现，它已经超越具体学科与国界而成为世界性的课程难题，① 同样，长期以来，我国体育课程体系并非解决体育课程内容体系问题，大中小学体育课程体系构建依然存在逻辑起点不明、逻辑思路不清、各阶段衔接较差等现象，这既是一个学理难题，更是一个操作难题。

查阅前人研究成果发现，有关体育课程衔接性研究文献45篇，其中具有一定参考价值的体育类期刊文献只有12篇，主要议题涉及了课程内容设计的依据，有学者认为其依据在于"各个学段学生身心发展不同，课程内容设计时需要特别关注学生身心发展的阶段性特点。"② "整体规划一个学段的体育课程内容，既充分考虑学生身心发展的阶段性特点，又按照运动技能形成的规律设置课程内容。"③ 但身心发展的阶段性特点到底是什么等问题并未进行探讨，什么是运动技能形成的规律？如何把它与体育课程联系起来也没有交代。

有的学者认为"体育学科内容编排的逻辑性是'每个学生瞄准自我终身体育发展的由浅入深的掌握好1-2项运动技能的科学发展过程。'"④ 该思路的确为体育课程的衔接提供了新思路。

有学者认为"课程目标的整体性、层次性、阶段性是体育课程衔接的准绳。""找出各个学段学生身心发展特点与体育学习的主要目标，将各个学段学生体育学习目标进行一体化构建。"⑤ 以课程目标作为体育课程设计的思路存在逻辑问题，因为课程体系在先，课程目标在后，不能把课程目标作为设计体育课程的依据。

也有学者认为教材内容趣味性是构建体育课程内容体系的依据，⑥ 其具体设计见下表。

---

① 张恩德. 基础教育课程内容"难、繁、偏、旧"的产生与规避 [J]. 课程·教材·教法，2014.9: 9-14.
② 梁立启，栗霞，邓星华. 体育课程内容衔接的哲学意蕴及启示 [J]. 体育研究与教育，2019, 34 (03): 44-47.
③ 李本源. 不同学段衔接的体育课程研究领域与实践方向 [J]. 广州体育学院学报，2017, 37 (03): 114-116.
④ 郎健，毛振明. 论体育课程在大中小学的断裂与衔接（上）[J]. 成都体育学院学报，2019, 45 (02): 38-43, 127.
⑤ 张晓林，陈新键，毛振明. 我国大中小学体育课程有效衔接现存问题及改进思路 [J]. 武汉体育学院学报，2015, 49 (02): 78-83.
⑥ 毛振明. 体育教材排列理论与方法研究 [J]. 天津体育学院学报，2003 (04): 44-46, 88.

表42 体育课程内容划分一览表

学习性质	特点	体育课程内容
精学类	常见的、可行的、学生喜欢的、教师能教、场地允许、与学校传统项目相结合的项目	如篮球、排球、武术、足球、乒乓球、健美操
粗学类	未来生活中学生可能遇到的、有必要具有一定基础的、教学条件允许的项目。	如棒球、轮滑、体育舞蹈、羽毛球、定向越野、短拍网球、郊游和野营、健美运动、形体、太极拳、跆拳道、防身术等
介绍类	没有必要掌握，但有必要让学生知道的或体验的运动文化和项目的有关知识。	如高尔夫球、橄榄球、汽车拉力赛、台球、保龄球、跳水、竞技体操、网球、拳击、登山、极限运动、NBA篮球、足球四维联赛等
锻炼类	需要锻炼的身体素质和走、跑、跳、投、支撑、攀爬、钻越、搬运、负重等能力。	如力量、耐力、速度、灵敏、柔韧等身体素质练习，和精学、粗学教材有关专项素质练习、身体基本活动能力练习

上表从学生是否对体育课程内容有兴趣与对将来是否有用（终身体育）等角度入手探讨了体育课程内容衔接的问题；如果是学生喜欢的、有可能成为终身体育项目的可定位"精学类"；如果仅仅有必要让学生知道的或体验的运动文化和项目的有关知识则为"介绍类"课程内容；需要锻炼的身体素质和基本活动能力则为"锻炼类"课程内容。但对此成果也有学者质疑：体育分层排列理论由于构建的理论基础不充分，缺少学生维度和体育学科知识维度，造成该理论存在"没有体现时间概念、教材内容层次划分标准过于宏观，没有给出具体教材内容排列技术与原理"等问题。"[1]

还有部分基层教师多年着力于通过学生动作学习的研究编排教材内容，如"'掌握运动技能和方法'目标的内容选择与分析——以投掷活动为例"[2]、"在

---

[1] 贾洪洲，陈琦. 当前体育教材内容排列理论反思［J］. 北京体育大学学报，2015，38（05）：90-94.

[2] 樊江波. "掌握运动技能和方法"目标的内容选择与分析——以投掷活动为例［J］. 体育教学，2014，34（05）：32-33.

《课程标准》下如何选择适合各个领域的教材"① "小学投掷类教材的分析与选择"② 等，这些成果虽是一线教师实践所为，也提供了新思路，但其局限性在于年龄跨度太小，无法贯穿大中小学各个年龄层次。

的确，体育课程需要在学生年龄层次上体现差异性，同时还需深入体育学科知识，探求体育技能类操作知识先后的学习顺序、排列方式。然而，并不像语数理等学科具有较为严格的学科知识、难易程度和排列顺序，体育学科呈现不出诚如先学篮球还是先学足球的逻辑顺序，可以说，在不同运动项目之间，体育学科并没有先学后学之严格的规定；在同一个项目内容上，也没有严格的学习限制，正如篮球运动项目，高中生可以学、初中生可以学、小学生也可以学（小篮球）。体育学科知识的此类独特性体现了体育课程内容在学生年龄层次上配置的复杂性、特殊性，从而也导致了一定程度上的混乱。那么，由此是否可以断言，体育课程内容体系在本质上是无序的，并不具备、也不需要针对各个年龄层次学生进行排列的必要。如果此论断成立，那么未来的体育课程将毫无体系、随意发挥、自由放任，这当然不是业内人士愿意看到的结果。基于以上认识，本研究认为，探索体育课程内容体系的内在关系、体现各个年龄层次的差异性与衔接性依然是当下急需解决的重要问题。

二、2011 年修订版义务教育体育课标中的内容与问题

需要说明的是，之前提到了第八次体育课标中"只有水平目标、没有具体内容"的说法，这个说法是针对第八次课改之前的，课改之前《大纲》统领课程内容，各个学段均有具体的教材内容。因第八次体育课改完全废除了《大纲》，所以，之前的体育课程内容也不复存在。对照第八次体育课标中的课程内容与《大纲》中的课程内容发现，尽管课标中没有说明各个学段的具体内容，但仍存在内容标准及其有关内容的指导性意见。本研究以"运动技能目标"为线索，分析 2011 年义务阶段的体育与健康修订版中课程内容与存在的问题。

（一）小学阶段的体育课程内容与问题

查阅 2011 年颁布的义务阶段体育与健康课程标准，有关各个水平阶段的"体育课程内容要求与运动技能目标"阐述如下。

---

① 樊江波，王海琳. 在《课程标准》下如何选择适合各个领域的教材［J］. 体育教学，2007（03）：23-24.
② 樊江波，徐仲书. 小学投掷类教学内容的分析与选择［J］. 体育教学，2010，30（06）：47-49.

表43　2011年义务教育阶段修订版体育课标小学体育课程内容要求与动作技能目标一览表

水平	小学运动技能目标	小学体育课程供选择的内容	
水平1	(1) 学习基本的身体活动方法和体育游戏；(2) 学习不同的体育活动方法。	(1) 学习基本的身体活动方法和体育游戏。如走、跑、跳、投、抛、接、挥击、攀、爬、钻、滚动和支撑等动作。(2) 学习不同的体育活动方法。①初步学会常见的球类游戏。②学习一些体操类活动的基本动作。③学习一些游泳或冰雪类活动的基本动作。④学习一些武术类活动的基本动作。⑤学习一些其他简单的民族民间传统体育活动项目的基本动作。	课课练
水平2	(1) 提高基本身体活动和完成体育游戏的能力；(2) 初步掌握多种体育活动方法。	(1) 提高基本身体活动和完成体育游戏的能力。如在体育游戏活动中完成快速的曲线跑、合作跑、持物跑，单、双脚连续向高和向远跳跃，单、双手的投掷和抛物，有一定速度要求的攀、爬、钻等动作。(2) 初步掌握多种体育活动方法。①初步掌握几项球类活动的基本方法。②初步掌握一些体操类活动的基本动作。③初步掌握一些游泳或冰雪类活动的基本动作。④初步掌握一些武术类活动的基本动作。⑤初步掌握一些其他简单的民族民间传统体育活动的基本动作。	课课练
水平3	(1) 掌握有一定难度的基本身体活动方法；(2) 基本掌握运动项目的技术动作组合。	(1) 掌握有一定难度的基本身体活动方法。如完成后蹬跑、连续纵跳摸高、急行跳远、各种方式的投掷动作，有一定速度要求的滑步、攀、爬、钻、滚动、滚翻等动作。(2) 基本掌握运动项目的技术动作组合。①基本掌握一些球类运动项目的技术动作组合。②基本掌握一些体操类运动项目的简单技术动作组合。③基本掌握一些游泳或冰雪类运动项目的基本技术。④基本掌握一些简单的武术套路。⑤基本掌握一些其他有一定难度的民族民间传统体育活动项目的基本技术。	课课练

以上课程内容的要求与运动技能目标强化了身体素质课课练的内容，这对于提高小学生的体质健康水平是利好消息；另一方面，在三个水平中强调了小学生身体基本活动能力的重要性，这对于发展小学生基本运动能力有较大的价值。但以上内容与目标也暴露出两个问题：一，对小学阶段的运动技能目标定位不确切。本研究认为，小学阶段的运动技能目标应主要体现学生学习与掌握简单的"动作技能"，而不是"身体活动方法或体育活动方法"，因为"方法"是指人们达到某种目的而采取的途径、步骤、手段，而"技能"是指人们在活动中运用知识经验经过练习而获得的完成某种任务的动作方式。因此，对于简单地走、跑、跳、投，到球类游戏、简单体操动作、武术的基本动作等而言，用"动作技术或动作技能"（而不是"身体活动方法或体育活动方法"）表述更为妥当。另一方面，动作技能是操作技能的一个分支，而运动技能则为动作技能的一个分支。因此，技能包含了动作技能，动作技能又包括了运动技能。动作技能比运动技能的范围更大、更广，可包括运动中的技能，还可包括劳动技能、生活技能、舞蹈技能等操作性技能。因小学低段学生的身体素质、运动能力所限，还不具备学习一些较为复杂的运动技术的条件。因此，小学阶段的学习目标应定位于"动作技能"为妥。小学阶段由于学生身体的局限性，不宜学习一些较为复杂的运动技术，他们的主要目标是发展学生身体基本活动能力。因此，小学生身体基本活动是体育课程内容的核心。二，尽管以上课程内容的要求与运动技能的目标强调了游戏的价值与作用，但其内容组成并不突出，只是在水平一中有所体现，在水平二中部分体现，在水平三中没有出现。这对于小学生而言，体育游戏的主题与力度还很缺乏。过早学习过多的运动技术容易导致教学枯燥乏味现象。

（二）初中体育课程内容与问题

2011年版义务阶段体育与健康课标对初中体育课程进行了修订，并提出了体育课程选择方面的要求，如运动技能目标是"基本掌握并运用运动技术"，内容要求是：（1）基本掌握并运用一些田径类运动项目的技术。（2）基本掌握并运用一些球类运动项目的技术和简单战术。（3）基本掌握并运用一些体操类运动项目的技术。（4）基本掌握并运用一些游泳或冰雪类运动项目的技术。（5）基本掌握并运用一些武术类运动项目的1~2组技术动作组合。（6）基本掌握并运用一些其他较复杂的传统体育活动项目的技术。

本研究认为，以上修订尚存在几个方面的不足：一是，对初中"运动技能目标"表述不够准确。水平4学生的运动技能目标表述为"基本掌握并运用运动技术（运动技能＋运动战术）"，其中"基本掌握"中的"基本"至少有四种解释：①根本。《汉书·谷永传》："王者以民为基，民以财为本。"②引申为基地，凭借的条件。《三国演义》第三四回："玄德乘着酒兴，失口答道：'备若有基本，天下碌碌之辈，诚不足虑也。'"③根本的、主要的。艾青《〈艾青诗选〉自序》："形象思维的方法，是诗，也是一切文学创作的基本的方法。"④大体上、大部分。如：夏征工作"基本"结束。如上所述，"基本"是指"大体上"含义。基于以上分析，此处初中生若为"基本掌握"，那么高中生应为"掌握"，大学生应为"熟练掌握"，这样才能体现"掌握"的层次性与衔接性。但在之后的表述中，高中生却仅仅局限于"提高"，大学生则又表述为"组织和参加课外体育比赛"，进一步说明其衔接性不足。二是，初中体育课程的核心内容不明确。体育课程标准中虽然取消了之前大纲中规定的具体课程内容，但我们依然能够归纳出现行体育课程标准提供选择的基本内容：田径类运动项目、球类运动项目、体操类运动项目、游泳或冰雪类运动项目、武术类运动项目、民族民间传统体育活动项目等，以上这些内容如果没有主次之分，那么，我们依然是穿新鞋、走老路，初中体育课程内容的设置并未跳出原来的藩篱框架。在以上众多的运动技能中只有学生普遍感兴趣的"球类运动项目"，并使之成为初中"选项课程"的重点内容，才能使体育课程内容走出藩篱、脱胎换骨。

（三）高中体育课程内容与问题

2011年仅对义务教育阶段课程标准进行了修订，并未对高中体育课程标准进行修订，因此，高中体育课标仍然以2003年版为执行。

表44 高中学生运动技能目标与体育课程内容一览表

水平	高中运动技能目标	高中体育课程供选择的内容
水平5	（1）提高运动技能的水平；（2）增强运动技能的运用能力	（1）提高田径类项目中某些项目（如长跑、跳高等）的运动技能水平（三年内至少必修1学分）。 （2）较好地掌握球类项目中某一或某些项目（如篮球、足球、乒乓球等）的技术与战术。 （3）较好地掌握成套的体操、健美操或舞蹈动作，或掌握健美运动的练习手段和方法。 （4）提高水上或冰雪类项目中某一或某些项目（如蛙泳、滑冰等）的运动技能水平。 （5）提高民族民间体育类项目中某一或某些项目（如有一定难度的武术套路或对练等）的运动技能水平。 （6）提高新兴运动类项目中某一或某些项目（如攀岩、轮滑等）的运动技能水平。 （7）参加班内体育比赛或组合、选编运动动作。 （8）自觉运用所掌握的运动技能参加课外体育活动。

上表存在的主要问题有：（1）高中阶段的课程可选内容为：①田径类项目中某些项目（如长跑、跳高等）；②球类项目中某一或某些项目（如篮球、足球、乒乓球等）。③成套的体操、健美操或舞蹈动作，或健美运动。④水上或冰雪类项目中某一或某些项目（如蛙泳、滑冰等）。⑤民族民间体育类项目中某一或某些项目（如有一定难度的武术套路或对练等）。⑥新兴运动类项目中某一或某些项目（如攀岩、轮滑等）。以上课程内容并非是"并列关系"，而是"选择关系"，应用"或"字相隔，因为高中体育课程是选项课程，高中生适宜选择其中的几项作为体育学习之用，而不是全选全学，否则又将导致学生学而不精、学而不会的现象。（2）高中体育课程没有主次之分。这很容易舍本求末，放弃球类运动这个重中之重的课程内容。（4）与初中体育课程核心内容差别不大，只是在词语上进行了一些修改，这将容易导致低水平重复现象。

三、2017年修订版高中体育课标中的内容与问题

2017年课标组对高中体育课标进行了修订，义务教育阶段的课标尚在修订之中，本研究仍以"运动技能学习内容与教学提示"为线索，分析2017年高中体育与健康修订版中课程内容与存在的问题。

与2003年版高中体育与健康课程的内容进行比较，2017年版高中体育课程增加了一个学分，即体能学分，且把体能和健康教育2个模块列为"必修必学"；原来的"田径必修"改为"必修选学"。具体的运动技能模块内容（球类运动、田径类运动、体操类运动、水上或冰雪类运动、武术与民族民间传统体育和新兴运动6个系列模块）基本与2003年相类似。所不同的是2003年版体育课标中的内容标准是在五大领域中出现的，而2017年的"内容标准"在课程内容中出现的。其中体能模块和健康教育模块包括内容标准、教学提示；运动技能系列中每个项目的教学由若干模块组成，每个模块包括内容标准、教学提示和学业要求。

以足球项目为例，其高中学生足球教学的具体内容如下。

表45 2017年版高中体育课程标准足球教学内容与教学提示一览表①

高中足球项目具体的学习内容	足球技术教学提示
（1）了解所学足球动作技术、组合动作技术、个人与小组战术的基本原理以及足球运动发展简史和发展特点，了解和运用足球运动的安全知识和防护技能，初步认识足球运动的文化价值。 （2）做出行进间脚背内侧传地面球，接球转身，原地脚背内侧传空中球，脚内侧接空中球和脚内侧接反弹球，侧面头顶球，变向、变速运控球，运球假动作，行进间运控球、传接球射门等动作技术。 （3）做出背后紧逼盯人与捅球破坏、封堵头顶球争顶防守技术，做出防守有球与防守无球队员时身体姿态与移动步伐等动作技术。 （4）做出行进间接球—运球—传球（射门）抢球—运球—传球（射门）抢球—运球—过人—传球、接球—运球—过人—传球（射门）等组合动作技术。 （5）掌握小组进攻时渗透、突破、射门，小组防守时压迫、保护、平衡等基本方法。 （6）积极参与二对一、三对二、二对三、三对三等多种竞争性的练习活动和小场地比赛。 （7）积极参与足球运动的一般体能和专项体能练习。 （8）了解队员人数和装备、比赛时间、比赛开始和重新开始、比赛进行及停止、计胜方法等足球比赛的基本规则。 （9）对欧洲五大联赛赛事或重要事件进行简要评价。	（1）引导学生采用多种熟悉球性的练习方法，如从原地过渡到行进间的双脚踩、拉、推、拨等练习，固定区域随机摆放不同距离的标志桶或标志盘进行绕"8"字练习等，增强学生的球感。 （2）在足球单个技术的教学时，避免让学生采用单个静态的学练手段，注意不要过度强调动作技术的细节，应引导学生在运动中反复学练，提高学生单个技术的熟练程度。 （3）在进行接球与传球、抢球与传球、接球—运球—传球等组合动作技术教学时，要提示学生注意技术之间的衔接和连贯；让学生先自主体验组合动作技术，再分组练习。 （4）每节课不能只教一个单个技术，应该指导学生进行多种技术相结合的学练，侧重提高学生动作技术的熟练程度，在游戏和比赛情境中加强动作技术的运用与提高。 （5）在进行个人、小组足球战术的教学时，要让学生在对抗的情境下进行练习，逐步提高学生在比赛中主动观察、快速决策的能力。 （6）除了让学生学练基本动作技术和基础配合外，每节课都应安排一般体能和专项体能的练习。 （7）指导学生在实践课中，特别是在比赛过程中学习有关规则，这既有助于增强学生对足球规则的理解，又能培养学生遵守规则的意识。

---

① 普通高中体育与健康课程标准（2017年版）[M]．人民教育出版社，2018：19-20.

以上内容体现了高中足球技战术教学内容的全面性，既有足球基本原理、各种足球技战术，又有足球体能练习、足球基本规则、足球赛事评价等；在教学提示方面侧重于足球技战术的组合练习等，这是值得肯定的。但同时也存在一些问题：一，高中足球技战术教学内容体现不出与初中、小学足球技战术教学内容的衔接性。若按高中足球技战术教学内容来看，初中、小学似乎并不需要学习足球，而这个预设基本是不现实的，目前中小学足球学校很多，它们都是提高我国足球水平的基础工程，如果小学与初中均接触过足球，那么，从头开始的高中足球教学不是又重复了吗？二，体现不出高中三个年级足球教学的侧重点，特别是高三年级，面临高考，再进行难度较高的足球技战术教学，很多学校难以做到。三，缺乏足球教学的逻辑起点。若按常规教学形式进行足球技战术教学，那么，可能又重新回归传统的教学方式，因此，应在教学策略上有重大的突破，如课标基本理念中体现了比赛在技战术教学中的价值，那么应以足球比赛（降低难度）为逻辑起点，全面实施领会式教学模式，这样才能打破常规教学模式，并有效避免低水平重复现象，但这方面的特点在2017年版的高中体育课标中体现不够明显。

四、体育课程内容低水平重复之反思

首先需要明确的是，体育课程内容低水平重复并不是第八次体育课改的产物，而是长期以来体育课程早已存在的顽疾，在明确此判断的基础上讨论体育课程内容低水平重复现象才是客观的。所不同的是第八次体育课改并未从根本上解决这个问题，其"目标引领内容"的初衷是正确的，但也导致了体育课程标准缺失课程内容的结局。总之，长期以来的体育课程内容低水平重复现象可能的结果与成因有以下几方面。

（一）体育课程内容低水平重复之结果

1. 运动技能方面学生学无所得

粗略计算各学段体育课时如下：小学水平一按每周四节体育课计算，每学年32周，计256节课；水平二、三按每周三节体育课，小计共384节课；小学阶段共计640节体育课。初中按每周三节体育课计算，初中阶段共计288节体育课。高中按每周二节体育课计算，高中阶段共计192节体育课。大学按每周二节体育课计算，大学阶段共计128节体育课（因大学前二年为必修课，因此只计算前二年的教学时数）。综合起来计算，每个学生从小学开始到大学二年级为止，在14年中共需上1248节体育课。这些课都是必修课，即每一个学生都必学的课程。

不禁要问，学生在 14 年中上了那么多的课，为什么不能较为熟练地掌握 1-2 项运动技能？为什么没有形成运动健身的习惯与养成经常运动的习惯？为什么不能把学校体育所学的技能运用到大众体育健身活动之中？这是一个难题。近年来国家在学生体质健康方面做了大量的工作并取得了一定成绩，中小学生体质下降趋势得到了一定程度遏制，但总体下降趋势并未得到根本性扭转。

按常规推理，学生要上那么多的体育课，掌握一两项运动技能应该水到渠成，但结果却恰恰相反，导致了蜻蜓点水式教学、教材内容低水平重复现象。

就体育中考游泳项目而言，学生从开始时"沉得下浮不起"，经教师手把手教之后，终于在中考游泳中取得了满分。但获得满分的绝大多数学生却"浮得起沉不下"，不能将浅水区底中的物品捞出水面。这是真正学会游泳了吗？游泳满分的学生真正能在水中自我救护吗？

游泳项目如此，篮球项目也是一样，通常的考核内容是"往返运球投篮"，其结果与中考游泳类似，大多数学生在"往返运球投篮"考核中达到了满分，但却不会或基本不会打篮球比赛。

以上类似情况不胜枚举，总之，学生学了 14 年体育，真正能掌握 1-2 项较为熟练的运动技能的学生很少，而那些经常活跃在校园或社区的业余体育爱好者却是凭借自己的兴趣爱好，日积月累自学而成，并不是体育教师教会的。

2. 体育教学资源的极大浪费

体育是培养德才兼备的学生不可或缺的重要组成部分，基于以上特点，国家为体育课程配备了专业体育教师、学校运动场地、运动器材、经费投入、教学课时等，且这些资源都需要满足一定的标准，如体育教师人数应符合学校班级学生人数的要求、运动场馆应满足学校的规模等，配备这些资源的目的就是要满足体育课教学的需要，最终实现体育课教学目标，其中运动技能目标体育教学的最重要目标之一，但是，若以教材内容低水平重复的现状来看，本研究认为，从学生运动技能学而无获的结果倒逼，体育教学各种资源的配置实际上是一种浪费，因为学生最终没有掌握体育教学中最重要的运动技能，而一旦缺失运动技能，学生就无法经常参与运动健身，无法提高体质健康水平，这样的恶性循环是不愿看到的，这样的资源浪费实在是痛心的。

3. 学生学而无趣、学而不乐

"学不乐"是青少年学生体育学习的一种负面效果。对于这个问题，产生的原因可能是：（1）教材本身的枯燥而引发的"不快乐"。有些运动项目本身趣味性较小，导致该运动项目教学乏味现象：如田径项目比较枯燥，球类项目则比较有趣；个人项目比较乏味，集体项目则比较有趣等。（2）体育教师的教学领导方式专制而产生的"不快乐"。可以设想一下，一个专制型的体育教师在传授耐久跑内容时，强制学生在操场上单调地跑 800 米，学生能体验乐趣吗？这个项目本身就枯燥，又会产生生理极点，学生能体验到快乐吗？（3）教学手段单一而产生的"不快乐"。教师教学手段单调，对于学生的问题与困难视而不见，这样的教学一定是乏味无趣的。（4）教学方法重复而产生的"不快乐"。如果教学方法经常机械重复，那么学生就会失去运动的动力，学而不乐。（5）只有批评、缺乏激励而产生的"不快乐"。在学生出现各种问题与困难时，如果教师动不动就批评学生，有的甚至谩骂与讥讽学生、对学生动粗，教师的这些行为能使学生产生快乐的情绪吗？（6）只有表扬、缺乏要求而产生的"不快乐"。如果教师一味地浅层"表扬"学生，不但不会促进学生智力的发展，反而会形成一些负面的作用：学生感受到是不真实的、不恰当的、不客观的、讨好式的反馈与评价。

（二）体育课程内容低水平重复之成因

1. 体育教学内容学时严重不足，编排缺失科学性

形成教学低水平重复现象根本原因在于教材学时严重不足与编排缺失科学性，关于这个问题，很多学者都已观察，也曾经做了很多努力与前期工作，但由于其难度较大，因此，至今尚未得到圆满共识。

在落实到具体教学内容时，我们发现，教学学时的确定缺乏科学性依据，如 1991 年全国体育学院教材委员会编，人民体育出版社《学校体育学》教材中确定初二年级学生跨越式跳高教学为 3 学时，鱼跃前滚翻教学为 2 学时；在 1994 年金钦昌主编，高等教育出版社的《学校体育学》教材中确定初一学生跨越式跳高教学为 6 学时，鱼跃前滚翻教学为 4 学时。以上现象的疑问是：单元教材学时的确定是否随意或主观想象？确定跨越式跳高教学为 3 学时的依据是什么？跨越式跳高与鱼跃前滚翻到底应在初一阶段进行教学还是初二阶段教学？为什么颇具权威性的教材中对于同一教学内容的学时竟然有如此大的差别？

因体育是身体操作性学科，有关身体练习的划分种类存在较大复杂性，各种身体练习前后次序并不像大脑认知学科那样有据可循，如学习跳远与学习篮球是什么关系？哪个先学、哪个后学？要学多少？学了之后还学吗？其中的逻辑关系是什么？难以分辨，这就需要一个切入点，并以此为线索与逻辑起点，把各类运动项目与运动技能都串联起来，形成层次分明、前后关系协调、结构合理的体育教材体系，并根据不同的学段把它们编排起来。但要做到这些，其难度不小。

由于体育教材内容学时严重不足与编排缺失了一定的科学性，加之体育课

标取消了《大纲》，现只有"内容标准"，没有具体的内容，虽然此举为广大体育教师选择教材提供了自主权，但却导致了体育教师选择教材的随意性与盲目性，体育教材的低水平重复自然而然又再次得以回归。

2. 体育教学的"学、考"分离

学生学习是基础，考核则是对体育学习的最终评价，从理论上说，考核内容应与学习内容紧密结合，但体育学科却未做到这一要求。学生学习的是运动技术，考核时可能会出现几种不同的情况：一是以运动技术掌握情况作为评价指标（即所谓的技术评定，简称"技评"）。二是以最好的成绩作为评价指标（即"达标"）。如果按照"考、学"相结合的原则，那么，在测试学生学习结果时，既需要对学生进行技术判定（技评），又要对学生的运动水平进行考察（达标），把两者合为一体是最佳方案。如学习挺身式跳远，单元结束后既要对学生挺身式跳远技术进行考核，也要对学生利用挺身式跳远达成的远度进行测试，且两者各占一定的分值。如果学生没有运用挺身式进行跳远，而是用了蹲踞式或其他方式进行跳远，即是跳了再远也视为不合格，这就是"考学结合"的要求。但是，在体育教学实践过程中，由于体育教师对学生的体育学习没有践行"考学结合"的要求，往往只有达标、缺失技评环节。因此，学生在考核过程中，不一定采用挺身式，有的可能采用蹲踞式，有的可能采用错误动作方式，加上教师只顾学生的跳远成绩，没有对跳远的姿势提出要求（即使提出要求，一般情况下也无济于事，因为学生基本没有学会挺身式跳远技术），这样的结果直接导致了"学考分离"，低水平重复现象在所难免。

3. 运动技术教学缺乏实用价值

影响运动技术教学实用价值主要包含三个方面：

（1）运动技术对学生的有用性。对照当下体育教学，运动技术对于学生的有用性做得很不够，特别是在教学过程中，体育教师往往是先把答案给了学生，即先行动作示范，并不是当学生需要时再给予正确答案。其常规的教学模式为：动作技术示范—动作技术讲解—分解练习—纠正错误—部分动作组合练习—完整动作练习。这种常规教学模式的优势是节省时间，不需要让学生自己探索与理解学习意义，但最大劣势在于学生不明白为什么要学练运动技术，如以"行进间上篮技术"教学为例，教师往往先行示范，后进行讲解要领，再让学生练习，这样的教学程序就是通常所说的"注入式"教学，如果在教学中能改变一下方式，让学生在较低难度条件下进行尝试性比赛，并允许学生"犯错"，如学生出现"走步"现象等，使学生在实践过程中领会到学习正确的"行进间上篮技术"重要性，并产生学习的强烈动机，那么学生在之后的运动技术学习过程中，其学习动力与积极性就会加强，学习的效果也会事半功倍。

（2）运动技术教学手段、身体练习的实用性。教法与手段的选择是为教学目标服务的，不同的教学目标，选择的教法与手段各有不同，但是，有些教师往往不明白这个道理，导致目标与手段的分离：首先，课堂教学运动技能目标设置不明确。很多教师的体育课教案看不出运动技术教学目标想要解决的问题是什么，导致了目标模糊、指向不明；其次，所选择身体练习手段没有针对性。如排球垫球技术教学中，总是一刀切地采用徒手模仿练习；一人持球、一人模仿练习；两人一抛一垫；两人对垫、三人垫球练习等老一套的身体练习程序，且不管是单元第几次课，都安排差别不大的身体练习，这些身体练习固然有作用，但其作用是不同的，需要结合课堂运动技术教学目标进行选择，并不是把它们堆积在一起，如这节课主要解决的运动技术问题是"垫球部位"，那么，可结合这个特点选择一些特殊手段与身体练习，如教师事先给每个学生发一个可对半成圆的红纸，分别张贴在学生两手前臂的正确位置，提示学生把球垫在相应的位置。这种特殊的教学手段预示着这节课的教学重点是解决"垫球位置"问题，体育教师在动作示范时可围绕这个主题、讲解动作时可突出这个主题、学生练习时可强化这个主题，这种把教学手段与运动技术教学目标结合起来的策略是实用的、可取的、有效的。

（3）运动技术教学评价、反馈与指导的及时性与实用性。教师的指导与反馈对于学生学习是极其重要的，因为学生对初学的运动技术是陌生的、不熟悉的，一方面要依赖于教师动作示范与直观手段的演示、简练讲解，但更重要的是进行反复的身体练习，而在学生的身体练习过程中会不断出现各种错误与问题，这时，教师若不给学生及时评价、反馈与指导，那么，学生对自身的练习就无法进行准确的判断，因此，教师评价、反馈与指导必须及时。然而，并不是教师的所有反馈与指导都是有效的、实用的，有的教师由于对运动技术理解不够到位，对学生的身体练习判断不够准确，即使他们经常对学生进行指导，学生进步也是缓慢的，而一些教师对运动技术把握较为准确，对教材理解较为深刻，容易发现学生错误动作的"根源"，因此，反馈与指导效果较好，这样的指导才是实用的。因而，广大的体育教师务必要经常钻研教材教法，学习他人经验，总结自身教学所得，如此才能不断提高体育教学过程中运动技术教学评价、反馈与指导的能力及其实用性。如学生在"跳远腾空步"练习过程时，学生可能出现的问题或错误会很多，其中最主要的问题是"腾空缺乏一定的高度"，而影响学生跳远腾空步高度的因素又很多：蹬地腿的方向与力量、起跳的方式、摆动腿的高度、手臂的姿势、身体的姿势等，这些众多的因素都可能造成学生跳远腾空步高度的不足，但是，同样的问题存在的根源可能是千差万别、各有不同，如有的学生是"蹬地腿的力量不足或方向有偏差"、有的学生可能没有"顶头、紧肩、立腰"、有的学生可能过于注重"往前跳"等，因此，体育教师若能观察同一个现象中的不同根源，并施以一些特殊的教学手段，如用踏跳板辅助教学、腾空之后有意识地头顶标志物等，那么，本研究认为，这样的指导是有效的、实用的。

4. 体育教师缺失教学质量的监控

学校主干课程总是被学科教师极为关注，因为它们直接影响中考高考的分值，这些学科教师之间的竞争也很激励，往往通过频繁的考试相互较量，这就导致了这些学科提前关注教师教学质量的问题，当然其负面影响也是显然的：学生做不完的作业、考不完的试卷。而体育学科的情况有所不同，小学没有这种竞争机制，体育中考存在这种机制，体育高考也将紧随其后，但与其他学科相比较，差距还是很大的（体育中考分数不到 100 分，体育高考分值尚未明确）。因此，在小学阶段，体育教师之间的教学质量竞争基本不存在，在这种相对"宽松"的环境下，体育教学质量无人倡导、无人实施、无人监管，其结果可想而知：体育教师只管教学，只要完成教学任务即可，至于学生是否掌握所学，只凭良心了。因此，低水平重复现象便不可避免。

综上，体育教学低水平重复是体育学科存在的较为普遍现象，其成因也是多方面的。近年来，体育教材编排的科学性已受到了学界极大的关注，浏览第八次体育课改以来的论文，不难发现，无论是基层教师，还是专家学者都在一定的程度上关注体育教学的低水平重复现象，有的学者还进行了专门探讨与研究，如毛振明教授提出要根据四类性质不同的教材（教学意义强、教学意义不强、趣味性强、趣味性不强）编排教材体系；耿培新教授认为：从内容的顺序来说，小学高年级学的和初中学的有衔接，高中与初中的衔接是体现在少而精上；从各学段教学重点来看，不同学段应该精选内容，突出重点。基层一线的樊江波教师等人进行了学生动作学习发展研究，并发表了系列论文。

由于当下只有体育课程内容标准，没有类似于体育教学大纲的指导纲要或实施方案，虽然体育教师选择教材的权力增加了，但也形成了体育教师选择教材的盲目性。基于以上现象，一些省市为了方便基层一线的教师，相应编制了一些体育教材，如浙江省编制了义务教育阶段的体育教材，重庆市也编制了相关的体育教材，以上这些教材中必然涉及了体育教材编排的问题，尽管在这些教材中，还存在一些问题，但其做法值得称赞，进一步说明基层体育教师已十分关注与重视中小学体育教材的编排问题。

要真正解决体育教学低水平重复现象,并体现中小学体育教材编排的衔接性与科学性的确是一个难度很大且异常复杂的问题,它涉及了体育学科性质、运动项目技能特点、运动技能之间的关系、中小学生体育学习特点等众多因素,虽然可借鉴其他学科的教材体系及其科学性,前期也有不少有关这些方面的研究成果,但总体而言,这个问题并未得到根本解决,需要我们另辟蹊径,寻找创新性的思路进行突破。

第七章

第八次体育课改以来体育有效教学与问题

一、体育有效教学内涵

何为"有效教学"？有效教学的理念源于20世纪上半叶西方的教学科学化，它强调教学效能的核定。西方学者对有效教学的解释可归结为：目标取向、技能取向和成就取向三种取向，而国内有着各种不同的解释：1. 沿用经济学上效果、效益、效率的概念来解释有效教学。这种观点认为，教学有效性是指教师遵循教学活动的客观规律，以尽可能少的时间、精力和物力投入，取得尽可能好的教学效果，从而实现特定的教学目标，满足社会和个人的教育价值需求而组织实施的活动[①]。2. 从"有效"和"教学"两个概念出发来界定有效教学。这种观点认为，有效教学是为了提高教师的工作效益、强化过程评价和目标管理的一种现代教学理念。3. 以学生发展为取向来界定有效教学。这种观点认为，凡是能够有效地促进学生的发展，有效地实现预期的教学结果的教学活动都可以称之为"有效教学"[②]。4. 从表层、中层、深层三个层面对有效教学进行结构化分析。这种观点认为，从表层分析，有效教学是一种教学形态，从中层分析，有效教学是一种教学思维，从深层分析，有效教学是一种教学理想。实践有效教学，就是要把有效的"理想"转化成有效的"思维"，再转化为一种有效的"状态"。由此，有效教学界定为："为达成'好教学'的目标而自觉树立先进的教学思想，并通过综合利用一切教学策略和教学艺术，使这种教学理想转化为能使师生协调发展、不断超越的教学形态的过程"[③]。

各不同概念与内涵争议的焦点在于教学是"以教师为中心"还是"以学生为中心"。"以教师为中心"的论者主要从教师教学行为来刻画有效教学，评价者也往往较多关注教师对教学目标的把握、教材处理、教学程序安排、对教学

---

① 周兴国. 论有效教学的正当性 [J] 教育研究. 2008.11.   .
② 况晨光. 注重有效教学 [J] 教书育人 2005. 21：55-56.
③ 龙宝新，陈晓端. 有效教学的概念重构和理论思考 [J] 湖南师范大学教育科学学报 2005. 4：39-43.

方法手段的应用及教师教学功底、教学效果等；而"以学生为中心"的论者呼吁"以学论教"，从学生的角度来考察课堂教学，如学生是否积极参与学习，是否与其他同学进行有效的交流与互动，是否对知识有理解，是否积极思维，是否得到合适的学习资源，是否形成好习惯，是否有学习反思，是否有积极的情感体验等。

综上，本研究认为，体育课堂教学中的有效教学应体现"教与学"的统一，把教与学割裂开来谈论"有效教学"是不够准确的，因此应从教师教学行为实施与学生的运动行为改变两个方面来认识"有效教学"——教师实施教学手段、教学方法、教学策略、教学组织与管理的有效性；学生在运动技术学习过程中"学会、学乐"。

二、关注体育有效教学意义

教学应是"有痕"教学，即教学应对学生产生效果，那些"无痕"教学都是无效的，这些问题在体育课程教学中表现得特别明显，业内人士常说的"学了十四年体育，却学不会一项运动技能"是对无痕体育教学的真实写照。这个问题在第八次体育课改之前已然存在，体育课改尽管倡导了先进的理念、落实了新型的学习方式、实施了多元评价体系等系列重大举措，但其现象并未得到实质性的改变。因此，重点关注体育有效教学具有如下几个方面的意义。

1. 加强体育教学预设的重要性

体育教学设计是每一个体育教师课前均需完成的基本任务，但这项工作并未得到每一位体育教师的高度重视，很多教师由于长期从事体育教学工作，难免产生不同程度的职业倦怠，导致他们在课前教学设计中经常得过且过、马马虎虎，认为这项工作是重复性的劳动，不必花很多时间对待，在具体实践过程中也经常表现出网上抄抄教案或者是数年甚至十几年的教案不变的现象。这种现象对于提高体育教学有效性是极为不利的，因为教师在每一学年、每个班级都选择了较为轻松的态度应付了事。体育课堂教学关注有效教学这个问题，有助于引起体育教师对教学预设的重要性，使更多的体育教师深入学生之中，了解与掌握学情，提高教学有效教学目标是教学行为的指南，了解学情是研制教学目标的基础，但教学并不是预设的，而是教学目标研制与教学效果监测并没有很好对接。由于教学评价是课后的事，人们关注较多的是课堂教学，因此，教学评价经常被遗忘，对于个人而言，这是常有的事。尽管教案中也有提示，要做好课后反思工作，但由于其缺失一定的约束力，因此，有责任的体育教师可能会做一做这项工作，但大部分体育教师经常忽略这项任务或草草写上几句不痛不痒的话应付一下。二是，对于他人而言，缺乏教学评价的科学指标。尽管学者们对体育教学评价指标有各类研究，也提出了各种方案，但人们对体育教学评价指标的科学性并无共识，可以说各自为政、五花八门。全国每一个省市、地区均有自己的评价指标，从理论上说这是百花齐放、因地制宜，但从实践效果上分析，这种现象不利于统一体育教学评价的依据。体育教学评价有效性这个问题的提出，有助于体育教师更加重视体育教学目标研制的针对性与科学性，同时也为有效研制体育教学评价指标、对接教学目标，提高与检测教学目标的达成度提供帮助。

3. 强化体育教学模式、方法、手段与策略的实效性

提高教学目标实现度需要体育教师实施有效的教学模式、教学方法、教学手段与教学策略，根据教学目标的导向，可逐级安排合理的教学活动。教学模式众多，每一种教学模式均有适合的教学对象与教学目标，方法与手段也是如此，其效果优劣在于体育教师的不同选择，这就体现了体育教师的水平与能力。有了明确、相对科学、具有操作性的教学目标，并在教学有效性理念的引领下，体育教师更有可能认真对待教学模式、方法与手段的选择，而不是千篇一律、强行灌输、应付了事。

4. 有利于实施差异性教学

班级教学依然是我国长期以来存在的教学形式，班级中的每一个学生皆是独立特殊的个体，这个特性需要体育教学实施差异性教学，但班级教学始终与差异教学存在矛盾，最为省理的教学自然是一刀切的教学，而不是分层教学、个性化教学，因为分层教学、差异教学需要体育教师更多的付出与崇高的职业精神。一般情况下，体育教师具有满负荷的工作量，要让体育教师认真研判学情，并全面进行差异性教学、因材施教，恐怕很难做到。但只有实施差异性教学，才能提高每一位学生的学习效果，进而提高班级教学的有效性。对于这个两难问题，解决的方案可能是在提高体育教师的职业道德水平的基础上，大量倡导体育有效教学，增强有效教学意识，并对教学质量进行反馈与监督。

三、体育有效教学影响因素

影响体育有效教学的因素主要包含教师因素、学生因素、教学内容、运动场地器材。而教师与学生的因素又包含了各个子因素，具体内容见下图。

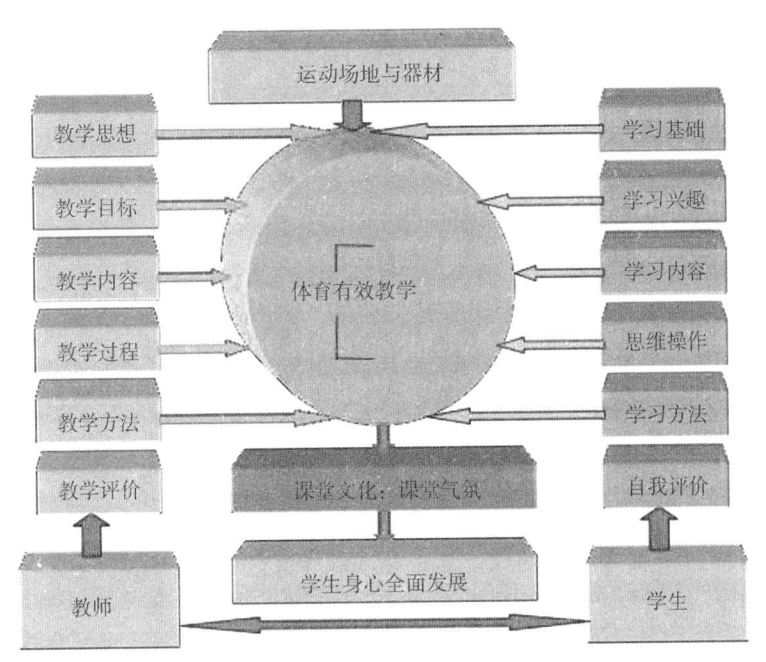

图 24 体育教学有效性影响因素一览表①

既要详细了解他们的学业情况、班级学习氛围等，更要了解学生的身体素质状况、运动能力每个学生都是新的生命个体，绝没有重复性，学情的分析是研制体育教学方案的基础，缺乏这个基础，体育教学设计将成为空中楼阁。要真正了解学情，就需要体育教师深入班级之中，水平、前期学习基础、有无身体重大疾病隐患等，但这些工作属于课堂教学之外的，体现了体育教师良好的职业道德与责任。

体育有效教学的影响因素、具体含义与解析具体表述如下。

---

① 李启迪，邵伟德. 论体育教学的有效性与正当性［J］. 北京体育大学学报，2011，34(03)：90-93.

表46 体育有效教学的影响因素及其具体含义

影响因素	影响因素具体含义与解析
教学目标设置的有效性	认知目标——有关教学内容的知识、原理、技术环节与要领；技能目标——特指运动技能目标，包括该课、该单元具体的运动技术；情感目标——包含心理学、社会学两个方面的指标，即个体的兴趣、积极性、情绪状态与集体的合作、交流；体能目标——这个体育学科特有的目标，运动直指身体方面的效应，主要包含身体素质的发展与身体基本活动能力的提高。
教学方法配备的有效性	师生为完成一定教学任务在共同活动中所采用的教学方式、途径和手段。常用的体育教学方法有：语言法、直观法、示范法、分解完整法、游戏竞赛法、纠错法、合作学习法、启发法等。
教学手段使用的有效性	狭义的是指为了达到体育教学目标所运用的物质方面的场地、器材、仪器、设备等①。常用的体育教学手段有挂图、模型、多媒体、哨、录音机、各种器材等。
场地器材布置的有效性	场地器材布置是体育课堂教学所特有的，学校的场地具有一定的局限性，它的大小与学校的规模有关；器材则与具体的教学内容相关，不同的教学内容对器材的要求不一，有的教学内容本身需要一定的器材，如单杠双杠、球类活动、跳箱等，但是在一些不需要器材的项目，同样需要一些辅助器材，如跳远教学，可以设置低箱或橡皮筋帮助学生提高腾空高度，可以在空中设置橡皮筋或气球帮助学生顶头立腰等；在快速跑中可以运用标枪、线条、橡皮筋作为标志物等等。
练习形式、组织措施的有效性	教学组织形式简称教学形式，教学活动的一定结构方式。按组织结构分，有全班的、小组的和个别的三种形式，按师生交往分，有师生直接交往和间接交往两种形式。②

---

① 周登嵩. 学校体育学 [M]. 北京：人民体育出版社 2004：230.
② 顾明远. 教育大辞典 [M]. 上海：上海教育出版社，增订合订本 2002：904.

续表

影响因素	影响因素具体含义与解析
运动负荷预计的有效性	体育课运动负荷是指学生在课中从事身体练习时所做承受的运动的量与强度的总称，是身体练习对机体刺激程度的反应。运动负荷包括运动量和运动强度两个方面，影响负荷量的主要因素是练习的次数、总时间、总重量等。不同的教学情景，其运动负荷要求也各有所不同：（1）不同的教学目标有不同的要求：运动技术为主——运动负荷较小；发展体能为主——运动负荷较大。（2）不同的教学内容有不同的要求：速度类——负荷较大；力量类——负荷较大；耐力类——负荷较大；灵敏类——负荷较小；柔韧类——负荷较小。（3）不同的课型有不同的要求：新授课——中等负荷；复习课——中等以上负荷；考核课——负荷变数较大。（4）不同的性别有不同的要求：男生——负荷较大；女生——相对较小。（5）不同的年龄有不同的要求：水平1、2——较小负荷；水平3——加大负荷；水平4、5——中等以上负荷；体质较好——负荷较大；体质较差——负荷较小。（6）不同的季节有不同的要求：冬天——负荷较大；夏天——负荷较小。
课堂教学气氛调节的有效性	（1）师生在课堂上共同创造的心理、情感和社会氛围，班级气氛的组成部分，课堂教学中师生所呈现的一种心理状态。（2）其基本特征为：多边合作性、整体弥散性、民主公平性、无形感染性、迭代控制性（重复好的因素，事物的整体就变好）①

四、体育有效教学问题分析

1. 体育教学目标设置有效性问题

从教学目标体系上分析，体育教学目标具有复杂性，既要考虑到各个层面的目标，如学校体育目标、体育课程目标、领域目标、水平目标、单元目标、课堂教学目标，而课堂教学目标是各个层次目标中的最小单位。本研究以体育课堂教学目标为例，展示体育教学目标设置的有效性问题。

---

① 王成义. 论和谐课堂教学气氛的营造［J］. 现代中小学教育，2008（10）：21－24.

(1) 体育课堂教学目标的表述方式各自为政

目前在体育教学设计过程中，基层体育教师在教案中的表述方式主要由三类：一是根据教育学布鲁姆目标分类法中的"认知目标、情感目标与技能目标"方式进行陈述；二是根据体育课程四大目标中的"运动参与、运动技能、身体健康、心理健康与社会适应"方式进行陈述；三是按教育学原理"知识与技能、过程与方法、情感与价值观"方式进行陈述。体育课堂教学目标表述方式与内容的不一致性直接导致教学质量评价的模糊性。这需要在学理上进一步深化研究，并达成共识，才能有效指导基层体育教师的教学设计。

(2) 体育课堂教学目标研制未体现教材的性质

从教材的性质来看，主要按运动技术含量和教学深度两个重要因素来考虑，因为运动技术教学本是体育教学最为本质的特征。教材中有着各种各类运动项目，运动项目中有的技术含量较高，如网球、足球等，也有的技术含量较低，如跑步、基本体操等。运动技术含量较高教材的教学目标主要指向运动技能目标，而运动技术含量较低教材的主要目标可以是其他，如体验运动的快乐、锻炼学生的身体等等；但运动技术含量仅仅是制定课堂教学目标考虑的一个层面，还要兼顾教学的深度，如有的教材需要深化教学、有的教材则需要介绍就可以了，按毛振明教授的说法就是教学内容可分为精学类教学内容；简学类、体验类教学内容；锻炼类教学内容。因此本研究认为，精细类教学内容必定是难度较大的、运动技术含量较高的、需要学生掌握的运动项目，由于精学类运动技术项目学时充足，则应教深、教透、教细；简学类、体验类运动项目，由于安排的学时较少，则粗略地学、简单地教就可以了；锻炼类则基本无技术含量，则边教边学、甚至不教就练也可以。

(3) 体育课堂教学目标缺乏教学方法与手段的支撑

根据学校的场地器材条件来设计具体的教学方法与教学手段，目的是为了解决教学的重点与难点问题，同样也是为实现课堂教学目标服务。有许多新老师由于对课堂教学理解不到位，教法的认识也仅仅停留在教科书上，在实际教学中，不会因材施教、灵活变通，经常导致只管实施教法与手段、不顾教学效果与目标。体育教师只有吃透教材、钻研教法、相互学习、总结经验，才能不断提高运动技术问题的诊断能力、分析能力、解决能力等，才能提高教学目标实现途径的有效性。

(4) 体育课堂教学目标的可评价性较差

课堂教学目标的可操作性与评价性是目前基层体育教师在制定教学目标所遇到的最大问题和困难，本研究认为，解决这个问题的根本出路在于制定教学目标千万不要太笼统，而应具体、明确、细化，要做到这一点，更需要体育教师正确理解与分析教材，把握教材中运动技术要领、技术重点与难点及关键技术，明确说明体育教学目标评价的主体、达成的质量、评价的方式等问题。

(5) 体育课堂教学目标体现不出特色与亮点

每节课教学内容、教学组织与管理、教学手段与方法都是各不相同的，很多基层体育教师所研制的课堂教学目标，都会出现面面俱到、形式主义倾向，各种课型、各类教材的教学目标大同小异，体现不出每份教案的特殊性、独特性。因此体育教师应根据该课次教学内容的性质、课的类型、学生学习情况等，对各个教学目标有所侧重、不要像列表式地牵强撰写目标，否则也会因为找不到相应的合适的词语而犯愁，就会出现如上所述的相互雷同、大同小异、可有可无的现象，体现不出每节课教学目标的亮点。

2. 体育教学方法配备有效性问题

首先，体育教学设计过程中教学方法被混淆现象较为严重，即容易把教学方法、教法、学法、练法、教学手段等混为一谈。学理而言，教学方法应包含教法与学法，但把教学方法一分为二也是不正确的，因为教学活动绝大部分包含了教师教的活动与学生学的活动。容易与教学方法相混淆的是练习方法，由于体育教学中穿插了多种练习方法，而其中各练习的安排需要具有一定顺序，这个次序就构成了"练习步骤"，也就是通常在教案中设计的学生练习次序。由于练习步骤中又包含了数个练习，每个练习可以采用不同的练习方法或同一个练习可以采用不同的方法，为了更好地理解这个问题，举例予以说明：在"跳大绳的教学方法"一文[①]中就存在着教学方法与练习方法之间混淆的现象，该文提出了"创新跳绳方法"——在单大绳内跳小绳；在双大绳中跳小绳；双绳十字交叉；单绳正进反出；双向跳绳；跳绳游戏。本研究认为，这些都是学生跳绳的练习方法，教师在具体的课堂教学过程可选择几个或全部并组成一定顺序，构成了学生的"练习步骤"，而"练习步骤"中的各练习方法是不同的，有单绳与双绳的区别、大绳与小绳的区别、正进反出与双向的区别、交叉与不交叉的区别等等，但绝不能简单地把这些练习方法说成是教学方法。

其次，在体育教学设计中，基层体育教师罗列体育教学方法的现象较为严重，即任何课堂教学均罗列一堆教学方法，而不顾这些方法是否适用。只有根据教学内容的特点、教师特长、学生情况、教师用具等来选择相应的教学方法，才能体现体育教学方法设置的有效性。

---

① 王峰. 跳大绳的教学方法 [J]. 中国学校体育，2010.2：45.

3. 体育教学手段使用有效性问题

首先，基层体育教师容易混淆的是体育教学方法与体育教学手段，在具体的教学设计中，经常把教学手段写成是教学方法，实际上，体育教学手段是达成体育课堂教学目标在物质方面的要求，常用的体育教学手段有挂图、模型、多媒体、哨、录音机、各种器材等。

其次，基层体育教师运用的教学手段实效性不足。要完成难度较大的教学目标，就需要体育教师去挖掘教材内容的细节，充分了解教学重难点，构思与设计一些特殊的教学手段，但大多体育教师缺乏教学手段设计的经验，因而在教学实施过程中表现出教学手段匮乏与短缺。而一些有经验的体育教师会根据现有的场地器材、自制的简单器械来设计出独特的教学手段，使人感到耳目一新，起到很好的教学效果，如：

（1）练习跳远时，在踏跳处加一个支撑跳跃用的踏跳板，这样，练习时腾空有了一定的高度，动作能做出来了，跳得也远一些，信心就有了，当然就有兴趣了；低单杠翻上时，杠前放只山羊，让学生支撑腿踏在山羊上，使身体重心更靠近了单杠，动作难度减小而容易完成动作；投掷实心球时，投掷方向前加一个适宜高的横竿，对掌握正确动作和改善出手角度都是行之有效的方法，而且能吸引学生练习的兴趣。[1]

（2）巧制纸球，提高学生成绩。在日常的投掷教学时，学生往往会出现出手速度不够、球出手角度偏低等错误动作，对此，制作了一种"纸球"作为投掷教学的辅助手段，对纠正错误动作、提高成绩起到了积极的作用，实践证明的确如此。[2]

（3）跳远沙池用白色条带设置各种远度标志，当学生每跳出一次新远度，得到教师表扬，练习积极性会更高；在教"高抬腿跑"时，在跑道上按一定距离设置小体操垫，让学生做高抬腿跑过小体操垫，这样既可以激发学生的练习兴趣，又可以使学生动作幅度更大，动作更"标准"，效果更佳，又能培养学生勇敢顽强、勇于超越自己的精神。[3]

（4）利用小沙包进行站立式起跑。站立式起跑的易犯错误包括：预备时同手同脚；预备时两脚间隔太大，重心靠后；听到发令时，后蹬不充分、起跑慢，甚至会出现垫步现象等。教师可用小沙包解决同手同脚问题；用小沙包当"起跑器"解决后蹬问题；用小沙包帮助学生的重心前移，有效地完成了技能教学

---

[1] 张小妮. 对体育教学手段趣味性的研究 [J]. 成功（教育）2008.12：87
[2] 徐大勇. 巧制纸球提高铅球成绩 [J]. 中国学校体育，2010（06）：68.
[3] 植智勇. 体育教学要巧设置场地器材 [J]. 中国学校体育 2009.8：53

目标。①

（5）橡皮筋功能开发与利用。用约1.5米长的橡皮筋首尾打结，形成环状橡皮筋，通过同伴之间的牵拉自然形成几何图形，从而形成安全、轻便的障碍物，通过变化高度、形状组合等练习障碍跑。②

4. 身体练习组织形式有效性问题

常规的体育教学组织形式包括全班教学、班内分组教学，而班内分组教学又有分组不轮换与分组轮换两种，分组轮换还包括两组一次等时轮换、两组一次不等时轮换、三组两次轮换、先合（分）组，后分（合）组等。还有一些其他分组教学形式：同质分组、异质分组、友情分组、帮教型分组等。体育教学组织形式应根据不同的教学内容、班级人数、练习要求、场地器材特点、学生掌握运动技术情况而定，不能千篇一律。教学组织的主要目的是合理组织学生进行练习，减少不必要的队伍调动时间，严密组织与管理，争取更多的时间让学生参与运动技术的学练之中，从而达到掌握运动技能的目的。

在体育教学实践中，往往有很多新教师在这方面做得不好，主要表现为不会根据学校场地器材特点组织学生身体练习，如有的学校篮球场地充足，但教师只安排半个篮球场地进行教学，看似学生身体练习"井井有条"，但多数学生却处于等待状态，这样既影响了学生身体练习的效果，也影响了身体练习的负荷。因此，学校场地器材是决定了分组形式，如果学校的场地器材充足，那么可采用多个小组的形式进行练习；如果学校的场地器材匮乏，那么可采用多人小组的形式，弥补场地器材的不足，以提高练习的次数与效果。

5. 场地器材布置有效性问题

（1）场地器材布局空间的美学效果较差

空间知觉（space perception）是反映物体空间特性的知觉，包括形状知觉、大小知觉、距离知觉、立体知觉、方位知觉等。形状知觉：依靠视、触摸和动觉判断形状；大小知觉：依靠视、触摸和动觉判断大小；深度知觉：依靠视、触摸和动觉判断相对距离；方位知觉：判别物体处的上下、左右、前后、东南、西北之位。运动技术也具有方向性，构成了运动的前后、上下、左右之间的关系，在教学过程中应学会合理布局与设计各种器材与场地，使其符合美学效果，使学生在视觉上产生一个很好的直观的印象，从而起到无意识地激发学生学习兴趣的效果。

---

① 钱允. 器材资源是纠正错误的有效途径［J］. 中国学校体育 2010.4：70
② 钱允. 利用皮筋巧练障碍跑的教学设计［J］. 体育教学 2009.9：30

在教学设计过程中，较少的体育教师考虑到场地器材布局空间的美学效果，缺乏场地布置的深度与层次、颜色搭配、音乐选配等，造成现有教学资源的流失。

(2) 场地器材安排不符合课堂教学内容特点

场地器材的布置的最终目的是为有效实施教学，完成教学目标，但不同的教学内容对场地器材的要求也各有所异，体育教师应结合教材特点设置场地器材，如篮球教学内容需要有篮球场地（篮球架、尽量标准的篮球场等）、若干篮球等，足球教学需要类似足球场（球门、球场等）、若干足球等，双杠教学需要若干副木制或铁制的双杠等。但在安排一些辅助场地与器材方面，体育教师做得较差，如在跳远教学中，满足基本场地器材之后，教师不会合理利用跳箱、标枪、橡皮筋、气球、各颜色线条等这些辅助器材，这些辅助器材既可以有效帮助学生学习运动技术细节，还可以提高学生身体练习的兴趣与乐趣。

6. 运动负荷预计有效性问题

影响运动负荷大小的因素众多，不同的教学目标、教学内容、课型、年龄性别、体质状况、气候等具有不同的运动负荷，但为了达成学生身体的持续性发展与掌握必要运动技能的双重功效，有必要在教学设计过程中对原有的运动负荷进行相应的调节。针对一些体质较弱的学生，体育教师一定要在接班前详细了解全班学生的情况，对于那些有疾病隐患的学生，特别是心脏异常者、血压增高者、肺结核者等学生，更要详细调查，做到心中有数，并在体育教学过程中，对于这类学生一定要适当降低运动负荷，以免由于过大的运动负荷而使他们的身体产生危险，从而避免不必要的伤害事故。

第八次体育课改以来的较长一段时间内，人们对运动负荷这个问题似乎淡忘了，之后因青少年学生体质问题一直以来未得到很好解决，而运动负荷则是测量学生身体活动量的主要因素，因而，学界重提运动负荷则是迟早的事，但目前争议较大的是课堂教学运动负荷大小的问题，这个问题近年来也是学界讨论的热点。

7. 课堂教学气氛调节有效性问题

体育教学是教师与学生的双边活动，其中教师与学生皆是教学的主体，失去任何一方都不能构成课堂教学行为。加强师生、生生间的情感交流，建立融洽的师生关系，愉悦的教学气氛，形成和谐课堂教学氛围对于提高教学效果具有良好的促进作用。另一方面，学生是否喜爱体育课，在很大程度上取决于学生对教师的喜欢程度，一个事业心强、自信乐观、幽默风趣、富有激情、关爱学生的教师必定善于调节课堂气氛，而形成和谐、融洽、愉悦的课堂氛围，又是实施"有效教学"的重要保证。

　　课堂教学气氛与教师个性与教学风格有较大的关联，外向型、幽默型的体育教师善于调动课堂气氛，而内向型、严肃型的体育教师难以调节教学氛围，这是由体育教师的先天因素决定的。但这并不是固化的，体育教师在教学过程中也在不断地学习，他们可以学习老教师的经验与方法、学习同辈教师的技巧、学习学生的热情，但在这些方面，体育教师并不擅长，由很多体育教师固执己见，风格一成不变，教学严格过分，这样就极大影响了体育教学的有效性，因为学生喜欢体育课在很大程度上是喜欢体育教师的缘故。

第八章

第八次体育课改以来体育教学质量与问题

一、体育教学质量内涵

(一) 体育教学质量概念

对于"教学质量"概念的研究,不同学者提出了不同看法,有学者认为:"质量界定为'事物的特性满足其价值主体需要的程度'。鉴于教学质量是其下位概念,教学质量是指'教学的特性满足教学价值主体需要的程度'"。①

也有学者认为:"教学质量的三个较有代表性的定义:其一,教学质量是指教育所提供的成果或结果(即学生所获取的知识、技能和价值观)满足教育目标系统所规定标准的程度;其二,教学质量是指学生获取的知识、技能及价值观与人类和环境的条件及需要相关的程度;其三,教学质量是指教学过程中,在一定的时间和条件下,学生的发展变化达到某一标准的程度以及不同的公众对这种发展变化的满意度。"②

还有的学者认为:"教学质量是指教学所达到的水平,它一般体现在培养出来的人才在满足社会需要方面所具备的能力和特性上,包括德、智、体、美诸方面的综合素质与水平,是教学过程各个环节工作质量的结果和反映。"③

学者们归纳了教学质量的概念,主要有三种不同观点:(1)教学质量就是教学结果质量,即学生质量;(2)教学质量包括教学工作质量和学生质量;(3)教学质量包括为教学所提供的人与物的资源质量(投入),教学实践的质量(过程),成果的质量(产出或结果)。④

本研究认为,要准确理解什么是"教学质量",就必须明确什么是"质量"。"质量"应该是一个复合词:"质"有几种不同的含义,如指(1)本体、

---

① 朱莉琴. 对教学质量内涵的新认识 [J]. 江苏教育研究,2007.3:35.
② 曹大文. 教学质量保障体系及其建设 [J]. 中国高教研究,2002.9:49.
③ 黎琳. 高等学校教学全面质量管理体系的构建与运行——应用 TQC 理论构建广西大学教学质量管理体系的实践 [J]. 机械工业高教研究,2001(02):36-39.
④ 刘志军. 论教学质量的内涵与构成 [J]. 教育评论,1999.10:29.

本性；（2）朴素，单纯；（3）辨别，责问；（4）抵押等。结合本选题，"质"主要是指"性质、品质、资质"。"量"是指确定多少、长短、高低、深浅、远近等的器具。合而言之，"质量"即对物体的品质进行衡量、判定。

国际标准化组织（ISO）2005年颁布的ISO9000：2005《质量管理体系基础和术语》中对质量的定义是："一组固有特性满足要求的程度"。尽管影响"产品"质量因素很多，如资金投入、个人技术、生产过程、管理力度等都会对产品的质量产生较大的影响，同时我们还可以对其中的投入、管理、水平等各个方面进行评价，但这些评价都是围绕最终的"产品"质量而进行的，因此，企业对"产品"质量的评价是最重要的评价，也是最终的评价。

基于以上认识，本研究认为，首先，"教学质量"不是物质产品的质量，而是一种直接指向学生这个活"产品"的培养结果，因此，不能把学生培养的结果完全数量化，同时也不能按照物质产品"投入、过程与产出"这个路径进行思考，因为面对的不是冷冰冰的物质，而是活生生的富有情感的学生，对学生的培养不存在"有多少投入就有等量的产出"。其次，结合体育教学领域，尽管教学的前期投入、体育教师的教学水平、场地设施条件等对体育教学都会产生一定的影响，但所做的任何努力都是围绕学生变化与发展而进行的；另一方面，从"教学质量"词意角度分析，教学质量应包括教师"教"的质量与学生"学"的质量，但体育课程应贯彻"以学生发展为中心"的理念，教师的"教"最终还是为学生的"学"服务的。因此，体育教学质量应直接指向体育教学之后的学生身心方面变化与发展。

综上，体育教学质量的概念可定义为："与体育教学目标相对应的，最终体现了学生在运动知识、运动技能、体能和情感等方面所获得的达标等级。"

（二）体育教学质量外延与特点

1. 体育教学质量的外延

体育课堂教学表现在我们平时所接触的具体的每一节课，但一节课并不等于"体育教学"，一节课是体育教学的最小单位，从各课的衔接性角度看，有关联的数节课组成了单元体育教学，数个单元教学有组成了学期体育教学，以此类推，构成了学年体育教学、水平体育教学、学段体育教学等，因此，体育课堂教学质量是体育教学质量的最小单位，超学段体育教学质量是体育教学质量的最大单位。但在一般情况下，评价学生体育学习成绩通常是以学期为计算单位的，而学期与学期之间又有"假期"间隔（"假期"通常情况下是体育教学的间断期），特别是学年之间"暑假"时间很长，学生若在假期很少参加体育活动，那么，经过一个暑假之后，前期的体育教学效果已基本回归为原始状态

（学生本有的生长发育除外），因此，探讨学年体育教学质量意义不大，以此类推，水平之间、学段之间也为同理。

如上所述，体育教学质量的外延有："体育课堂教学质量""单元体育教学质量""学期体育教学质量""学年体育教学质量""水平教学体育教学质量""学段教学体育教学质量"等组成，但本研究认为，由于学期之间、学年之间、学段之间存在着一定的体育教学盲区，而学期内的体育教学、单元内体育教学的衔接较为完整，因此，探讨"体育课教学质量""单元体育教学质量"与"学期体育教学质量"比探讨"学年体育教学质量""水平体育教学质量""学段体育教学质量"等更有理论意义与实践价值。根据以上分析与实践所需，本研究认为，体育教学质量的主要外延包括："体育课教学质量""单元体育教学质量"与"学期体育教学质量"。

2. 体育教学质量的特征

要明确体育教学质量的特征，需要了解国际标准化组织（ISO）定义下的"产品质量"所具有的特征，其特征表现为以下几个方面：（1）"质量"可以存在于不同领域或任何事物中。既可以表现为零部件、计算机软件或服务等产品的质量，也可以是某项活动的工作质量或某个过程的工作质量，还可以是指企业的信誉、体系的有效性。（2）定义中特性是指事物所特有的性质，这些固有特性的要求大多是可测量的。（3）满足要求就是应满足明示的（如明确规定的）、通常隐含的（如组织的惯例、一般习惯）或必须履行的（如行业规则）的需要和期望。（4）顾客对质量要求是动态的、发展的和相对的。（5）"质量"一词可用形容词如差、好或优秀等来修饰。

根据上述要求，结合体育教学领域，本研究提出了体育教学质量以下几个方面的特征：（1）体育教学质量应具有可测量性与操作性，即便于实践过程中的测量与操作；（2）体育教学质量评价应与教学目标结合起来，即体育教学目标是体育教学质量的依据与最终结果；（3）体育教学质量需要构建一个评价指标与评价标准，用于评价体育教学质量的等级，如优、良、中、合格与不合格五等或百分比值。（4）体育教学质量的标准与要求是相对的，随着不同的时期呈现动态性。

二、关注体育教学质量意义

1. 提高体育教学效果，促进学生的身心健康

由于体育学科在学校教育中历来皆是弱势学科、边缘学科，不像语文、数理化等学科备受校长与学校教师们的重视，既有周考、月考，还有班级排名、

年级排名等"压得教师们喘不过气来"的学科教学质量保障体系，而体育学科由于中考与高考的完善制度并未确立，因此，学校领导们较少会关注体育教学质量问题，既如此，体育教师们也乐得清闲：只要把自己的课上完即可，至于上的如何，也就"随意了"。基于以上现状，要广泛提高体育教学质量，短时间内其难度很大。同时也只能依靠自己——广大富有良知的基层体育教师辛勤耕耘、默默奉献，当然，学校领导们、教育部门领导们、专家学者们能够尽量关注与呼吁体育教学质量问题，为提高体育教学质量出谋划策则为更好。总之，当下提出的体育教学质量问题对基层教师既是一种福音（我们所付出繁重体育课教学的努力可以得到一定程度的认可与肯定），也是一种鞭策（有效防止长期以来体育课的放羊教学），更是一种鼓励（说明我们的体育学科在进步、在发展，体育教学还是很有希望的）。特别是在当下国家、教育部、学校、社会、家庭等主体关注青少年学生体质下降问题的大背景下，提出体育教学质量的问题更显得具现实意义。

2. 加强体育教学过程与结果评价、管理与监督，防止体育无效教学

由于体育教学长期以来存在"教师只管教、不管学生会不会"的现状，导致了体育教学"蜻蜓点水、低水平重复"现象，学生学了十四年的体育，最后也没有学会一项较为熟练的、经常锻炼的运动技能，而那些较为熟练操作运动技能的学生基本不是体育教师教会的，是他们平时凭借浓厚的兴趣自学而会的，这不能不说是体育教师的一种悲哀，其个中原因主要是体育教学过程无人监管，也从无监管，从而导致了众多体育课无效教学的现象。近年来，随着人们对体育教学质量问题的重点关注与深化研究，特别是实施了各类体育教学的定量评价，体育教师再也不能像以前一样进行放羊教学了，而是要提起十分的精神，认真备课，努力研究学生、教材教法，针对各种评价指标开展有效的体育教学，力争上好每一节课，努力保住好不容易争取到的工作岗位。这种变化必将有助于提高体育教学质量，全面提高体育教学效果，有效促进学生身心的健康发展。

3. 切实关注学生发展，真正落实"以学生为中心"的课程理念

"以学生发展为中心"的课程理念已提出近二十年，但这是一个较为抽象的理念，如何落实到体育教学实践成了广大体育教师的难题，特别是如何把体育课教学与"以学生发展为中心"的课程理念有机地结合起来，其难度较大，从而导致了广大基层体育教师在实践过程中多走了一些弯路，如产生了"过于赞扬学生""随意放纵学生"等现象，这些现象背后说明了基层体育教师对"以学生发展为中心"理念还是一知半解或是产生了误读。因此，要真正把"以学生发展为中心"的课程理念落位到体育课堂，还有待于更多的理论研究与实践

探索。由于体育教学质量直接指向了学生在体育教学过程与结果的变化与发展，因此，关注体育教学质量有助于聚焦学生体育学习的实际效果（包括身体、心理、运动技能、健身意识、运动习惯等方面的变化与发展），有助于突出重点，切实把握体育教学众多影响因素中的学生发展因素，有助于真正体现"以学生发展为中心"的理念。

三、体育教学质量评价内容

具有一定参考价值的有关中小学体育教学质量评价的文章只有三篇，如于素梅提出了体育教学质量水平体现在教学目标的达成度上，是学生学习效果的集中体现，重点从"有""懂""会""能"提出了4要素分层建立体育教学质量评价标准体系的构想。① 王竹平提出了体育教学质量评价五个方面的指标内容：（1）强体：身体素质的提高程度；技能技巧的掌握程度；（2）育人：益智、励志；（3）应用：教学内容选择的实用；场地器材安排的实用；（4）和谐；（5）评价。② 沈文敢等在提出评价的形式：同行评价、学生评价、自我评价、领导评价的基础上，重点说明了自我评价的内容：（1）学生学习活动中自我表现出来的态度与行为；（2）学生对体育知识的理解与运用；（3）学生对运动技术的掌握和运动参与程度； （4）学生对教师教学课程设计的水平的评价；（5）学生对课程组织实施的能力与水平评价；（6）教师对教学目标的有效程度评价；（7）教师对教学效果的评价；（8）相互满意程度的评价。③

1. 体育教学质量评价的原则

研制体育教学质量评价指标过程，需要掌握几个原则：完整性原则、科学性原则与可操作性原则。

首先，"完整性"是指全面、没有缺失和受损，体现出事物的整体性。就体育课堂教学质量指标的完整性而言，它包括：（1）评价指标内容的完整性。主要是指体育教学质量所涉及的评价指标要体现学生进步与发展的整个范围；（2）评价指标形式的完整性。主要是指体育教学质量评价指标的纵向分布即体育教学评价指标的等级要体现完整性；（3）评价指标之间相互关联的完整性。其意主要指体育教学质量的各个评价指标之间要体现一定的权重。

---

① 于素梅. 体育教学质量评价标准体系建立的难题及初步构想 [J]. 体育学刊，2014.3：95-99.
② 王竹平. 体育教学质量评价之我见 [J]. 中国学校体育，2011.11：38-39.
③ 沈文敢，罗海波. 构建初中体育教学质量评价机制的研究 [J]. 中国学校体育，2009.11：46-47.

其次,"科学性"是指评价指标的客观性、不带有任何人为因素和感情色彩。其具体要求如下:(1)评价指标制定方法的科学性,指确定评价指标所采用的手段与方法是否恰当;(2)评价内容与形式的科学性,指所确定的评价要素和等级是否客观与正确;(3)评价结果的科学性,指所得出的评价结果是否准确与有效。

第三,"可操作性"是指在实施过程中具有简便性、可行性等特点。对于体育教学评价这个问题,曾经借助计算机软件进行设计、开发与操作,但在实际操作过程中,广大体育教师因工作量太大、程序较为复杂,因而难以操作,这就说明研究不能仅仅停留于理论上,更要服务于实践教学,让广大的体育教师一看便知、一学就会、一用便行,这样才有推广的价值与实践使用的意义。

2. 体育教学质量的评价内容

体育教学质量的影响因素很多,如从体育课堂教学组成要素来看,有教师因素、学生因素、场地器材因素等;从课堂教学设计与效果角度看,有教学计划、教学目标、教学内容、教学方法、教学手段、教学管理、教学策略、教学评价等;从宏观角度看,有单元教学设计、学期教学设计、水平教学设计等;从微观角度看,有教学目标的达成度、教学方法有效性、运动负荷的合理性等。以上这些因素都是影响体育教学质量的要素,但如果没有重点、缺乏主次的罗列以上要素,势必会导致体育教学质量难以把握,因此,基于对体育教学质量主要关注对学生发展评价的认识,并根据体育教学质量观测点的可行性、可操作性考虑,本研究认为,体育教学质量评价内容主要可划分为三个方面的内容:体育课堂教学质量评价、单元体育教学质量评价、学期体育教学质量评价。

3. 体育教学质量的评价指标

如上所述,体育教学质量的评价主要侧重于对学生进步与发展的评价,另一方面,由于体育教学质量评价指标应与体育教学目标对接,因此,我们可从体育课堂教学目标入手探究体育课堂教学质量的评价指标:运动知识(认知)评价指标、运动技能评价指标、体能评价指标与情感评价指标。

首先,对于运动知识评价指标而言,一节课的评价较为简单。基于运动知识并非单独在教室里完成,而是要在室外运动操作过程中实现,因此,我们只要明确某节课的运动知识点,就可以在课后对其进行考查学生掌握情况。

第二,就运动技能评价指标而言,一节课应如何进行评价?基于一个运动项目存在多项运动技能(如足球项目有传球、射门、接球、运球过人、顶球、掷界外球、抢截、守门员技术等八大类),而每类技术中又可能内含数个技术,如射门就有脚背正面射门、脚背内侧射门、脚背外侧射门和脚内侧射门等。因此，较为复杂的运动技术，一节课是学不会的，而是要安排数节课的学习（构成了一个单元），而一节课只能掌握一个运动技术中的某些环节，如跳远技术中的助跑技术等。

第三，就体能评价指标而言，因为一节课无法测量体能方面的增长，体能的变化与发展要经历较长的时间，因此，本研究认为可否借助课堂的运动负荷作为评价体能的定量指标（这个观点还有待商榷）；借助体育教师的主观观察法作为评价体能的定性指标。

第四，就情感评价指标而言，由于情感包含了个人心理与集体适应两个方面的内容，而个人心理又包括兴趣、注意力、意志力、情绪等，同时，我们还要结合运动项目的特征，如个人项目还是团队项目等。因此，我们在评价课堂教学中的学生情感方面变化时要精选几个指标，根据近年来专家与基础教师共同探讨的结果，本研究认为，我们可选择几个易于观察、易于收集、易于操作的指标，如个人心理侧重于学生课堂参与程度（兴趣、积极性、注意力等，该指标可与课程标准中的"运动参与"对应）；意志力（即个人保持较高参与度的意志努力）；而集体适应则可侧重于：与同学的合作度、互帮互助。互帮互助与合作度具有不同的含义，合作度较为表层，互帮互助更为深入。

四、体育教学质量问题分析

1. 体育教师缺乏质量管理意识

第八次体育课改提出与倡导了众多理念与方案，但它是否有效，需要体育教学实践的检验。若实施效果很好，说明体育教学质量提升较好、质量管理到位，若实施效果不佳，说明可能在某些方面与环节存在问题，需要反思与改进。

质量管理是一个经济学概念，体育教学引入教学质量与质量管理的概念是近年来的事，它是基于体育教学质量成为体育教学关注的热点与议题之后，学界提出了体育教学质量的概念，这个概念对于基层体育教师而言较为生疏，而对于质量管理概念更是陌生，大多体育教师只是对体育教学质量有一初步了解，对质量管理则缺乏认识，也没有质量管理的主动意识，因此，要在短时间内提升体育教学质量可能性较小，但这个问题直接关系到体育课程改革的成效与发展。

2. 缺失体育教学质量评价指标

教学质量涉及了各个方面，既有学段体育教学质量的宏观概念，也有体育课堂教学质量的微观概念，学界探讨较多的是课堂教学质量，尽管它是体育教学质量的最小概念，但其影响因素也不少，教师、教材、环境、场地器材、气氛、学情等等皆是重要的影响因子，要科学研制体育课堂教学质量的评价指标，难度不小，况且全国各省市、地区皆有差异性，现状是各地区皆有自己的质量评价内容、方法与手段，如何消除地域的差异性、确立学界共识的体育课堂教学质量评价指标将是当下的一个难点。但也是必行之路，否则要科学公正评价全国范围内的体育课堂教学质量则是难上加难。这还需要更多的学者关注体育教学质量评价指标的研究选题，并采用较为科学的方法开展深化研究，研制出普遍适用中小学体育课堂教学质量的评价体系，同于检测与督查体育课堂教学质量，进而提升体育教学整体质量。

3. 或缺体育教学质量管理体制

质量管理是一个管理概念，它不仅仅需要了解与关注教学质量，同时还要树立质量管理意识，建立质量管理体系，运行质量管理机制等，这个过程涉及的不仅仅是体育教师个人，还关乎小至学校体育教研室、大至市县教育局教研室，它是一个整体构架。这个构架仅仅依靠体育教师个人是无法实现的，需要一个整体宏观的规划：首先，市县教育局教研室是相对独立的行政单位，其责任人根据省市体育教学质量管理的要求，在区域范围内建立体育教学质量管理意识，组织人员研制适合本地区的体育教学质量评价体系，成立本地区体育教学质量评估于督查小组，负责每年度中小学体育教学质量的评估，提示每一所中小学按照质量管理方案与要求进行体育教学管理，并把它落实到每一位体育教师与每一节体育课之中。其次，每一位体育教师应认真执行地域性质量管理意见与要求，把控好每一节体育课的教学质量，提升体育教学质量的整体水平，进而提高地域性体育教学的整体质量水平。

第九章

第八次课改以来体育课程实施个案研究——以浙江上虞为例

一、个案研究背景

个案研究是深入一线，进行实地考察的一种有效方法，它的意义在于通过实地考察与调研，真实地反映现实状况、发现问题，而不是停留于书斋式研究，这对于研究的现实性与深入性具有重要意义。本研究基于以上思路，联合浙江省绍兴市上虞区体教局，在上虞区体教局领导的大力支持下，以第三方评估的方式委托浙江师范大学学校体育研究所，于2017－2018年度开展为期二个月的课堂教学督查与评估。

1. 评估学校总体情况介绍

本次参与上虞区体育课堂教学评估学校共计68所（其中一所包含了小学与初中），观摩体育课堂教学实际学校66所，其中二所学校存在特例：上浦镇中（期中考试）；东关中学（开运动会）。

2. 体育课堂教学定量评价指标体系与权重

综合前人研究的成果，本研究采用专家菲尔特法、专家信度调查法等访谈与咨询了近3位学科专家、特级教师、中学教授，构建了学生情况分析、教材处理状况、教学目标设置、教学方法选择、教学手段实施、教师课堂评价、密度负荷安排、教学技能展示8个一级指标、23个二级指标作为体育教师课堂教学评价的参考指标。

表47 中小学体育课堂教学"教师"评价参考指标一览表

一级指标	二级指标	权重	赋分
学生情况分析（5分）	特殊学生处理	2	
	教学内容适应学生情况	3	
教材处理状况（10分）	单元教学课次分析	3	
	重难点把握	7	

续表

一级指标	二级指标	权重	赋分
教学目标设置（10分）	目标预设合理性	3	
	目标可操作性	3	
	目标达成程度	4	
教学方法选择（15分）	教学方法的合理性	6	
	教学方法的有效性	9	
教学手段实施（10分）	教学手段的有效性	4	
	教学手段的实用性	3	
	教学手段的创新性	3	
教师课堂评价（10分）	课堂过程评价	8	
	课后小结	2	
密度负荷安排（10分）	预计合理性	4	
	实际效果	6	
教学技能展示（30分）	①普通话、语言表达	4	
	②动作示范	5	
	③口令、队伍调动	5	
	④预防与纠正错误动作	4	
	⑤场地器材布置	4	
	⑥保护与帮助，安全措施	4	
	⑦师生沟通	4	

二、评估结果

（一）上虞区体育与健康课堂教学评价的总体成绩

1. 体育教师课前准备情况较好，基本能根据第八次体育课改的基本精神与要求撰写教案、提前到达体育教学现场，并按照体育课改的要求进行布置场地与器材，基本做到准时上下课。

2. 体育教师能根据体育课的要求，清点上课人数、宣布课堂教学的内容与任务，让学生明确体育课堂教学的目的与要求。

3. 体育教师在课的准备阶段基本能做好学生身体的一般性准备活动与专项性准备活动，这是避免体育课伤害事故发生的重要举措。

4. 体育教师能着装运动服，授课精神状态较好，能主动根据学生学习情况给予学生身体练习方面的指导，态度端正，比较耐心。

5. 体育课堂教学流程、结构基本符合体育课标的规范与要求，既有准备活动、基本部分的教学，也有课后期的身体整理活动。

6. 体育教师普通话基本符合要求，教学基本功较为扎实，口令到位、讲解清晰、动作示范较为规范，课堂组织较好，能根据课堂内容与学生特点安排身体练习，达成的一定的教学效果。

7. 部分体育教师在课堂教学中，能结合体育课改倡导的三类学习方式进行授课，尽管授课质量有待提升，但其主动性较好。

（二）上虞区体育与健康课程主要问题分析

1. 学生在上体育课时面向阳光的现象较多。调查显示，在66所学校中至少有10所学校的体育教师在上体育课时，学生是面向阳光的。如某中学：（女生）练习方向不对（面朝阳光，学生眼睛很刺眼）；某小学学生练习时面向阳光；某中学、某小学等学校上课时学生的队伍面向阳光。

2. 准备活动过程中绕操场跑、教师远离学生的现象较多。传统体育课堂教学中，体育教师往往会让学生绕操场跑步，这也是常规做法，但不能每一次课都是操场跑步，这会令学生产生厌倦心理；其次，体育教师要跟着队伍进行跑步，这样学生才不会失控。调研发现，某外国语学校、某镇中、某镇小等学校存在此类现象。

3. 在分组教学中，没有教师这组的学生基本处于无组织状况，有的学生不参与练习，特别是女生情况较为严重。调查发现，某外国语学校体育课有一组绕操场跑，另一组女生无人管理（学生不练习）；某中学体育课程有一组男生足球运球绕杆，另一组女生做仰卧起坐，基本无人管理；某中学体育课的准备活动后分三组：练跳绳、乒乓球、足球，10分钟内教师只在跳绳组，其他二组无人管。

4. 学生错误动作很多、教师没有及时采取措施给予指导。调查发现，某小学的体育课中学生错误动作较多（篮球传球肘关节外翻），但体育教师没有及时纠正指导；某职业中专的体育课中教师对学生错误动作视而不见，缺乏指导；某中学体育课程中的大部分学生在垫球时都站着垫（应半蹲），教师没有进行指导、纠错。某中学体育课中连续33分钟学生听音乐复习舞蹈，中间教师没有巡视指导与纠错；某中学体育课中学生后蹬跑练习错误很多，教师没有纠错手段；某中学体育课中大部分高三学生一抛一垫无法完成，基本垫飞，教师没有纠错手段。

5. 准备活动环节存在的问题。调查发现，某镇小的体育课准备活动是上肢练习和头部，没有结合课堂内容（单脚起跳双脚落地）；某中心小学等学校的准备活动总是老一套徒手操，学生没有兴趣。

6. 体育教师的示范面存在一定的问题。调查发现，某小学的体育教师做示范时，学生队伍散乱；某镇小体育课中骨干学生的背面示范被教师遮挡；某中学的体育教师示范时，后面大多学生看不到；某镇小体育教师示范过程中，后排学生看不到；某镇中心小学的体育教师示范时，后排学生看不到；某乡校的体育教师示范动作时，学生站位不好，后排同学看不清。

7. 学生未穿运动服装，穿牛仔裤的现象较多。调查发现，某小学、某中学（学生穿牛仔裤的有18人）、某镇中，学生有9人穿牛仔裤；某中学有学生在八百米测试穿牛仔裤；某中学有8名男生，2名女生穿牛仔裤上课；某小学有6人穿牛仔裤；某镇小学有4名同学穿牛仔裤；某镇中心小学有7位学生着牛仔裤；某小学有学生穿牛仔裤与裙子。

8. 体育教师上体育课戴帽子现象较多。调查发现，七所学校的体育教师上体育课戴帽子。

9. 学生练习与游戏时，教学组织不合理。调查发现，某小学队伍散乱；某乡校组织学生有球练习时太拥挤；某小学运球练习时学生太密（原地运球）；某小学学生练习时间隔太小；某镇小学障碍物间隔太小，练习易发生冲撞。

10. 没有面向全体学生，对于落单学生不管理、无要求。调查发现，某镇中两人一组，多出一个学生，基本不活动；某镇中心小学两人一组，多出一个学生，基本不活动；某职业中专两人一组练习，落单学生无安排；某镇小落单学生无人管。

11. 体育课存在一定的安全隐患。调查发现，某中学学生面对面立定跳远存在安全隐患；某中学学生练习距离不足，实心球脱手可能砸伤对面同学；某小学用跳绳作为蹲踞式跳远提高跳远高度的手段具有一定的危险性；某小学体育教师把"锄头"离跳远沙坑太近；某小学学生排球对垫练习时脚下有多余的排球，易产生危险；某镇小学生练习时缺乏必要的保护与帮助。

12. 以下体育课堂教材内容搭配不合理。调查发现，某镇小授课内容：①足球（带球技术）；②素质练习（快速跑）。以上两个内容皆为下肢的身体练习，可造成下肢负荷过大的现象。某小学授课内容：①蹲踞式跳远；②足球－叫号接球。以上两个内容皆为下肢的身体练习，可造成下肢负荷过大的现象。某镇小授课内容：①30米接力跑；②跳绳。以上两个内容皆为下肢的身体练习，可造成下肢负荷过大现象。

13. 课堂教学存在一定程度的放羊现象。调查发现,某镇中有学生席地而坐近10分钟,管理松散,半放羊学式教学;某中学未测试的学生无安排,半放羊式教学;某小学不参与运动的学生较多;某小学体育教学过程无组织、无纪律,学生坐在一起闲聊;(5)某外国语学校等待测试的同学在现场边上无所事事、有的学生坐在乒乓球台边的草地上;某学校800米测试后有部分学生静站或坐在边上。

(三)上虞区体育课堂教学评价的专题分析

1. 上虞区体育课堂教学的练习密度与平均心率测试情况

表48 上虞区体育课堂现场教学的练习密度与平均心率一览表

校名	学校性质	课堂教学内容	练习密度	课的平均心率
大勤小学	小学	蹲踞式跳远;足球叫号接球	38.5	139
丁宅乡校	九年制	篮球原地运球	35.3	145
汤浦镇小	小学	篮球双手胸前传球	28	130
下管镇小	小学	足球,曲线带球技术;素质练习	26.4	156
陈溪乡中心小学	小学	复习跳绳,游戏:老狼老狼几点啦;盯人追拍	35.2	127
华维外国语学校	初中	800米测试;乒乓球练习	25.7	125
驿亭镇中心小学	小学	跳跃,接力赛跑复习课	24.8	127
小越镇小	小学	单脚起跳双脚落地	18.9	131.35
华维文澜小学	小学	健美操基本步伐学习	42.8	130.26
盖北镇小	小学	篮球原地抛接方法;篮球多种形式的走动拍球方法	36.26	130.81

续表

校名	学校性质	课堂教学内容	练习密度	课的平均心率
城东小学	小学	跳绳与跳高	21.6	117
永和镇校（小学部）	小学	排球垫球	31.2	157
金近小学	小学	垒球投掷	14.08	114.15
崧厦镇小	小学	投掷练习	25.44	129.98
夏丏尊小学	小学	30米加速跑；跳远	20.48	164.4
谢桥小学	小学	耐久跑	43.63	139.57
谢塘镇小	小学	30米接力跑	25.67	135.47
棉粮小学	小学	后抛实心球	30.53	136.18
龙浦小学	小学	蹲距式起跑	17.51	122.67
章镇镇小	小学	侧手翻	31.13	137.45
上浦镇小	小学	科学的身体锻炼	无	室内理论课
长塘镇中心小学	小学	篮球运球	57.75	148
重华小学	小学	篮球双手胸前传球	22	129
鹤琴小学	小学	仰卧起坐练习	18	139
阳光小学	小学	武术	51	146
天香小学	小学	投掷垒球	28	未测
实验小学	小学	后滚翻教学	12	145
丰惠镇小	小学	直线走	23	126
百官小学	小学	队列队形练习	38	126
滨江小学	小学	足球停球转身	18	137
东关小学	小学	身体素质练习	66.13	146.16
樟塘小学	小学	足球	60	140.9
沥海镇小学	小学	足球复习课	36.25	129
闰土小学	小学	排球	36.25	142.43
沥东小学	小学	排球（对垫、自垫）	48.75	141.76
小学各校平均值			31.86	136.12

续表

校名	学校性质	课堂教学内容	练习密度	课的平均心率
上浦镇中	初中	未查（期中考）	无	无
崧厦镇中	初中	排球垫球	47.2	137.95
谢塘镇中	初中	篮球	23.8	147
上虞外国语学校	初中	篮球运球急停投篮	40	148
张杰中学	初中	足球；仰卧起坐	26	140
城北实验中学	初中	实心球	29	135
实验中学	初中	加速跑	35	128
丰惠镇中	初中	立定跳远	35	103
汤浦镇中	初中	排球垫球	45	126
下管镇中	初中	篮球，腿部爆发力	25	145
小越镇中学	初中	排球垫球	30.2	134
驿亭镇中	初中	篮球触地反弹球双手接球，低单杠	68.6	139.9
百官中学	初中	体测：50米 引体向上	18.2	118
章镇镇中	初中	原地肩上投篮；素质练习	29	124
崧厦镇二中	初中	跳（跨步跳）；健身操	41.11	156.45
杜亚泉中学	初中	男子1000米；女子800米测试	44.44	149.57
沥海镇中学	初中	体质测试	28.65	144.09
竺可桢中学	初中	投掷实心球	46.4	161.7
春晖外国语学校	初中	篮球运球及单手肩上投篮	35.3	138.2
永和镇校（初中部）	初中	800、1000米测试；篮球定点投篮	38.7	144
盖北镇中	中学	立定跳远	30.47	141.73
岭南乡校	九年制	立定跳远	19.27	131.48
道墟镇中	九年制	50米跑；排球	40	144.94

续表

校名	学校性质	课堂教学内容	练习密度	课的平均心率
初中各校平均值			36.98	138.09
上虞城南中学	高中	视频课	无	无
小越中学	高中	排球正面双手垫球	27.6	115
华维外国语学校高中	高中	800米测试；乒乓球练习	30	129.4
上虞中学	高中	复习排球垫球；学习发球	60	133.76
职教中心	高中	排球的正面上手传球；折返跑接力	45.56	146.2
崧厦中学	高中	蹲距式起跑	48.75	151.7
东关中学	高中	运动会	无	无
春晖中学	高中	复习舞蹈+学习健美操步伐	69	132
职业中专	高中	篮球跳投	35.8	153
丰惠中学	高中	校内越野跑 乒乓球	33.9	134
高中各校平均值			43.82	136.88

在我国体育教学中，比较合理的体育课密度比例一般是：教师指导占15%~20%；学生实际从事体育练习占30%~50%；学生分析、帮助与保护占5%~15%；组织措施占10%~15%；休息占12%~25%，这是比较陈旧的标准，自第八次体育与健康课程改革以来，体育教学大力提倡运动技能教学，而运动技能掌握的关键就是不断地强化练习，且基于中小学学生体质下滑的背景，增加学生的身体练习时间、教师精讲多练是体育教学深化改革的重点。另一方面，增加学生身体练习的时间还需要结合教材内容性质、学生年龄、教学侧重点等，如新授教材中学生的身体练习少于复习教材；小学生主要以游戏为主，因此，运动时间应增加等。从调研与测试过程结果来看，上虞区小学阶段学生的平均练习密度为31.86%，属于偏低范围，因为小学生并非以学习运动技术为主，而是以运动游戏为主，教师的讲解较少，小学生的练习密度可达到45%左右。初中学段的平均练习密度为36.98%，也是偏低的。高中学段的平均练习密度为43.82%，应该说比小学与初中学段增加了不少，2017年新版高中体育与

健康课程提出了"练习密度增加到50%",因此,高中学段平均练习密度还有进一步提高的空间。

从练习密度"个案角度"分析,以下学校的学生体育课练习密度低于20%:小越镇小、金近小学、龙浦小学、鹤琴小学、实验小学、滨江小学、百官中学、岭南乡校,这些学校的体育课练习密度存在较大问题。

另一方面,从运动负荷角度来看,旧版教材中平均心率的参照指标是130 - 150次/分。其中小学125±5次/分,初中130±10次/分,高中女生135±5次/分;高中男生140±10次/分。对照以上数值,调研显示,上虞小学各校平均心率为136.12;上虞初中学段138.09;上虞高中学段为136.88。以上数据表明,各学段差异很小,体现不出学段特点。小学与初中阶段平均心率基本符合标准,高中阶段则不升反降,这可能与高考有关。

从平均心率"个案角度"分析,以下小学学生的体育课平均心率低于120次/分:城东小学、金近小学。以下初高中学生的体育课平均心率低于130次/分:实验中学、丰惠镇中、汤浦镇中、小越中学、华维外国语学校高中,应引起一定的重视。

2. 上虞区中小学专职体育教师数量达标情况

表49　21世纪体育课程改革以来上虞区中小学专职体育教师数量达标一览表

	学校名称	班级数量	体育教师数量	合格状况	兼职教师	代课教师
1	华维外国语学校（高）	48	10	合格		
2	职业中专（高）	59	9	合格		
3	小越中学（高）	24	6	合格		
4	春晖中学（高）	45	12	合格		
5	职教中学（高）	76	10	合格		
6	崧厦中学（高）	27	6	合格		
7	上虞中学（高）	54	13	合格		
8	城南中学（高）	52	9	合格		
9	丰惠中学（高）	24	5	合格		
10	东关中学（高）	未查（运动会）				
11	上浦镇中（初）	未查（考试）				
12	百官中学（初）	28	13	合格	2	

续表

	学校名称	班级数量	体育教师数量	合格状况	兼职教师	代课教师
13	下管镇中（初）	4	1	合格		
14	章镇中学（初）	14	4	合格		
15	春晖外国语（初）	26	7	合格		
16	驿亭镇中（初）	9	3	合格	1	
17	小越镇中学（初）	18	6	合格		
18	永和镇校（初）	20	5	合格		
19	崧厦镇二中（初）	13	4	合格	1	
20	华维外国语学校（初）	58	13	合格	1	
21	竺可桢中学（初）	25	6	合格	1	
22	沥海镇中（初）	26	6	合格		
23	道墟中学（初）	26	7	合格		
24	杜亚泉中学	6	2	合格		
25	谢塘镇中学	9	3	合格		
26	崧厦镇中	38	10	合格		
27	盖北镇中学	15	4	合格		
28	汤浦镇中（初）	7	2	合格		
29	实验中学（初）	54	14	合格		2
30	城北实验中学（初）	30	9	合格	1	
31	丰惠镇中（初）	26	7	合格		
32	张杰中学（初）	18	4	合格		
33	上虞外国语学校（初）	54	14	合格		
34	丁宅乡校（九年制）	10	4	合格	3	
35	岭南乡校（九年制）	9	1	缺编1名	1	
36	大勤小学（小）	6	4	合格	3	

续表

	学校名称	班级数量	体育教师数量	合格状况	兼职教师	代课教师
37	下管镇小	6	2	合格		
38	陈溪乡小	6	1	合格		
39	城东小学	21	7	合格		1交流
40	华维文澜小学	65	14	缺编1名	5	
41	小越镇小	38	10	合格	4	
42	驿亭镇中心小学	12	4	合格	1	
43	永和镇校	12	3	合格		
44	长塘镇小学	11	1	缺编1名	3	
45	樟塘小学	12	3	合格	1	
46	闰土小学	27	4	缺编1名	6	
47	沥海镇小	31	8	合格		
48	沥东小学	14	4	合格		
49	东关中心小学	36	6	缺编6名	7	
50	樟镇镇小	12	4	合格		
51	谢塘镇小	12	1	缺编1名	6	
52	谢桥小学	6	1	合格		
53	夏丏尊小学	22	3	缺编1名	8	
54	崧厦镇中心小学	31	8	合格		
55	上浦镇小	12	3	合格		
56	棉粮小学	12	2	合格	1	
57	龙浦小学	6	1	合格	3	
58	金近小学	17	4	合格	4	
59	盖北镇小	45	5	缺编3名	7	
60	汤浦镇小	20	4	合格		
61	滨江小学	80	15	合格		4
62	重华小学	36	8	合格		
63	实验小学	66	15	合格		
64	天香小学	28	4	缺编1名	11	2

续表

	学校名称	班级数量	体育教师数量	合格状况	兼职教师	代课教师
65	百官小学	51	8	缺编1名		3
66	丰惠镇小	26	6	合格		
67	阳光学校	22	2	缺编2名		3
68	鹤琴小学	30	4	缺编1名		3

（二）配备比例

学校应当在核定的教职工总编制数内，根据体育课教育教学工作的特点，按照教学计划中体育课授课时数和开展课外体育活动的需要，配备体育教师。小学1~2年级每5~6个班配备1名体育教师，3~6年级每6~7个班配备1名体育教师；初中每6~7个班配备1名体育教师；高中（含中等职业学校）每8~9个班配备1名体育教师。

农村200名学生以上的中小学校至少配备1名专职体育教师。

根据以上体育教师配备标准（按班级数配备），上虞高中专职体育教师的数量均达到合格标准；初中除了岭南乡校（九年制）缺编一人之外，基本达到标准；小学阶段体育教师缺编情况较严重，其中东关中心小学缺编6名、盖北镇小缺编3名、阳光学校缺编2名、华维文澜小学缺编1名、长塘镇小学缺编1名、闰土小学缺编1名、谢塘镇小缺编1名、夏丏尊小学缺编1名、天香小学缺编1名、百官小学缺编1名、鹤琴小学缺编1名。

另一方面，从兼职教师与代课教师来看，高中无兼职教师，初中兼职教师11人，小学兼职教师68人。高中无代课教师，初中代课教师2人，小学代课教师16人。有部分兼职教师专门从事学校业余运动训练，这些人员运动训练水平较高，但要让他们参与体育课堂教学，也需要一个培训与适应过程。而小学、初中兼职教师则一般是其他学科的教师，他们的体育教学水平较差，特别是小学兼职教师在体育课堂教学常规方面存在较大的问题。从调研情况看，代课教师一般比兼职教师水平要高一些，但也处于非正规、无管理状态，这可能与这些代课教师无心教学（居无定所）有关。

3. 上虞区体育教师每周体育课节数达标情况

表50 上虞区各校每周体育课节数达标一览表

	学校名称	学校性质	体育课节数	合格情况
1	华维外国语（高）	高中	2	合格
2	职业中专（高）	高中	2	合格
3	小越中学（高）	高中	2	合格
4	春晖中学（高）	高中	2	合格
5	职教中学（高）	高中	2	合格
6	崧厦中学（高）	高中	2	合格
7	上虞中学（高）	高中	2	合格
8	城南中学（高）	高中	2	合格
9	丰惠中学（高）	高中	2	合格
10	东关中学（高）	高中	未查（运动会）	
11	上浦镇中（初）	初中	未查（考试）	
12	百官中学（初）	初中	3	合格
13	下管镇中（初）	初中	3	合格
14	章镇中学（初）	初中	3	合格
15	春晖外国语（初）	初中	3	合格
16	驿亭镇中（初）	初中	3	合格
17	小越镇中学（初）	初中	3	合格
18	永和镇校（初）	初中	3	合格
19	崧厦镇二中（初）	初中	3	合格
20	华维外国语学校（初）	初中	3	合格
21	竺可桢中学（初）	初中	3	合格
22	沥海镇中（初）	初中	2	不合格
23	道虚中学（初）	初中	3	合格
24	杜亚泉中学	初中	3	合格
25	谢塘镇中学	初中	3	合格
26	崧厦镇中	初中	3	合格
27	盖北镇中学	初中	3	合格

续表

	学校名称	学校性质	体育课节数	合格情况
28	汤浦镇中（初）	初中	3	合格
29	实验中学（初）	初中	3	合格
30	城北实验中学（初）	初中	3	合格
31	丰惠镇中（初）	初中	3	合格
32	张杰中学（初）	初中	3	合格
33	上虞外国语学校（初）	初中	3	合格
34	丁宅乡校（九年制）	九年制	1-2年级4节 3-9年级3节	合格
35	岭南乡校（九年制）	九年制	1-2年级4节，3-9年级3节	合格
36	大勤小学	小学	1-2年级4节 3-6年级3节	合格
37	下管镇小	小学	3	不合格
38	陈溪乡中心小学	小学	1-2年级4节 3-6年级3节	合格
39	城东小学	小学	3	不合格
40	华维文澜小学	小学	3	不合格
41	小越镇小	小学	3	不合格
42	驿亭镇中心小学	小学	1-2年级4节 3-6年级3节	合格
43	永和镇校（小）	小学	1-2年级4节 3-6年级3节	合格
44	长塘镇小学	小学	4	合格
45	闰土小学	小学	无课表	
46	沥海镇小	小学	1-2年级4节 3-6年级3节	合格
47	沥东小学	小学	3	不合格
48	东关中心小学	小学	3	不合格
49	樟塘小学	小学	4	合格
50	章镇镇小	小学	1-2年级4节，3-6年级3节	合格
51	谢塘镇小	小学	1-2年级4节，3-6年级3节	合格
52	谢桥小学	小学	1-2年级4节，3-6年级3节	合格

续表

	学校名称	学校性质	体育课节数	合格情况
53	夏丏尊小学	小学	1-2年级4节，3-6年级3节	合格
54	崧厦镇中心小学	小学	1-2年级4节，3-6年级3节	合格
55	上浦镇小	小学	1-2年级4节，3-6年级3节	合格
56	棉粮小学	小学	1-2年级4节，3-6年级3节	合格
57	龙浦小学	小学	1-2年级4节，3-6年级3节	合格
58	金近小学	小学	1-2年级4节，3-6年级3节	合格
59	盖北镇小	小学	1-2年级4节，3-6年级3节	合格
60	汤浦镇小	小学	1-2年级4节 3-6年级3节	合格
61	滨江小学	小学	3	不合格
62	重华小学	小学	3	不合格
63	实验小学	小学	1-2年级4节 3-6年级3节	合格
64	天香小学	小学	3	不合格
65	百官小学	小学	3	不合格
66	丰惠镇小	小学	1-2年级4节 3-6年级3节	合格
67	阳光学校	小学	3	不合格
68	鹤琴小学	小学	3	不合格

从调研情况看，高中每周2节体育课均达标（除了东关中学未查之外）；初中除沥海镇中只有2节体育课（情况不明），其他学校每周3节体育课都能达标（上浦镇中因考试未查）；小学体育课未达标（每周3节体育课）的学校有：下管镇小、城东小学、华维文澜小学、小越镇小、沥东小学、东关中心小学、滨江小学、重华小学、阳光学校、鹤琴小学（可能有些学校把"棋类"也列为体育课，但本次调研未把"棋类"算作体育课，因"棋类"实际上并无身体活

动）；小学各学段达标的学校有（学校1－2年级4节体育课，3－6年级3节体育课）：丁宅乡校（九年制）、岭南乡校（九年制）、大勤小学、驿亭镇中心小学、永和镇校（小）、沥海镇小、章镇镇小、谢塘镇小、谢桥小学、夏丏尊小学、崧厦镇中心小学、上浦镇小、棉粮小学、龙浦小学、金近小学、盖北镇小、汤浦镇小、实验小学、丰惠镇小。

4. 上虞区各校体育教研活动情况

表51　上虞区各校体育教研活动一览表

序号	学校	教研活动		学校	教研活动
1	华维外国语（高）	有	36	大勤小学	有
2	职业中专（高）	有	37	下管镇小	有
3	小越中学（高）	有	38	陈溪乡中心小学	有
4	春晖中学（高）	有	39	城东小学	有
5	职教中心（高）	有	40	华维文澜小学	有
6	崧厦中学（高）	有	41	小越镇小	有
7	上虞中学（高）	有	42	驿亭小学	有
8	上虞城南中学（高）	有	43	永和镇校小学部	有
9	丰惠中学（高）	有	44	长塘镇小学	有
10	东关中学（高）	未查（运动会）	45	樟塘小学	有
11	上浦镇中（初）	未查（期中考）	46	闰土小学	有
12	百官中学（初）	有	47	沥海镇中心小学	有
13	下管镇中（初）	无	48	沥东小学	有
14	章镇镇中（初）	有	49	东关中心小学	有
15	春晖外国语学校（初）	有	50	樟镇镇小	有
16	驿亭镇中（初）	有	51	谢塘镇小	有
17	小越镇中（初）	有	52	谢桥小学	有
18	永和镇校初中部	有	53	夏丏尊小学	有
19	崧厦二中（初）	有	54	崧厦镇小	有
20	华维外国语学校（初）	无	55	上浦镇小	有
21	竺可桢中学（初）	有	56	棉粮小学	有
22	沥海镇中学（初）	有	57	龙浦小学	有

续表

序号	学校	教研活动		学校	教研活动
23	杜亚泉中学（初）	有	58	金近小学	有
24	道墟镇中（初）	有	59	盖北小学	有
25	谢塘镇中（初）	有	60	汤浦镇小	有
26	崧厦镇中（初）	有	61	滨江小学	有
27	盖北镇中（初）	有	62	重华小学	有
28	汤浦镇中（初）	有	63	实验小学	有
29	实验中学（初）	有	64	天香小学	无
30	城北实验中学（初）	有	65	百官小学	有
31	丰惠镇中（初）	有	66	丰惠镇小	无
32	张杰中学（初）	有	67	阳光学校	有
33	上虞外国语学校（初）	有	68	鹤琴小学	无
34	丁宅乡校（九年制）	有			
35	岭南乡校（九年制）	有			

上表是各校教研活动开展情况，结果表明，除了五所学校未建立开展教研活动的习惯之外，其他各校皆有课堂教学教研活动及其记录。但从教研活动具体内容情况分析，所暴露出的问题也不少，主要表现在：大部分教研活动并非实质意义上的教研活动，而是工作安排与布置。如上浦镇中教研活动记录是"（1）初中生校园足球比赛；（2）校第22届秋季运动会；（3）体质健康测试。"章镇镇中的教研活动内容是"（1）积极开展每月一次活动；（2）扎实开展好每天的大课间操与课外活动；（3）做好业余训练工作，备战区级各项比赛；（4）测好学生体质测试，重抓课堂，努力提高学生身体素质"。职业中专的教研活动记录是"（1）青年教师每人撰写一篇高质量的论文；（2）组织好全校群体工作、秋季运动会；（3）组织好全校学生的体质测试工作。"职教中学的教研活动记录是："教研活动内容——（1）教学常规、任务；（2）升旗、两操落实；（3）学期工作计划研讨。教研活动小结——本次活动为本学期的第一次教研活动，根据常规，认真落实教务处的工作、任务与要求，同时明确了升旗两操的方案，使每位同志明确目标、落实责任、为开学工作的顺利开展做好工作。"

教研活动与教研室工作是两回事，不能相提并论且相互混淆，以上仅仅是部分学校的教研活动情况记录，但大多为大同小异，这就容易导致体育教研活动徒有形式、而无实质的现象，不利于学校内部体育教师之间的学习与交流，极大影响整个学校的体育课教学规范与教学质量，应引起高度重视。

5. 上虞区各校校长听课（体育课）记录

表52 上虞区各校校长听课（体育课）情况一览表

	学校	校长听课记录		学校	校长听课记录
1	华维外国语（高）	有	36	大勤小学	有
2	职业中专（高）	有	37	下管镇小	有
3	小越中学（高）	有	38	陈溪乡中心小学	有
4	春晖中学（高）	有	39	城东小学	有
5	职教中心（高）	有	40	华维文澜小学	有
6	崧厦中学（高）	有	41	小越镇小	有
7	上虞中学（高）	有	42	驿亭小学	有
8	上虞城南中学（高）	无	43	永和镇校小学部	有
9	丰惠中学（高）	有	44	长塘镇小学	有
10	东关中学（高）	未查（运动会）	45	樟塘小学	有
11	上浦镇中（初）	未查（期中考）	46	闰土小学	有
12	百官中学（初）	有	47	沥海镇中心小学	有
13	下管镇中（初）	有	48	沥东小学	有
14	章镇镇中（初）	有	49	东关中心小学	无
15	春晖外国语学校（初）	有	50	樟镇镇小	有
16	驿亭镇中（初）	无	51	谢塘镇小	有
17	小越镇中（初）	无	52	谢桥小学	有
18	永和镇校初中部	有	53	夏丏尊小学	有
19	崧厦二中（初）	有	54	崧厦镇小	有
20	华维外国语学校（初）	无	55	上浦镇小	有
21	竺可桢中学（初）	无	56	棉粮小学	有
22	沥海镇中学（初）	有	57	龙浦小学	有
23	杜亚泉中学（初）	有	58	金近小学	无
24	道墟镇中（初）	有	59	盖北小学	有
25	谢塘镇中（初）	有	60	汤浦镇小	有

续表

	学校	校长听课记录		学校	校长听课记录
26	崧厦镇中（初）	有	61	滨江小学	有
27	盖北镇中（初）	有	62	重华小学	有
28	汤浦镇中（初）	有	63	实验小学	有
29	实验中学（初）	有	64	天香小学	有
30	城北实验中学（初）	有	65	百官小学	有
31	丰惠镇中（初）	有	66	丰惠镇小	有
32	张杰中学（初）	无	67	阳光学校	有
33	上虞外国语学校（初）	有	68	鹤琴小学	无
34	丁宅乡校（九年制）	有			
35	岭南乡校（九年制）	有			

从校长参与体育课听课情况来看，高中只有上虞城南中学没有校长听课记录（除了东关中学未查之外），其他高中均有校长听课记录；初中有5所学校没有校长听课记录（除了上浦镇中未查之外）；小学只有3所无校长听课记录。

从校长听课记录具体内容来看，情况不容乐观，主要表现出的问题有：

（1）大多的校长听课记录只有课堂教学过程的描述，没有评价意见或很少有评价意见。如华维文澜小校长听课记录是"一、课堂常规：整队；教师宣布内容；二、准备活动，走、跑交替到目的地；徒手操。二、基本部分——耐久跑：与学生一起绕场地跑；师生共同交流，慢跑；学生自由活动（结伴绕场地跑）"。小越镇小的校长听课记录是"一、课堂常规（略）；二、队列队形训练；三、复习广播操（略）；四、放松练习（略）"。绵粮小学的校长听课记录是"一、准备活动（略）；二、准备游戏；三、基本部分之跳绳20分钟（略）；四、基本部分之游戏8分钟（略）；五、结束部分"。

（2）很多校长的评价意见只有肯定，没有建议。如天香小学的校长评价是"课堂教学过程紧凑，学生组织活动有效，教学效果良好"。职业中专的校长评价是"教师教态好，学生听课认真，准备活动安全效果好，学生练习认真，气氛好"。春晖外国语学校的校长评价是"教师篮球基本功扎实，讲解到位"。以上部分情况说明学校校长对体育课教学重视程度不够，应付痕迹较为明显。

6. 上虞区各校体育教师单元教学计划与学期计划落实情况

表53　上虞区各校体育教师单元教学计划与学期计划落实一览表

	学校	单元计划	学期计划		学校	单元计划	学期计划
1	华维外国语（高）	有	有	36	大勤小学	无	有
2	职业中专（高）	有	有	37	下管镇小	有	有
3	小越中学（高）	无	有	38	陈溪乡中心小学	有	有
4	春晖中学（高）	有	有	39	城东小学	有	有
5	职教中心（高）	有	有	40	华维文澜小学	无	无
6	菘厦中学（高）	无	无	41	小越镇小	无	无
7	上虞中学（高）	无	有	42	驿亭小学	有	有
8	上虞城南中学（高）	无	有	43	永和镇校小学部	无	无
9	丰惠中学（高）	无	无	44	长塘镇小学	无	无
10	东关中学（高）		未查（运动会）	45	樟塘小学	无	无
11	上浦镇中（初）		未查（期中考）	46	闰土小学	无	有
12	百官中学（初）	无	有	47	沥海镇中心小学	无	有
13	下管镇中（初）	有	无	48	沥东小学	无	有
14	章镇镇中（初）	有	有	49	东关中心小学	无	无
15	春晖外国语学校（初）	有	有	50	樟镇镇小	无	有
16	驿亭镇中（初）	有	有	51	谢塘镇小	有	有
17	小越镇中（初）	无	有	52	谢桥小学	有	有
18	永和镇校初中部	有	无	53	夏丏尊小学	无	无
19	菘厦二中（初）	有	有	54	菘厦镇小	无	有
20	华维外国语学校（初）	无	有	55	上浦镇小	有	有
21	竺可桢中学（初）	有	无	56	棉粮小学	有	有
22	沥海镇中学（初）	无	有	57	龙浦小学	无	有
23	杜亚泉中学（初）	有	有	58	金近小学	无	有
24	道墟镇中（初）	无	无	59	盖北小学		无
25	谢塘镇中（初）	无	无	60	汤浦镇小	无	有

续表

	学校	单元计划	学期计划		学校	单元计划	学期计划
26	崧厦镇中（初）	无	有	61	滨江小学	无	有
27	盖北镇中（初）	有	有	62	重华小学	无	无
28	汤浦镇中（初）	有	无	63	实验小学		有
29	实验中学（初）	有	无	64	天香小学	无	无
30	城北实验中学（初）	无	无	65	百官小学	无	有
31	丰惠镇中（初）	无	有	66	丰惠镇小	无	无
32	张杰中学（初）	无	无	67	阳光学校	无	无
33	上虞外国语学校（初）	无	无	68	鹤琴小学	无	无
34	丁宅乡校（九年制）	有	有				
35	岭南乡校（九年制）	无	无				

上表是各校体育教师教学计划调研情况，结果表明，有45所学校的教师（仅仅是当时的授课教师）没有单元教学计划，占总数的67%；共有39所学校的教师（仅仅是当时的授课教师）没有学期教学计划，占总数的58%。以上情况说明体育教师在体育教学工作计划制订、保存等方面存在较大的问题。

7. 上虞体育教师撰写的教案存在的问题

（1）教案格式不统一

教案格式需要呈现的内容应有：授课内容、授课教师、授课学生、授课班级、授课人数、授课时间、单元课次、教学目标、教学重难点、教学过程、教法、学法、组织形式、练习密度、练习强度等。调研发现，各校教案格式很不统一，这不仅不利于体育教师本人反思教学，更不利于开展各类教研活动。

（2）大部分教案的单元课次信息不明

单元教学是体育教学的核心概念，它的主要作用就是规划各课次之间的衔接性，如果没有单元教学信息，必然导致以下情况的含糊不清：某教材内容共需要多少教学学时？某课与前一次课是什么关系？某课与后一次课是什么关系？学生上一课学到什么程度？还需要改进与调整什么等。

（3）课堂教学目标表述不一致，目标研制存在问题

首先，课堂教学目标是教案中的重要内容，它表达了学生通过本课教学所要达成的最终结果，但仔细阅读教案发现，目标的表述各式各样，有的复杂一些，有的很简单，总结起来，目标的表述主要存在两种不同的格式：一是，目标分为三类：认知目标、技能目标、情感目标；二是，目标分为四类或五类：

运动参与目标、运动技能目标、身体健康目标、心理健康目标、社会适应目标。以上两种目标的依据是不同的，第一种目标的依据是美国教育学家布鲁姆的目标分类学，第二种目标的依据是第八次体育课改的体育课程目标。以上二种表述方式各有利弊，但不能混用。

其次，在目标具体表达过程中发现了不少的问题，总结起来共有以下几个方面：一是，技能目标中内含了身体素质发展等其他方面的目标。如某镇中某就是的教案中运动技能目标是"巩固提高立定跳远技术动作，发展灵敏、速度等身体素质，在游戏中积极练习"。运动技能与身体素质分属两个不要的领域，不能把身体素质内容写入运动技能目标之内；二是，把技能目标与认知目标混淆起来，如某中学某节课教案的运动技能目标为"通过练习建立完整正确的动作概念，让学生能用正面垫球会给抛球队员"，前一句应该是认知方面的内容。三是，情感目标只有表述，没有之后的"教学手段"支撑。如某小学某节课教案中（教材内容是后滚翻与迎面接力）的情感目标为"初步具有互帮互学、团结协作的品质"，但在观摩该课过程中，后滚翻不仅存在安全隐患（没有保护与帮助措施），之后的接力也不强调团队协作，这样的目标仅仅是空谈。四是，认知目标与情感目标含糊不清，废话较多。如某镇中某节课教案中的"知识目标"是"让学生明确本节课的练习方法"，这应该一句废话。某镇小某节课教案（教材内容是复习七彩阳光、学习四面转法）中的情感目标是"乐于与同伴拉手，大家互相友好地参与活动"，这是什么意思？可操作吗？课后能测量吗？某镇小教案中的情感目标为"培养学生的思维和协调能力、加强他们同伴间友好教育与合作意识"，培养学生的思维能力是情感内容吗？友好教育是何意思？某镇小某节课的情感目标为"通过练习，培养学生的发散思维"，发散思维是情感吗？五是，运动技能目标表述不准确、不具体，不可操作与可评价。如某镇小某节课教案的技能目标为"通过练习，使学生掌握各种垫球练习方法"，这个技能目标太笼统了。某中学某节课教案的运动技能目标是"使95%的学生能认真完成测试，发展学生的耐力素质"，这样的表述是过程，是素质，不是技能。某镇小教案的技能目标"复习巩固广播操"，这是教材内容，不是技能目标。此类现象较多，不胜枚举。

（4）缺失教学重难点

有较多的体育课教案没有教学重难点，这就容易导致课堂教学重点不突出，需要解决的难点不明显。

（5）教学过程描述格式不一，内容不够规范

在表格式的教学过程描述中，其主题内容各不相同，有的教案是"顺序、

时间、课的内容、教师活动、学生活动、练习次数与时间";有的教案是"课的部分、时间、课的内容、练习次数与时间、组织教法";有的教案是"教学过程、课的内容、练习步骤、练习要求、组织形式与安全提示、运动量";有的教案是"课的部分、时间、课的内容、练习时间与次数、组织教法";有的教案是"教学过程、教师活动、学生活动及组织、练习此时与时间"等等,以上现象说明各校体育课教案写法各自为政,这种现象一则不利用各校之间的交流;二则不规范;三则在教案管理上存在弊端。

8. 上虞区各校体育教师落实安全措施情况

表54　第八次体育课改以来上虞区各校体育教师落实安全措施一览表

安全预案收集情况					
	学校	安全预案		学校	安全预案
1	华维外国语（高）	无	36	大勤小学	有
2	职业中专（高）	有	37	下管镇小	有
3	小越中学（高）	有	38	陈溪乡中心小学	有
4	春晖中学（高）	有	39	城东小学	有
5	职教中心（高）	有	40	华维文澜小学	有
6	崧厦中学（高）	有	41	小越镇小	有
7	上虞中学（高）	有	42	驿亭小学	有
8	上虞城南中学（高）	有	43	永和镇校小学部	有
9	丰惠中学（高）	有	44	长塘镇小学	有
10	东关中学（高）	未查（运动会）	45	樟塘小学	有
11	上浦镇中（初）	未查（期中考）	46	闰土小学	无
12	百官中学（初）	有	47	沥海镇中心小学	有
13	下管镇中（初）	无	48	沥东小学	有
14	章镇镇中（初）	有	49	东关中心小学	无
15	春晖外国语学校（初）	有	50	樟镇镇小	无
16	驿亭镇中（初）	有	51	谢塘镇小	有
17	小越镇中（初）	无	52	谢桥小学	有
18	永和镇校初中部	无	53	夏丏尊小学	有
19	崧厦二中（初）	有	54	崧厦镇小	有

续表

	学校	安全预案		学校	安全预案
20	华维外国语学校（初）	无	55	上浦镇小	有
21	竺可桢中学（初）	有	56	棉粮小学	有
22	沥海镇中学（初）	有	57	龙浦小学	有
23	杜亚泉中学（初）	无	58	金近小学	有
24	道墟镇中（初）	有	59	盖北小学	有
25	谢塘镇中（初）	有	60	汤浦镇小	有
26	菘厦镇中（初）	有	61	滨江小学	无
27	盖北镇中（初）	无	62	重华小学	无
28	汤浦镇中（初）	有	63	实验小学	有
29	实验中学（初）	有	64	天香小学	无
30	城北实验中学（初）	有	65	百官小学	有
31	丰惠镇中（初）	无	66	丰惠镇小	有
32	张杰中学（初）	无	67	阳光学校	无
33	上虞外国语学校（初）	无	68	鹤琴小学	无
34	丁宅乡校（九年制）	有			
35	岭南乡校（九年制）	有			

上表显示，无体育课安全预案的高中只有1所（东关中学运动会未查），初中有9所学校无体育课安全预案（上浦镇中考试未查），小学有8所学校无体育课安全预案。

从安全预案的具体内容情况来看，有的学校只有全校的体育卫生的安全预案，有的学校有专门的体育安全预案，但几乎没有一所学校把体育课安全预案张贴在体育教研室较为显眼之处，供全校体育教师学习、交流与使用。

（四）上虞区体育教师对第八次体育课改的理念认知及实施状况调研

1. 义务教育阶段体育教师对体育课改的认知及实施状况

对172位义务教育阶段体育教师（小学、初中）进行了13个选项的调查，结果如下。

"你认为'健康第一'的含义"的调查选项中，有29.65%的教师认为身体健康第一，26.16%的教师认为身体健康和心理健康第一，24.42%的教师认为身体健康、心理健康和安全第一，12.21%的教师认为心理健康第一，5.23%的教师认为安全第一，0.58%的教师认为身体健康和安全第一。这是一个多选题，以上调查结果说明了义务教育阶段体育教师对"健康第一"的内涵理解多元，并不十分到位。第八次体育与健康课程强调了"健康第一"理念，但专家学者在准确解读该理念上并不十分到位，导致基层体育教师并不十分理解其本质，这在体育教师撰写的教案过程中表现尤为突出，大多体育教师都在教学设计理念部分涉及"健康第一"的指导思想，但在具体设计过程中，却不能相应的支撑手段与方法，造成了只有理念与内容标准，没有具体内容的教学。以下问卷的结果也证明了以上说法：你是如何把"健康第一"的理念落实到体育教学之中的调查选项中，有52.33%的教师认为是促进学生体能发展，26.74%的教师认为是促进学生体能发展和提高心理健康，8.14%的教师认为提高心理健康，8.14%的教师的教师认为不要在体育课中受伤、促进学生体能发展和提高心理健康，1.74%的教师认为体育教学和"健康第一"没什么关系，0.58%认为不要在体育课中受伤。

"你认为体育课堂教学的主要目标是什么"的调查选项中，有86.63%的教师认为是综合运动技术、生理、心理等方面，5.23%的教师认为以运动技术为主，3.49%的教师认为以心理学功效为主，2.16%的教师认为以运动技术和心理学功效为主，1.66%的教师认为以运动技术、生理学功效。0.83%的教师认为以运动的生理学功效为主。该调查结果说明大部分体育教师已对第八次体育与健康课程目标有一个总体的认识，体育教学应以促进学生的运动技术、生理、心理等综合发展为目标，而不是仅仅是身体或心理或技术等方面单一效果。

"你认为学生的运动兴趣重要还是运动技术学习效果重要"的调查选项中，有80.81%的教师认为兴趣与运动技术同样重要，18.6%的教师认为兴趣重要，0.58%的教师认为学习运动技术重要。该结果说明体育教师对于学习运动技术过程中兴趣的重要性有较好的认识，这也是符合第八次体育课改基本精神的。

"你认为学生的运动兴趣来源于哪个方面"的调查选项中，有66.28%的教师认为是运动项目本身，26.74%的教师认为来自于体育教师的引导，4.65%的教师认为来自运动同伴的影响，2.33%的教师认为是家庭的影响。该结果较符合现实情况，因为青少年学生的兴趣本身在于运动项目，而不是外在的各种因素，虽然体育教师引导、运动同伴影响与家庭影响也是制约因素，从调研结果分析，运动项目本身与体育教师的引导占了绝对比值，93.02%。

"你对终身体育的理解如何"的调查选项中，有54.44%的教师认为终身体育很重要，但无法落实到体育课堂教学之中；有12.44%的教师认为终身体育的重要性，也能在教学中运用；33.12%的教师只是知道、并不理解。该结果说明了体育教师对终身体育的重要性有一定的了解，但依然处于模糊状态，并不能很好地运用到教学实践之中。

"以学生发展为中心的含义"的调查选项中，有21.28%的教师能够关注班级每一个学生的发展；78.72%的教师关注班级大部分学生的发展。该结果说明了体育教师虽然对第八次体育与健康课程理念"以学生发展为中心"有所了解，但在教学实践中依然是一刀切，即未开展分层教学。

"你在体育教学中采用的大部分教法是什么"的调查选项中，有27.42%的教师开展三类学习方式；72.58%的教师以教师教法为主。该结果说明的是体育教师依然以常规教学为主，真正采用三类学习方式的课堂教学并不理想。

"你在制订教学计划、教学方法手段、教学策略、教学评价方面与学生有商量过吗"的调查选项中，有21.86%的教师认为应以教师为主，52.09%的教师征求全体学生的意见，26.05%的教师征求部分学生的意见。该结果说明了体育教师在落实第八次体育课改"以学生为中心"理念方面做得不错，但仍有拓展的空间。

"你在班级体育教学过程中能实施差异性教学吗"的调查选项中，有51.98%的教师认为有时可能，24.53%的教师认为很难，10.58%的教师认为非常难，12.91%的教师认为不可能。该结果说明了体育教师对于差异性教学有一定认识，但总体情况并不十分理想，还有很多的教师认为在班级教学中要实施差异性教学难度很大。

"你在给学生最终成绩时运用学生自我评价吗"的调查选项中，有22.33%的教师选择运用，18.49%的教师选择部分运用，59.18%的教师选择没有运用。该结果说明了体育教师在实施学生自我评价方式不够理想，这可能与体育教师的工作量很大有关。

"你在给学生最终成绩时是否采用了学生互评评价"的调查选项中，有36.51%的教师认为已采用，27.79%的教师认为没有采用，35.70%认为部分采用。该结果说明了体育教师在评价学生体育成绩时并没有真正落实学生互评的评价方式，这也可能与体育教师工作量大有关。

"你在中小学体育教学中是否落实'育人'策略"的调查选项中，有10.35%的教师经常利用体育教材内容落实育人策略，12.21%的教师觉得育人策略效果不佳，62.91%的教师没有落实育人策略。该结果说明了体育教师在理解体育教学中落实"育人"策略方面还不到位，大部分教师没有实施育人策略。

2. 高中阶段体育教师对体育课改的认知及实施状况

对36位高中教育阶段的体育教师进行了12个选项的调查，结果如下：

"你认为'健康第一'的含义"的调查选项中，有22.31%的教师认为身体健康第一，23.08%的教师认为是心理健康第一，54.61%的教师认为身体健康第一、心理健康第一及安全第一。该结果说明了高中体育教师对第八次体育课改"健康第一"的理念有较深的理解，"健康第一"并不仅仅是身体健康，而是身体与心理健康合一。

"你能在体育教学中开展'自主学习'吗"的调查选项中，有23.08%的教师认为能经常开展；有38.00%的教师认为能偶尔开展；46.92%的教师认为不是十分理解，因而难以开展。自第八次体育课改以来，自主学习方式的培养应该力度较大，但可能是专家学者解读不到位，因此，基层体育教师并不理解，在体育课堂教学中开展自然也不够理想。

"你能在体育教学中开展'探究学习'吗"的调查选项中，有18.46%的教师认为能经常开展，23.85%的教师认为偶尔开展，57.69%的教师认为不了解，因而没有必要开展。总体而言，探究学习方式的开展情况不够理想，其原因与上例相同。

"你理解的'合作学习'的含义"的调查选项中，有40.77%认为能经常开展，29.23%认为偶尔开展。同理，30.00%的教师认为不了解，因而没有必要开展。总体而言，合作学习方式的开展情况比自主学习与探究学习要好，其原因可能是合作学习方式较容易理解与实施。

"你对高中体育课程内容开发的态度"的调查选项中，有28.46%的教师认为对课程内容开发运用自如；26.92%的教师认为课标中没有教学内容感觉不好，有时参与开发课程内容资源；44.62%的教师难以开发课程资源。对于体育课程内容资源问题，由于难度较大，因此，大部分体育教师对于自主开发课程内容资源问题并不乐观。

"以学生发展为中心的含义"的调查选项中，有31.58%的教师能够关注班级每一个学生的发展；68.42%的教师关注班级大部分学生的发展。该结果说明了体育教师对第八次体育与健康课程"以学生发展为中心"的理念虽然有所了解，但在教学实践中的落实较为困难。

"你在体育教学中采用的大部分教法"的调查选项中，有47.42%的教师以学生学法为主、先练后教；52.58%的教师以教师教法为主、先教后学。该结果呈现了高中体育教师采用的常规教学与以学生为主的教学方法各半，说明高中体育教师在关注三类学习方式方面情况较好。

"你在给学生最终成绩时要考虑到他的原始运动成绩吗"的调查选项中，有61.54%的教师认为有，34.62%的教师认为有部分，3.85%的教师认为没有。该结果呈现了高中体育教师较好地考虑到了高中学生的体育学习起点问题，这是实施差异性评价的基础。

"你校开设了高中选项课程吗"的调查选项中，有73.08%的教师认为一直坚持选项课程，15.38%的教师认为课改前夕有开设，但之后又不开设了，11.54%的教师断断续续。该结果说明高中体育选项课程开设情况较好，但并没有全面实施，有的学校断断续续，此类现象必须得到改观。

"你认为高中选项课程效果好吗"的调查选项中，有50.00%的教师认为很好，42.31%的教师认为一般，7.69%的教师认为较差。该结果说明高中体育选项课程开设的效果还是比较好的，7.69%的教师认为效果较差。

"你认为高中选项课程需要坚持吗"的调查选项中，有65.38%的教师认为很需要，19.23%的教师认为一般，15.38%的教师认为不太需要。该结果说明高中体育教师对于选项课程的开设还是持支持态度的。

你在高中体育课程教学中是否落实"育人"策略的调查选项中，有92.31%认为经常利用体育落实育人策略，7.69%认为育人策略效果不佳。该结果说明高中体育教师对于体育育人的理念与功能十分认同的。

三、上虞区体育课堂教学深化改革的建议

（一）进一步落实体育教师课堂教学基本行为规范

（1）体育教师必须身穿运动服、运动鞋，不可穿戴影响运动的服装、帽子、首饰、手机、钥匙等。（2）体育教师必须提前10分钟左右到达运动场地布置场地、器材，做好课前准备工作，避免上课过程中临时安排器材，并落实运动安全措施。（3）体育教师需要携带教案、点名册上课，及时合理处理与安排见习生。（4）准时上下课，不可推迟上课或提前下课或拖堂。（5）体育教师上课时要保持精神饱满、精力充沛，不能带着情绪上课或谩骂学生或体罚学生。（6）上课过程中，教师必须面向阳光、学生背向阳光，特别是在练习过程中，学生更需要背向阳光。（7）统一让学生身穿运动服上体育课。

（二）面向全体学生，落实体育课标倡导的"以学生发展为中心"的理念

1. 调研显示，部分教师没有合理安排与及时处理见习生。建议体育教师应面向全体学生，做好见习生的安置工作，让见习生也在体育课上做些力所能及的事，发挥他们的主观能动性，帮助体育教师上好体育课的同时，也发展他们自身的能力。

2. 对于分组过程中的多余学生应做好妥善的安排，不能让学生感觉自己是"多余的"学生，从而无所事事，产生自卑心理。建议根据教学场景，让学生采

用个人练习的方法、与其他学生轮换练习的方法、体育教师（也是一人）适时与之练习的方法等，照顾好分组练习过程中"落单"的学生。

（三）根据体育课标精神，实施差异教学，妥善解决分组教学问题

1. 教学分组是体育课堂教学的组织形式，以全班分成两组教学为例，应重点照顾好学习重点组，兼顾另一组学生。调研显示，有较多的体育教师没有处理好这个问题，导致了另一组学生无人管理、处于半放羊状态。建议课前培养好体育骨干，并在课前做好体育骨干的任务布置、沟通与交流工作，使其能在体育课上真正发挥"小教师"的核心作用。

2. 提高学生日常教学的组织纪律性，并养成习惯，为体育课堂教学分组教学提供前提。

（四）开展分层教学，尝试解决"一刀切"现象

班级授课制依然是我国较长时间内学科教学的主要形式，班级学生总是存在智力、体力、心理等方面的较大差异，特别是在体育学习过程中，学生的身体素质、运动水平、运动能力等方面的差异尤为显著，因此，我们需要因材施教、区别对待，并采用分层教学策略以尽力达成班级全体学生的身体发展与运动需求，这是体育与健康课程理念给予我们体育教学的启示。但在调研过程中发现，体育教师往往尚未解决好这个问题，在组织学生学练环节总是安排同一个练习手段让每一个学生进行练习，这就容易造成基础好的学生"吃不饱"，基础差的学生"吃不了"的现象，这个问题虽然是全国范围内的普遍问题，但本评估组建议上虞区教体局能否率先开展教学改革研究，突破传统的教学方式，采用分层次教学、分小组教学模式进行教学，以大力提高体育课堂教学质量。如在球类教学中可结合学生的学习基础，分为比赛组、学习组和游戏组：比赛组的学生水平较高，能够参与几对几的比赛，让他们从简单的运动技术学习中解脱出来，享受运动自由与竞赛的快乐；游戏组的学生水平较低，采用球类游戏或球类最基础动作的反复练习，为之后运动技术学习打好基础；学习组则是体育教师教学的重点，需要突出教学重难点、有效解决一两个运动技术的核心问题。又如在立定跳教学中也可进行合理的分组：优秀组、达标组、努力组等，其中优秀组水平较高，一般情况下能较为轻松地达到立定跳远的优秀成绩，但依然还要给他们设定目标，如最好成绩、成绩的稳定性、学生最佳成绩的竞赛等；达标组的学生水平处于中等，有时可以达到及格线、有时又不能达成，这些学生大多可能存在技术方面的问题，这就需要体育教师帮助他们解决有关用力次序、方法、上下肢协调、腾空高度等问题，以提高他们的立定跳远成绩；努力组的学生则是相对困难的学生，他们的问题不仅仅是技术方面的问题，还

可能是身体素质方面如爆发力、下肢力量、弹跳力等问题，因此对于这些学生，需要以游戏或竞赛的方式开展身体素质的补救工作。

（五）合理安排体育课"游戏"内容

体育游戏的作用毋庸容置疑，它不仅能激发学生个人的学习兴趣，而且能调动班级学生的学习气氛，提高学生身体练习的效果。调研显示，较多学校的体育游戏运用不足，特别是在体育课的准备活动阶段中，老一套的徒手操比比皆是，我们不是反对做徒手操，徒手操也有不可替代的作用，但每一节都做同样的徒手操，教师不觉厌倦，学生也会倍感枯燥。建议在课的准备活动部分增加一些小游戏（特别适合小学生与初中生），也可结合教材内容所需的器械进行准备活动或游戏等；还可在身体素质练习过程中增加游戏与竞赛因素，以增加学生学习兴趣与乐趣。

但在运用游戏过程中需要掌握一定的原则，特别是课的中后期运用游戏时更需谨慎，其主要的原则是体育游戏不能影响前期的运动技术学习，如课的前期学习内容是篮球双手胸前传球，后期的游戏是传球接力，但调研结果发现，游戏过程中学生的传球技术错误百出，相当于前期的传球技术白学了；如前期的学习内容是蛙跳，后期的游戏是蛙跳接力，但在游戏过程中学生为了取胜，蛙跳技术错误百出，有的学生直接就用跑替代跳了等等。总之，是否需要安排"课中后期的游戏"要根据体育课堂教学内容而定，如果后期的游戏影响了前期的运动技术学习，那么游戏的规则必须改进，并不一定要比速度，可比技术等。

（六）加强课前准备活动设计，做好课后工作

1. 防止准备活动千篇一律，注重调动学生积极性

（1）体育教师应在可控范围内组织学生做准备活动，尽量避免教师原地不动、让学生绕操场跑步几圈的做法。（2）尽量避免每次课的准备活动都是同样的徒手操，应经常变化方式做准备活动的练习。（3）准备活动的内容、负荷应结合教材内容进行，对于低段小学生，负荷量与强度不宜过大。（4）对于小学与初中的学生，可结合音乐、游戏等进行准备活动，以激发学生的学习兴趣，快速集中注意力，避免枯燥乏味的准备活动。（5）根据课堂教材内容做好专项性准备活动，以防止运动伤害事故的发生。

2. 根据教材内容需要，做好课的结束部分工作

首先，课的结束部分是一节完整体育课的最后环节，其中有两个主要的任务：一是，做好学生必要的身体放松活动，以达成放松身心、清除疲劳之目的。是否需要"身体放松活动"可根据体育教材内容的性质而定，如这个课的教材内容较为简单，运动负荷不大，其身体放松活动可做可不做，因为学生根本就

没有疲劳的痕迹。但如果这节课是急行跳远，那么学生的下肢会产生一定的疲劳，这时就需要下肢放松练习。二是，对课堂进行小结。如对表现较好的学生给予表扬、对表现较差的学生给予批评、布置课后身体练习的家庭作业等。调研显示，部分体育教师存在缺失"结束部分"现象，建议加强体育教师课堂教学的规范性教育，有效落实体育课结束部分的工作。

（七）注重教师讲解示范技能，提高讲解示范质量

1. 合理设计示范面，提高动作示范效果

体育教师动作示范的原则在于让全体学生都能看清教师的动作，建立学生的正确的运动表象，根据这个原理，体育教师应合理组织与安排学生队形，做好正确的动作示范。调研显示，部分教师的示范面与学生的队形存在较大的问题，没有照顾到全体学生的视角。

建议如下：首先，体育教师的动作示范力求正确、漂亮、优美，杜绝体育教师错误的动作示范。其次，应根据教材内容的性质合理运用正面示范、侧面示范、镜面示范、优秀学生示范等。第三，应安排好学生的队形，有针对性地进行动作示范：如采用圆形队伍示范时，体育教师要增加多角度示范的次数；采用方形队伍示范时，前两排的学生要下蹲；采用学生分两排站立、教师站中间的队形进行示范时，教师要采用正向、反向示范等多样化形式。第四，体育教师的动作示范要根据学生的需要，掌握好动作示范的时机：先示范后讲解、讲解中的示范、练习过程中的示范、对个别学生指导的示范等。

2. 落实精讲原则，提高讲解效果

（1）运动技术讲解是体育课堂教学过程中不可或缺的环节，其总体原则在于"精讲多练"。调研显示，部分体育教师存在讲解过多的现象，从而影响了学生的练习时间。（2）"精讲多练"并不是说不讲，而是要根据教材内容的特点，结合图示讲解、运动模型讲解、正误动作对比讲解、边示范边讲解等形式，以达到最佳的讲解效果。

（八）着力解决"体育中考冲击初中体育课堂教学"的严峻问题

体育中考冲击初中体育课堂教学现象十分严重，这是一个全国性的问题，从而导致了"考什么、学什么、练什么"的恶性循环现状。建议：上虞教体局针对本地区特点，制定相应的策略，有效缓解中考对初中体育课堂教学的冲击，使初中体育课堂教学正常化。如改进与研制适合本地区的体育中考项目，以"教什么"引领"考什么"，把"教什么"与"考什么"有机结合起来。最近教育部体卫司王登峰指出："从体育教学改革的角度来看，体育测试将从原有注重学生体质测试，转型为基本运动技能加上专项化运动技能的方向发展。其中，

针对专项化运动技能应建立技能等级标准。今后的体育加试中，运动技能等级与分数挂钩，更能体现出平日里体育锻炼的真实效果。"这就是一个改革的方向，其要旨在于不仅要体现运动成绩，更要测试运动技能掌握情况。

（九）善于观察与发现学生错误动作，给予及时有效指导

调研显示，大多学校的体育教师对于学生在练习过程中产生的错误动作熟视无睹、视而不见，其中的原因是多方面的：一是，学生人数较多，出现的错误动作五花八门，一个教师无力指导班级每一个学生；二是，体育课前教学设计单薄，对体育教学过程中出现的错误动作估计不足；三是，体育教师对教材的理解不够，导致重点、难点不突出，学生学习有困难而导致错误动作百出；四是，体育教师对学情了解不够、对单元教学安排不科学，不明确学生之前学了什么、学到了何种程度、还需要改进什么等问题；五是，体育教师教学水平有限，对学生产生的错误动作毫无办法；六是，体育教师的态度问题。部分教师持有"我只管教、学不学的会是学生的事"的观点，因此体育课堂存在学生大量的错误动作而缺乏指导与纠正的现象。

针对以上现象与成因，建议以"课堂教学教法问题"为窗口，广泛开展体育课堂"教材教法"研究与全区各学段的教研活动，组织教师研讨，提升体育教师解决教学问题、指导学生动作技术等方面的能力。

（十）正确选择体育课堂教学内容，合理搭配教材内容

1. 慎选小学体育教材内容

体育教材内容的选择具有一定的原则，自第八次体育课改鼓励基层体育教师自主开发体育教材内容以来，曾出现过一些非体育类内容搬入体育课堂的现象，导致了体育教材内容选择混乱的现象，这是需要纠正的。调研显示，部分教材内容不适合小学体育课堂教学，主要的理由在于小学生并不具备学习较有难度的运动技术，这些难度较大的内容学生学不会、且动作错误百出，同时学生没有什么兴趣（学不会，从而学不乐）。建议小学低段不宜"以运动项目"的形式出现，如涉及与运动项目有关的器材，如篮球，排球、足球等，也应围绕"球的滚动、球的抛接、球的传递"等不涉及运动技术的游戏；小学高段可适当涉及一些难度较小的运动技术，如篮球运球、足球颠球等。但球体应变小、篮球架应降低、规则应简化，以适应小学生的身心特点。

2. 合理搭配一节课的教材内容

调研显示，部分教师在一节课的教材内容搭配问题上没有处理妥当，导致学生局部性身体负荷过大的现象。建议体育教师认真钻研教材、分析教材，并在选择主教材与辅助教材过程中，注意教材内容的搭配，避免都是上肢活动或

下肢活动或耐力活动，而造成身体局部的过度疲劳现象，这也是防止学生身体运动伤害的重要举措。

（十一）做好体育课堂安全预案，提高运动场地器材的利用水平

1. 做好体育课安全预设与实施工作

（1）调研显示，大部分学校只有全校安全预案（体育课只是其中的一个部分），没有体育课堂教学安全专门预案。建议各学校体育组在组长的带领下，制定适合本校特点的体育课安全预案文本，并张贴于体育组办公室，供全体教师学习、熟悉各项体育课安全预案措施。（2）在教案中要体现各种运动安全的预案，真正贯彻与落实各项运动安全措施。（3）做好学生在运动过程中的保护与帮助工作，特别是体操滚翻类项目要做好保护与帮助，其他如投掷类项目、球类项目、活动量较大的项目，也要做好学生的运动安全工作。（4）体育教师应熟悉与了解上课学生的情况，经常与班主任进行沟通，及时发现一些具有运动安全隐患的学生、先天有疾病的学生等，防患于未然。

2. 提高运动场地器材的设计与利用能力

组织学生进行身体练习是体育课堂教学重要的一环，也是体育教师必要的任务，在落实过程中需要体育教师合理利用学校运动场地器材资源，调研显示，部分教师在利用学校运动场地器材方面做得不够理想，如有的体育教师不会利用器材室中大量存放的海绵垫用于学生身体滚翻练习、不会利用周围有大片空闲的篮球场地用于急行上篮练习等；同时，在身体练习活动中，学生之间的间隔太拥挤，极大地影响了学生的身体练习效果。建议在教师培训课程设置中增加"体育场地器材的设计与利用"之内容，以提高体育教师场地器材设计与利用的能力。

（十二）强化体育课堂教学的"育德"工作

学校的"育德"工作是党十八大以来学校教育的重要任务，要做好学校育德工作，各个学科必须发挥学科教育的作用与合力，体育学科也同样具备"育德"的重要任务，且其"育德"价值巨大并无可替代。如体育教学中的竞赛活动是培养学生"体育规则"的重要手段，但从调研情况来看，体育教师在体育"育德"方面做得不够理想，如在竞赛过程中对于一些偷跑、作弊等一些违规行为，体育教师没有及时加以制止，对于一些游戏过程中违反规则的学生没有加强教育等，这是体育教学"育德"功能的缺失。

（十三）完善个人教学计划，加强教研室建设与教学文件管理

单元教学计划是一项非常重要的体育教学计划，它是制定体育课堂教学计划的前提、基础与依据，缺失了单元教学计划，体育课堂教学将失去其设计的

理论依据，而学期计划是一个学期内各个单元教学计划的叠加与组合，也是一项很重要的教学计划。调研显示，单元教学计划与学期教学计划问题较为严重，应引起高度重视，建议各校实行教研组长负责制，统一管理全校各位体育教师的教案、单元教学计划、学期教学计划等文本，并归档管理、专柜存放。

（十四）定期开展高质量的体育课堂教研活动，鼓励校长参与

1. 建议每学期开展3-4次高质量教研活动

何为"教研"活动，其要旨是"教学研究与探索"活动。因此，教研活动应以体育课堂教学为中心、集中全校教师或邀请他校教师或教研员进行课堂教学观摩、讨论、研究等活动，以达成"贯彻体育与健康课程先进理念、统一教学思想、落实教学改革、提升体育课堂教学质量"之目的。调研显示，各校的教研活动处于表面化、形式化现象。建议组织各校教研组长，以某校课堂教学研讨为平台，明确教研活动的性质、学习教研活动开展的模式，规范本校每学年3-4次的体育课堂教研活动。

2. 开展校长观摩课堂培训，提高校长评课水平

基于大部分学校校长对于体育不是十分了解的现象，建议每年开展1-2次体育理论与实践观摩培训，特别是体育课堂实践观摩与评价，对于提升学校校长看课水平、指导本校的体育课堂教学具有积极的意义。

（十五）明确室内体育课的性质，开发室内课的身体练习

室内体育课是体育课程的补充内容，它的主要作用在于辅助体育室外课、帮助学生学习相关健康知识、体育理论知识等，但室内体育课数量极其有限，一般情况下在学期开学第一节课或课程中间安排一至二次课。在一些班级数量多、运动场馆十分有限的学校将会面临着"雨天"教材的问题，这就有可能导致体育课连续被占用、或变为自习课、或变为下棋课、或上体育理论课等。

建议如下：首先，需要明确的是"棋类"是智力游戏活动，棋类作为课外活动或社团兴趣活动是可取的，但在遭遇"阴雨连绵"的季节情况下，把体育课改为"棋类课"或"理论课"是不可取的，建议着力开发室内（教室、走廊、空地等）身体练习操以供各校雨天使用。其次，体育课被占用、或变为自习课也要制止，这就同样需要开发室内运动教材，鼓励学生每天参与必要的身体练习活动。

（十六）做好小学代课与兼职体育教师的培训与指导工作

调研显示，初中以上学段的体育教师大多为专职教师，但小学学段除了大部分专职教师，还有一些是代课教师或兼职教师，这是由小学学段的特点所决

定的。从调研情况来看，初中兼职教师11人，小学兼职教师68人；初中代课教师2人，小学代课教师16人。各校对代课教师或兼职教师的管理与指导力度不够，从而导致了体育课堂教学的半放羊状态或体育教学效果低下的现象。建议组织力量对部分代课教师或兼职教师进行专业培训，使其在运动技能教学与体育课堂教学管理规范等方面基本达到最低要求。

第十章

我国体育课程的未来发展

尽管第八次体育课改经历了长达近20年的理论与实践探索，其间分别做了二次修订与完善，2017年又出台了基于学科核心素养的高中体育课程标准，在理论上具有较大的创新性，在教学实践中也进行了大量尝试，取得了前所未有的成绩。但总体而言，体育与健康课程标准在理论上尚有不足之处，如体育与健康课程的理论依据需要进一步梳理与明确；体育课程落实"健康第一"思想需要真正体现"健康教育"内容与方法；运动能力、健康行为与体育道德的内涵需要进一步解读、指标需要进一步细化；运动技能与增强体质的长期矛盾需要得到解决；运动能力与运动技能、身体素质、体质健康、身体健康等之间的概念需要进一步理清；学生体育学习方式理论依据、操作方法与实验研究需要深化等。根据上述要求，本研究提出以下七个方面的思考与建议。

一、基于核心素养的体育教学目标定位

2017年修订的高中体育与健康课程标准首次提出了"体育学科核心素养"（以下简称体育核心素养）这一新概念[1]，它的形成背景并非来自体育学科自身内推力，而是借助于《中国学生发展核心素养》的出台并力图落实到学校教育各学科之外力作用。尽管体育学科核心素养并非完美，"体育学科核心素养的组成要素过于繁杂，且各要素之间缺乏内在的逻辑性和密切度，不能有效反映体育学科核心素养的特点与要求"[2]。但体育核心素养的出台已成定论，这一事实对于体育课程深化改革而言，其冲击力巨大，不仅突破了第八次体育与健康课程改革的价值观与课程目标，对基础教育微观操作层面的方法论也产生了极大影响。由于体育学科核心素养并非来自基层，而是出自体育课程理论研究者，因而对于基层体育教师而言，难免一时之间难以适应体育核心素养背景下的体育教学实践新思路与新方法，其主要体现在无法根据体育学科核心素养的内容

---

[1] 中华人民共和国教育部制定. 普通高中体育与健康课程标准（2017年版）[M]. 北京：人民教育出版社，2018.

[2] 赵富学，王云涛，汪明春. 体育学科核心素养的研究进展及其启示 [J]. 北京体育大学学报，2019，42（01）：128-137

与要求设计与规划体育教学,尤其是体育教学目标的研制,其难度较大,这既是体育教师所面临的现实困境,也是学校体育理论研究者所急需解决的理论问题。基于本选题属于当下学校体育界出现的新问题,本研究直接以体育学科核心素养为逻辑起点,以体育教学目标为研究对象,探索两者辩证关系与对接方式,为解决体育教学理论问题与现实困境提供帮助。

查阅高中体育与健康课程标准(2017年版),文本提到了"体育课程目标",但未涉及"体育教学目标"。其中,体育课程目标分述为总目标与分目标,而分目标直接等同于体育核心素养。从此表述来看,存在以下疑问:一,把体育核心素养直接表述为体育课程目标似有不妥,毕竟体育核心素养是针对学科的,而体育课程目标是直面课程的,两者在层次上具有一定落差;二,在具体内容上,体育课程目标有其特定描述方式(运动参与、运动技能、身体健康与心理健康四个维度),用体育核心素养三个方面替代体育课程目标,显然不够严谨。若按此逻辑思考,等于架空了体育课程四维目标,直接导致体育课程目标的虚化。

体育教学目标是体育课程目标的下位概念,在体育核心素养未出台之前,体育教学目标的设计、撰写与表述本身存在一定问题,很多教师直接把体育课程四维目标搬用到体育教学目标之中,也有大部分教师把体育课程目标撇在一边,套用教育学三维目标,本研究认为这两种方式皆存在较大漏洞:其一,体育教学从属于学科教学论,运用教育学三维教学目标指导体育教学目标顺理成章,但问题在于体育学科具有特殊性,教育学能否全然成为学校体育支撑学科尚有探索空间,正如身体练习是体育学科的本质特征,而教育学却无法提供这一特质的方法论指导;其二,既然身体练习是体育教学独特现象,那么,身体练习之效果理应成为体育教学目标之一,而教育学三维目标却无法提供具体指导;其三,教育学三维目标中的"技能目标"属于泛指,而非特指"运动技能",因而体育教学的运动技能目标无法等同教育学科的技能目标。

另一方面,体育教学目标直接套用体育课程四维目标也存在一定纰漏。体育教学是体育课程的下位概念,广义上的体育课程除内含体育教学之外,还应包含系列课外体育活动(早操、大课间、课外体育、课余竞赛与训练等),若体育教学目标直接套用体育课程目标,则将窄化体育课程目标。

综上,体育核心素养是体育学科价值的高度凝练,它对于体育课程目标具有重要指导意义,而体育教学是体育课程重要组成部分,从逐级层次来看,体育教学目标研制首先需要体育核心素养指导,更需要体育课程目标的引导,这是体育教学目标与体育学科核心素养有效对接的逻辑。鉴于当下存在体育核心素养替代体育课程目标、体育课程目标替代体育教学目标等误区，建议学界理清体育核心素养、学校体育目标、体育课程目标与体育教学目标之间的辩证关系，为实现体育核心素养与体育教学目标的融合提供理论支撑。

(一) 明确"核心素养"与"目标"的关系

2017年修订的高中体育课程标准首次提出了"体育学科核心素养"的概念，它是基于《中国学生发展核心素养（征求意见稿）》背景基础上提出的，并非首创。因此，需要从教育学视角明确"核心素养"的内涵。关于"核心素养"的含义，《征求意见稿》的说明是"学生应具备的、能够适应终身发展和社会发展需要的必备品格和关键能力"。这里面涉及了两个关键词"品格与能力"（与之相对应的英文单词是competencies、Competences、skills、capabilities，但能否直译为"素养"，学者们意见不一），因而，核心素养的属概念是"品格与能力"，这一属概念体现了核心素养的属性；种差是"适应终身发展和社会发展需要"，这一种差区别于一般意义上的"品格与能力"。

"素养"应是"核心素养"的上位概念，根据中文的解释，"素养"是由"素""养"两个词组合而成的，具有三种含义："平日的修养""修习涵养""平素所供养"。比较适合的含义是"通过平日修习而达成的涵养"。素养所涉及的学科很广，核心素养是平日涵养的核心部分，对人的言行具有关键作用。与素养相关的概念还有"素质"，何为"素质"，含义各有不同，权威词典《辞海》上的定义是：①人的生理上的原来的特点。②事物本来的性质。③完成某种活动所必需的基本条件。结合教育领域，"素质"的含义应是"完成某种活动所必需的基本条件"。基于素养与素质的不同解释，本研究认为，素养侧重于内在，素质侧重于外部。

而"目标"是指：(1) 射击、攻击或寻求的对象。(2) 想要达到的境界或目的。显然，目标的第二种解释更适合教育视域。结合以上对"素养"与"目标"的理解，本研究认为，"核心素养"与"目标"存在辩证的关系，两者之间既有联系，又有区别。它们的区别体现在以下几方面：(1) 核心素养具有内在具身性，目标具有外化性。目标具有明确的外部指向性，如要去的地方、要达到的境地等，而核心素养是向内走的，如前所述，核心素养直指品格与能力，它们是一个人内在的修为，而不是外部的显现。(2) 核心素养是一般要求，目标具有具体定位。核心素养指的是一个人通过教育路径而达成的涵养，它是一般意义上的抽象概念，核心素养是目标的概念化，而目标需要一定的评价指标，目标是核心素养的具体化，定位清晰，即具有可操作性的评价标准。(3) 目标的外延目标宽于核心素养。通常情况下，目标具有多维性，而核心素养是素养中的核心内容，具有单质性，这样才能更为聚焦。

"核心素养"与"目标"同样也有一定的联系，核心素养与目标的价值追求是高度一致的，目标是实现核心素养的前提，核心素养是学科教育的最终目标。

基于以上理解，结合体育学科，体育核心素养应指向能适应终身发展和社会发展需要的必备品格和关键能力。从"三基"到三维目标，再到核心素养，体现了体育学科从教书走向育人的进程。育人是什么？其宗旨是为未来服务，培养能力、方法与习惯。体育核心素养是学科的基本要求，但它需要贯彻到课程、教学、课堂、活动之中。核心素养就是当你从学校走向社会，把学校习得的学科知识都忘记的时候，所剩的内容。如学生在学校课程中学习体育知识与技能，我们并不是要让他成为运动员，因为这是极个别的。我们所关注的是，毕业以后，作为一个公民，学过体育和没学过体育的差别，体育能留给他终身受用的东西是什么？这就是核心素养。

（二）厘清学校体育目标与体育课程目标的关系

学校体育是学校教育的一个重要组成部分，学校体育是一般性的较为抽象的概念，与它同一层次的概念是德育、智育、美育等，它与其他学科教育的本质不同是以身体练习为媒介的，其中包含了课内外、校内外的各种体育活动。

从形式关系来看，学校体育决定了以身体练习为本质特征教育的一般性作用，因此学校体育目标必然体现了一定的体育教育哲学观，如"终身体育""身心发展""健康第一"思想等，这种一般观念性的目标对于课程编制中的教学内容选择标准、教学计划与教学的展开以及教育评价提供了方向性的指南。如"终身体育"是学校体育的指导思想，它对于学校体育活动只给出了"方向"，与日常学校体育课程教学并不直接发生联系。

"课程"，英语为 Curriculum，它主要源于拉丁语的"跑道"（cur sum race course），转义作为教育上的术语，意味着学习者的学习路线。迄今为止，有各式各样的有关课程界说，如"学习程序"，"教程内容"，"计划化的学习经验"，"一连串有意识地结构化了的学习结果"等。总之，课程是指"旨在遵照教育目的指导学生的学习活动，由学校有计划、有组织地编制的教育内容"[1]，而以美国教育辞书的课程为代表的定义，与历来的概念不同，它所表示的领域已经大大扩展了，它是包含了教育目标，教学内容，教学活动乃至评价方法在内的广泛概念。

---

[1] 钟启泉编著. 现代课程论 [M]. 上海：上海教育出版社 1989：177.

"体育课程"一词是第八次体育课改以来出现的新名词,虽然称谓已被使用,但对它的研究则不够深入,若按教育学对课程的大概念(大课程观)来理解,体育课程不仅包含体育教学,也包含课外体育活动。体育教学是依据体育学科的客观系统特点组织师生进行的双边教学活动,以掌握体育知识和技能为目的;而课外体育活动,作为体育课程的课外教育,它主要是以学生的兴趣爱好出发,组织与发展学生自主的、自治的集体教育活动,可以说课外体育活动既是体育教学的延伸又是体育教学的补充。

体育课程是学校体育在目标上、内容上更为具体化的概念,也更具操作性,学校体育目标仅为学校体育提供了方向,体育课程目标则在学校体育目标的基础上具体化,使之成为同课程计划、教学实践、评价活动有直接关联的指南,学校体育目标决定了体育课程目标的方向,体育课程目标则体现了学校体育目标的具体内容。

第八次体育课改之前,体育课程这一词语使用甚少,因此,就目标层面而言,学校体育目标统领体育教学目标,且二者之间具有一致性,皆围绕三点论"增强体质、掌握三基、思想教育"展开,自第八次体育课改广泛使用"体育课程"一词之后,学校体育目标出现了淡化现象,人们更多关注了体育课程目标与体育教学目标,且在表述方式与目标内容上,体育课程目标与体育教学目标具有较大的差异,这一现象需要引起学界的注意。虽然从理论上体育课程与学校体育追求的价值观是一致的,学校体育指明了方向,体育课程落实了具体,但体育课程毕竟不能取代学校体育,否则学校体育这一词语的存在便无意义,因此,学校体育目标仍不可或缺;另一方面,要深化研究学校体育目标与体育课程目标之间的辩证关系,在梳理学校体育目标变迁历史的基础上,结合当下的体育课程四维目标,倒追学校体育目标,使得学校体育目标与体育课程目标更加明确与清晰。

(三)厘清体育课程目标与体育教学目标的关系

学理而言,体育课程包含了体育教学与课外体育,体育课程目标是体育教学目标的指南,体育教学目标是体育课程目标的下位概念,其表述的维度理应遵从体育课程目标的表述,但从现实状况分析,体育课程目标与体育教学目标是分离的,不具一致性。第八次体育课改把体育课程目标定位于五维目标,2011年体育课标修订版又把体育课程目标改为"四维目标",其词语与内容并没有变化,只是把心理健康与社会适应目标合二为一了。有的学者根据以上思路,在体育教学目标设计中按体育课程四维目标的方式陈述体育教学目标,如某教师设计了水平四初中体育课堂教学目标(教材内容为珍珠球传接):(1)运动参与:通过启发引导，激发学生的参与精神；（2）运动技能：在基本掌握珍珠球运动规则与方法的基础上，学习传接球技术，帮助学生明确运动方法并能合理运用；（3）身体健康：发展学生的传接球能力，提高身体协调能力；（4）心理健康与社会适应：通过自主而有效的学习帮助学生建立自信心，在学习比赛中加强学生的合作意识和集体意识。但更多的学者借用教育学科"三维目标"的表述，把体育教学目标陈述为"三维目标"的三个方面（实际上三维目标在表述上仍有差异，有的学者按布鲁姆的目标分类表述为"认知目标、技能目标与情感目标"，有的学者则把目标表述"知识与技能、过程与方法、情感与价值观"），如某教师制定了小学五年级课堂教学目标（教材内容为站立式起跑、游戏）：（1）认知目标：使学生初步掌握"站立式"起跑的动作要领和各种练习方法，激发学生的兴趣；（2）技能目标：较好地发展快速跑的能力，提高反应速度；（3）情感目标：培养学生竞争意识和能力拼搏的精神，激发兴趣，促进身心全面发展。有的学者还结合体育学科特殊性，在三维目标的基础上，增加了"体能目标"。以上事实说明，学界在体育课程目标与体育教学目标的关系问题上并未达成共识。

　　本研究认为，以体育课程四维目标作为体育教学目标设计与表述的方式存在一定问题，其疑点在于体育课程（广义的体育课程）并不仅仅指向体育教学（尤其是体育课堂教学），还包含了大课间、课外体育活动、课外运动竞赛等，因此，把体育课程领域与目标直接搬到体育课堂教学目标之中实为不妥，两者之间并不是一一对应的关系。而美国教育学家布鲁姆提出的三分法教学目标，固然有其一定的道理，但它主要是针对学校各个学科，即所有的学科皆能适用。教育学尽管能为体育学科提供一定的理论支持，但教育学并不一定是体育学的唯一母学科，它从本质上无法支撑具有动作操作特殊性的体育学科；另一方面，布鲁姆教学目标分类体系中的"技能目标"并不直接指向"运动技能"，还指向其他学科的"操作技能"，因而，如何根据体育课程目标的要求，并根据布鲁姆的三分法教学目标，结合体育学科特征，构建具有体育学科特殊性的体育教学目标还有待学界深化研究。

　　（四）厘清学校体育目标与体育教学目标的关系

　　以系统论角度分析，学校体育包括体育教学、课外体育活动，课外体育活动有包含课外运动竞赛和业余体育训练等，各个子系统之间皆有一定的目标，各个目标之和构成学校体育目标，但各个子系统之间的地位与作用不同，体育教学是学校体育的主体，课外体育活动是体育教学活动的延续，课外运动竞赛具有提高运动水平、营造校园体育文化氛围、调动学生参与体育活动热情的作用，业余体育训练则具有提高少数具有一定天赋的运动员竞技水平的价值，对于全体学生而言，其意义具有局限性。基于上述思路，学校体育的目标应主要侧重于体育教学目标与课外体育目标的集合，体育教学目标则应侧重于知识与技能的传习，因体育学科的本质在于操作性知识，因而，运动技能的传习应成为体育教学目标的重要关注点。本研究以体育教学的运动技能目标为例，展现体育教学目标与学校体育目标的衔接价值：学生从初学运动技术到运动能力的养成，其思维脉络如下：前人的运动文化遗产—运动素材—运动项目—具体的运动技术—传授给学生—学生初学运动技术—改进与提高运动技术—强化与巩固运动技术—掌握自动化的运动技能—掌握多种运动技能—运动能力养成。按此逻辑思考，体育教学的前期目标应定位于学习各种运动技术，掌握部分运动技能，加之课外体育的补充，达成掌握多种运动技能的愿望，从而提高学生的运动能力。这是体育教学目标为学校体育目标的贡献线路。当然体育教学目标不仅仅局限于运动能力养成目标，还涉及理论知识的认知目标与情感目标，在此不再赘言。

然而，第八次体育课改打破了长期以来的固化模式，在学校体育目标与体育教学目标之间增加了体育课程目标，且体育课程标准另辟新径，其目标内容与之前的学校体育目标与体育教学目标完全不同，从而也导致了当下学校体育目标、体育课程目标与体育教学目标的内容与表述不一致的现象。本研究认为，体育教学是学校体育的主体部分，学校体育目标应统摄体育教学目标，这是理论与现实的需要，而体育课程目标应成为两者之间的桥梁，对于以上三者目标之间的内容与表述仍需深化研究，以解决学校体育学理问题。

（五）明晰体育核心素养与学校体育目标的关系

体育核心素养是基于学科的，但其学科是怎样的"学科"？是体育学科，还是学校体育学科，若指向大概念的体育学科，那么当下所呈现的核心素养并不能完全覆盖整个体育学科，因为体育大概念背景下的体育学科既包含学校体育，也包含竞技运动、大众体育，本研究认为，2017年版高中体育课程标准提出的"体育学科核心素养"所指向的学科应是"学校体育学科"。因学校体育目标是方向性的，并不需要具体化，而体育核心素养也具有抽象性，所以学校体育目标与体育核心素养应具有高度一致性。如前所述，核心素养的关键因素是"品格与能力"，是面向未来与终身的，关于核心素养的未来与终身指向，学校体育也非常适合，它可为终身体育打好基础，为未来的终身健康提供帮助。

体育核心素养具体指标为运动能力、健康行为与体育品德，它体现了核心素养的关键因素与基本要求，"运动能力"指向"能力"，"体育品德"指向"品格"，而健康行为则体现了学校体育学科的特殊性。

学校体育目标在内容上与体育核心素养差异较大,第八次体育课改之前学校体育目标较为常见的说法是:(1)增强学生体质;(2)掌握体育基本知识、基本技术与基本技能;(3)思想品德教育,促进个性发展;(4)发展学生运动能力,为国家输送体育后备人才。[①] 其他的说法与之差异不大,仅在表述上略有变化。第八次体育课改之后学校体育目标尽管依然存在,但逐渐淡出人们的视野。自2018年9月10日,习近平总书记在全国教育大会上发表重要讲话之后,学校体育目标又再次成为热门话题。习近平总书记提出:"要树立健康第一的教育理念,开齐开足体育课,帮助学生在体育锻炼中享受乐趣、增强体质、健全人格、锤炼意志"[②],此段重要论断中,健康第一是指导思想,开齐开足体育课是基本要求,享受乐趣、增强体质、健全人格、锤炼意志是四维目标。该四维目标与课改之间的四个目标有着较大程度的区别:(1)突出了享受乐趣的学生体育学习体验;(2)强化了思想教育中的"健全人格、锤炼意志"的价值。

以上思维目标与核心素养在具体指标上与表述上也有较大差异,核心素养侧重于运动能力、健康行为与体育品德,而四维目标侧重于享受乐趣、增强体质、健全人格、锤炼意志,其中三个目标与体育品格相关。基于上述分析,本研究认为,需要进一步梳理体育核心素养与体育课改之前的学校体育目标,明晰习近平总书记提出的学校体育四维目标与体育核心素养之间的关系,这是学界理论研究者理应承担的工作与责任。

(六)明晰体育核心素养与体育课程目标的关系

从学校体育目标四点论到第八次体育课程五大目标再到2011年的体育课程四大目标,最后落实到体育学科三个核心素养,体现了国家、社会、教育、学校等对体育课程的诉求变迁历程,目前较为急切的任务是把体育课程四大目标与体育核心素养的辩证关系梳理清楚。这个关系若不明晰,可能会阻碍体育核心素养在体育课程中的实施与落实程度,也将模糊体育课程行进的方向与策略。

从内容指标来看,核心素养包含了运动能力、健康行为与体育品德三个方面,体育课程目标表述为运动参与、身体健康、运动技能、心理健康与社会适应四个方面,二者之间的指标差异很大,其共通之处是:(1)运动能力与运动技能的相关性较大,可以说运动技能是运动能力的前提与基础,运动技能的学习与掌握有助于运动能力的发展,运动能力的提高反过来有利于运动技能的学习;(2)体育品德与"心理健康与社会适应"相关性较大,体育品德由个人品

---

① 金钦昌. 学校体育学[M]. 北京高等教育出版社,1994:50-51.
② 张烁. 坚持中国特色社会主义教育发展道路,培养德智体美劳全面发展的社会主义建设者和接班人[N]. 人民日报,2018-09-11.

德与集体品德构成，而个人品德主要涉及了心理健康，集体品德主要涉及了社会适应，因此，从内涵上理解，两者具有共同性。虽然体育核心素养与体育课程目标存在一定的共性，但两者并不等同，核心素养作为学校体育学科的一般性要求，涉及到未来性与终身性，而体育课程目标主要侧重于体育课程服务学生的当下性。2017年版高中体育课程标准把体育课程分目标描述为核心素养的三个方面，本研究认为，此表述不够精准，尚需进一步明晰核心素养与体育课程目标之间的内在关联，并在此基础上重新明确体育课程目标。

（七）梳理体育核心素养与体育教学目标的关系

如前所述，体育核心素养是基于学校体育学科的，体育教学是针对教学实践的，学科与教学存在一定的逻辑关系。"体育核心素养应统领体育教学目标与课外体育目标，体育教学则是体育课程的核心，因而体育核心素养应成为体育教学目标研制的依据。"① 因此，寻找体育核心素养与体育教学目标的共通性是梳理两者之间关系的桥梁。

根据基础教学实践反馈信息可知，体育教学目标的陈述方式有两类，一类是依据体育课程目标的，一类是依据教育学三维目标的，两者皆是体育教学目标的上位概念，理应成为体育教学目标研制的依据。但基于学校体育学科新出台了体育核心素养的观念，容易导致体育核心素养与体育课程目标、体育教学目标之间的混淆，因此，本研究立足于教育学三维目标，并以此作为体育教学目标的依据。基于以上思路，体育教学目标可划分为四个方面：

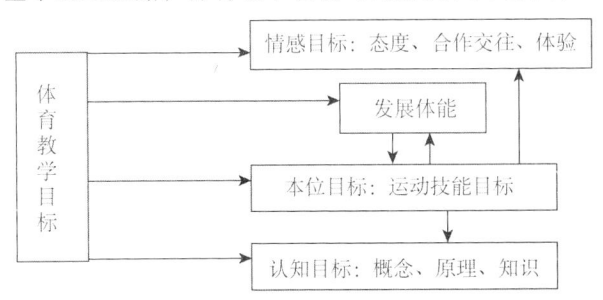

```
                    ┌─→ 情感目标：态度、合作交往、体验
体育教学目标 ───────┤
                    ├─→ 发展体能
                    ├─→ 本位目标：运动技能目标
                    └─→ 认知目标：概念、原理、知识
```

图25　体育教学目标内容示意图②

以上划分标准是以教育学"认知目标、运动技能目标、情感目标"三维教

---

① 邵伟德，齐静. 基于"体育学科核心素养"的体育课堂教学目标设计思路［J］. 体育教学，2020，40（01）：6-7.

② 邵伟德，李启迪，胡建华. 学校体育与体育教学目标再认识［J］. 北京体育大学学报，2010，33（12）：98-100，112.

学目标为主体框架的,根据体育学科的特殊性,增设了"体能"目标。

而体育核心素养包含了运动能力、健康行为与体育品德三个核心内容,本研究把体育核心素养与体育教学目标对接如下。

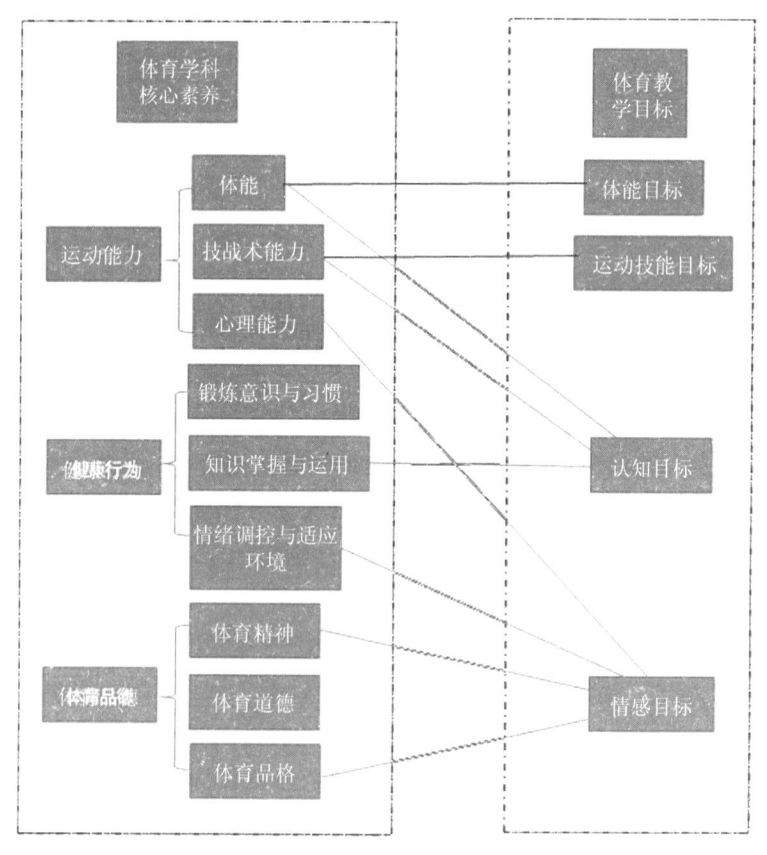

图26 体育核心素养与体育教学目标之指标对接示意图

尽管体育核心素养三级指标体系内容尚有不完善之处(有些内容仍有交叉重复现象),但本研究讨论重点并非指向体育核心素养指标体系的科学性,而是基于体育核心素养指标体系如何融入体育教学目标这一选题。上图所示,体育教学"体能目标"与运动能力素养中的"体能"相对应;体育教学"运动技能目标"与运动能力素养中的"技战术能力"相对应;体育教学"认知目标"与健康行为中的"知识掌握与运用"、与运动能力素养中的"技战术能力"理论知识相对应、与运动能力素养中的"体能"知识相对应(因"技战术与体能"既有运动实践,也有理论知识范畴);体育教学"情感目标"与运动能力素养中的"心理能力"、与健康行为素养中的"情绪调控"相对应、与体育品德素养相对应。上述连线为体育核心素养与体育教学目标对接提供基础,如运动能力素养中的"技战术能力"既为体育教学"运动技能目标"提供了具体内容,又丰富了体育教学"运动技能目标"内容(运动技战术组合教学、实战教学);体育品德素养及其具体指标为体育教学"情感目标"提出明确思维向度与具体内容。

体育课堂教学目标是教学目标的最小单位,因此,体育学科核心素养的基本精神最终要落位于体育课堂教学。

"体育学科核心素养"是基于《中国学生发展核心素养》,根据体育学科的特点而研发的,是时代发展与学科发展需要的产物。普通高中体育与健康课程标准(2017年版)提出了课程的基本性质:"课程的基础性强调在义务教育基础上进一步全面提高学生的学科核心素养,为终身体育锻炼与保持健康奠定坚实的基础。"说明了学科核心素养是体育课程的学科基础,既如此,体育学科核心素养应成为体育教学目标研制的依据,但体育教学目标并不等同于体育学科核心素养,因此在表述上应有不同,体育学科核心素养的具体内容包含了"运动能力、健康行为与体育品德"三个方面,体育教学目标的表述则不能原封不动地照搬体育学科核心素养,应对体育学科核心素养的具体内容加以缩小与细化。"运动能力、健康行为与体育品德"是体育学科核心素养的一级指标,代表了学校体育的总体追求与预期,在体育课堂教学目标具体设计过程中,应根据体育学科核心素养的一级指标、二级指标进行逐级细化。具体而论,"运动能力"是一级指标,其二级指标为体能、运动认知、技战术运用、体育展示与比赛。同理,"健康行为"的二级指标为体育锻炼意识与习惯、健康知识掌握与运用、情绪调控、环境适应。"体育品德"的二级指标为体育精神、体育道德与体育品格。① 根据如上所述的体育课堂教学目标研制"三分法"思路,结合体育学科核心素养的基本要求,本研究认为,体育课堂教学二级目标的设计可表述如下:

(一)认知目标:突出"健康知识、运动理论知识"目标

体育课堂教学中的"认知目标"大多从属于"健康行为"核心素养的一级指标,但仅仅停留于此是不够的,需要结合"健康行为"的二级指标进行细化,其中"健康行为"的二级指标是"体育锻炼意识与习惯、健康知识掌握与运用、情绪调控、环境适应",但因该二级指标不仅涉及了"健康知识、意识与习惯",

---

① 邵伟德,齐静. 基于"体育学科核心素养"的体育课堂教学目标设计思路[J]. 体育教学,2020,40(01):6-7.

还涉及了"情绪调控"等,本研究认为,"情绪调控"更多涉及了心理健康目标,因而建议放在"情感目标"之中较为适合。根据以上思路,本研究认为应在体育学科素养"健康行为"二级指标的基础上进行指标筛选,把"健康知识、运动理论知识"作为体育课堂教学的认知目标。其中"健康知识"的具体内容又可具体指向身体健康与健身的知识、方法、管理、安全、卫生等;"运动理论知识"的具体内容可指向学习过程中的各类运动项目来源、技术要领、规则、裁判等。以上内容既可以在理论课中实施,也可在体育实践课中贯穿。

(二)运动技能目标:突出"运动技战术学练与实践运用"目标

体育课堂教学中的"运动技能目标"主要与核心素养中的"运动能力"一级指标关联度较大,但"运动技能"并不等同于"运动能力",体育学科核心素养的"运动能力"二级指标是"体能、运动认知、技战术运用、体育展示与比赛"。本研究认为,"运动技战术的概念、原理、方法等方面的学习"属于大脑认知范畴,宜放在体育课堂教学的认知目标中陈述;"体育展示与比赛"本身就是"技战术的实践与运用",因而,体育课堂教学的运动技能目标主要侧重"运动技战术练习、掌握与运用"目标。由于学生掌握运动技能需要一个学练、复习与巩固的过程,因此,体育课堂教学"运动技能目标"主要指向运动技术的学练过程,而"竞赛活动"本身就是"运动技术的运用与实践过程",能有效激发学生的运动兴趣、巩固前期所学技战术,因此,在教学中多运用一些游戏与竞赛活动有利于学生掌握运动技能。另一方面,如果课堂教学仅仅是为了学习单一的、重复的运动技术,那么课堂就会变得枯燥乏味,因此,运动技术学练过程需要突出运动技术的实践与运用,提倡更多地开展各类游戏与运动竞赛活动。同时,由于运动技能的掌握需要体能为基础,所以针对体育学科,体能是技能目标内容的拓展。

(三)情感目标:突出"学习态度、体育精神、情绪调控与体育道德"目标

体育课堂教学中的"情感目标"与体育学科核心素养中的"体育品德"一级指标关联度较大,而其二级指标是"体育精神、体育道德与体育品格",因而,"情感目标"应与二级指标对接。其中"体育精神、体育品格"较多体现了个人特征,"体育道德"则更多涉及人际关系。但并非把体育精神、体育道德与体育品格堆砌在一起就是体育课堂教学的情感目标。情感目标应更具体化与操作性,应包含涉及个人特征的"学习态度与情绪控制"等因素,也要包含体现团队特征的"体育道德",因此,体育课堂教学情感目标可突出"学习态度、体育精神、情绪调控(个人特征)与体育道德(团队特征)"等方面的具体内

容。其中"学习态度"是与体育品格有关的内容,其具体含义是"学生对待体育课程的态度、参与积极性与热情";"体育精神"的含义是"学生体育学习所表现的自尊自信、勇敢顽强、积极向上等";"体育道德"的含义是"尊重规则、尊重裁判、尊重对手,培养正确的比赛胜负观等"。

综上,本研究从学理上阐述了体育学科核心素养、体育课程目标与体育课堂教学目标之间的关系及体育课堂教学的设计思路,为基层体育教师的课堂教学设计提供了一些参考。

二、课程内容、教材内容与教学内容再认识

什么是体育课程内容?什么是体育教材内容?什么是体育教学内容?它们之间存在怎样的关系等等理论问题是当下体育课程理论中尚未解决且相当混淆的现象,这些关系若不理清,那么将直接对体育教学理论、体育课教学设计与体育教学实践产生重要的影响。因此,我们有必要从学理上进行深入的探究,这也是本研究必须要明确的一个重要问题。

首先,明确运动素材、体育课程内容的关系。

"体育"与"运动"的概念长期以来都没有权威性的定论,本研究所涉及的"体育"含义主要是指"身体教育",且与"运动"含义不同。运动素材是体育课程的上位概念,纵观体育与运动领域,形形色色的运动素材有各类竞技项目、身体娱乐项目与体育健身项目等,但并不是所有运动素材都可以成为体育课程内容的,只有那些适合于青少儿身心需求、适宜于课程教学的运动素材才有可能被选择并作为体育课程内容。因此,运动素材与体育课程内容之间存在着上位与下位、多与少之间的关系,体育课程内容一旦被确定之后,体育课程就形成了一个相对稳定的结构,但随着时代的变迁与发展,体育课程内容可不断从新的运动素材中汲取营养、添加充实。

从传统运动素材划分角度来看,运动素材有田径、体操、球类、武术、舞蹈、游泳、轮滑、攀岩、健身、健美、排舞、艺术体操、登山、远足等等。但这些运动素材并不一定适合青少儿学生,只有那些适合学校体育开展的运动素材才能被引入并成为体育课程内容,体育课程就是从大量的运动素材中精选出来的、适合青少儿学习与锻炼的内容。

其次,明确体育课程内容与体育教材内容的关系。

按体育课程内部结构视角进行划分,体育课程可不断细化为如下图所示的各个不同层次。

划分层面	运动素材

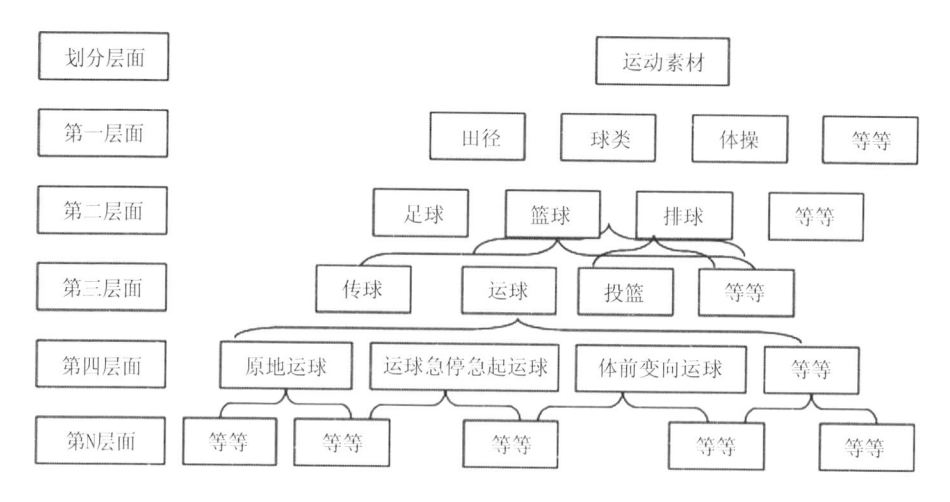

图 27　体育课程分层划分示意图

上图所示，并以球类项目为例，第一层面的体育课程内容是田径、球类、体操等；第二层面的体育课程内容是"球类"中的"篮球""足球""排球"等；第三层面的体育课程内容是"篮球"中的传球、运球、投篮等；第四层面的体育课程内容是"运球"中的原地运球、运球急停急起、体前变向运球等，其中"原地运球"又可以划分为"1 分钟原地运球""5 分钟原地运球"等，如何分步划分是无穷尽的，那么，体育课程内容与体育教材内容是什么关系呢？

笔者认为体育课程内容划分到第四层面时，体育课程内容就转变成了"体育教材内容"。其主要的依据有以下三点。

第一，体育课程内容要成为体育教材内容应具备首要条件是：课程内容（或学习的经验）明显地被体育教师感觉为一个较为清晰的教学概念时，体育课程内容就转化成了体育教材内容。

按照体育课程内容的划分情况分析，当我们把体育课程内容划分到第三层次时，就比较清晰地感觉到了体育课的教学材料：即把抽象的第一层面的体育课程内容"球类"与第二层面的体育课程内容"篮球"转变为比较具体的第三层面的体育课程内容"篮球运球"时，我们可以清晰地感觉到了上课的内容。但此时还不十分具体，若继续划分，把第四层面的体育课程"原地运球""运球急停急起""体前变向运球"等内容呈现给体育教师时，体育教师也就十分明确体育课该教"什么"了；其次，也能展开对"教材内容"进行具体的分析，如分析"原地运球"的概念、原理、运动特点、动作路线、重点难点等内容要素，从而为进一步实施教学打好基础。但如果仅仅停留于体育课程的第一层面"球类"、第二层面"篮球"是远远不够的，即使分解到第三个层面的"篮球运球",还不具备可操作性。因为"球类"或"篮球"或"运球"还是停留在一个比较抽象的概念层面。

第二,当体育课程内容划分到运动技术教学单元时,体育课程内容就转化为体育教材内容。

什么是单元?"流行的单位是单元,使儿童的思维活动有一个段落,将教材或学习经验构成一个个有机的单位,谓之单元。单元包含两个侧面:一是依据儿童的思维结构与过程,进行教材与学习活动的程序设计的单元构成侧面;二是依据这种计划,指导儿童的思维活动,以形成一定的概念与技能的单元展开侧面。"结合体育课程的划分情况进行分析,处于第一层面的课程内容是田径、球类、体操等,其中球类虽是一个独立的单位或结构,但球类与田径、体操、武术等各子项并无关联,其属性虽皆为"体育",却属于不同性质的并无关联的"体育项目";处于第二层面的体育课程是球类中的"篮球、足球、排球、乒乓球"等,其中篮球与足球、排球、乒乓球等各子项并无关联,其属性虽皆为"球类",却属于不同性质的并无关联的"球类项目";处于第三层面的体育课程是"篮球"中的"运球""传球""投篮"等,其中"运球""传球""投篮"等各子项并无关联,其属性虽皆为"篮球",却属于不同性质的并无直接联系的"篮球技术";处于第四层面的体育课程是"运球"中的"转身运球""原地运球""运球突破"等,此时,其中"转身运球""原地运球""运球突破"等各子项产生了一定的关联,且各子项是一个比较完整的、独立的教学单元,并以课次形式构成其内部单元结构,如"运球突破"教学单元由三次课组成。这时,"篮球运球突破"就是转变成了体育教材内容。

当体育课程内容划分到第四个层面时,体育课程内容就以体育教材内容的形式进行较为科学的编排成了学期教学计划。

教材排列是指:"按一定的顺序编排一门科目的内容。一般可分为两种:(1)直线式排列;(2)圆周式排列(螺旋式排列)。"① 以这个视角分析,既然构成了"教材",就有其特定的排列方式,且具体教材内容之间也必然有相应的逻辑性,这是由学科特点所决定的,对于第一层次、第二层次、第三层次的体育课程内容而言,没有排列的必要性与规定性,即不需要具体的排列方式,也没有具体内容的先后、前后的逻辑关系。只有把体育课程内容分解到第四层面时,才有了严格的排列方式与逻辑关系。

要理解这个问题,我们还需要了解体育教材的性质。所谓"教材"是指:

---

① 顾明远. 教育大辞典[M]. 上海:上海教育出版社,1997:659.

"教师与学生据以进行教学活动的材料、教学的主要媒体。教材通常按照课程标准（或教学大纲）的规定，分学科门类和年级顺序编辑，其中包括文字教材（教科书、讲义、讲授提纲、图表和教学参考书等）和视听教材。"[1] 在上述概念与含义中，需要特别注意的是"教材通常按照课程标准（或教学大纲）的规定，分学科门类和年级顺序编辑"，结合体育学科，"教材"是"按年级顺序"进行编辑的。学年教学计划在落实具体的内容时，是以"单元"作为最终落脚点的，学期教学计划则落实到了"课"的层面。上述分析可知，"篮球"是课程内容划分的第二层面，它是一个独立的单位，与其他的课程内容如排球、足球等没有什么关联；"篮球运球"是体育课程内容划分的第三个层面，它也是一个独立的单位，与其他的课程内容如篮球投篮、篮球传球等并无直接关联；只有当体育课程内容划分为第四个层面，即把篮球运球划分为"转身运球""原地运球""运球突破"等时，它们之间才产生直接的联系，并按照一定的逻辑次序进行排列，从而构成学期教学计划，为体育教师提供日常的体育教材内容。

综上所述，体育课程内容是从运动素材中精选而来的，运动素材是体育课程内容选择的上位概念与基础。只有那些适合于体育课程教学的运动素材才可以成为体育课程内容，体育教材内容则是体育课程内容的具体化，即把体育课程划分为"单元教学"层面时，课程内容就成了体育教材内容。

那么，体育课程内容与体育教材内容的内涵是什么？课程内容是指各门学科中特定的事实、观点、原理和问题及其处理方式，它是学生学习的对象，源于社会文化，并随着社会文化的发展而不断发展变化。由于体育课程是学生以身体练习为主要手段，通过合理的体育教育和科学的体育锻炼过程，达到增强体质、增进健康和提高体育素养为主要目标的必修课程。因此，体育课程内含的需要学生学习与掌握的有关运动知识、原理、技术、方法等方面的内容就是体育课程内容，它包括课内与课外的内容。而教材的定义有广义和狭义之分，广义的教材不一定是装订成册或正式出版的书本。凡是有利于学习者增长知识或发展技能的材料都可称之为教材。即广义的教材指课堂上和课堂外教师和学生使用的所有教学材料，比如，课本、练习册、活动册、故事书、补充练习、辅导资料、自学手册、录音带、录像带、计算机光盘、复印材料、报纸杂志、广播电视节目、幻灯片、照片、卡片、教学实物等等，教师自己编写或设计的材料也可称之为教学材料。另外，计算机网络上使用的学习材料也是教学材料；狭义的教材即教科书。基于以上认识，笔者认为狭义的教材更适合于体育学科，

---

[1] 顾明远. 教育大辞典［M］. 上海：上海教育出版社，1997：659.

即体育教材主要是指体育教科书（教师用书与学生用书）。其中体育教科书中所内含的各类运动项目及其教法、学法、图示、视频、注意事项等方面的内容就是体育教材内容。

第三，体育教材内容与体育教学内容的关系

有学者认为："'用什么教'实际上说的是教材内容，属于教材层面的概念，它包括一切有效的传递、体现课程内容和承载课程价值的文字与非文字材料。教材内容不是学生直接掌握的对象，而是师生教学活动的中介，教材因此也成为教师帮助学生实现课程学习目标的工具和跳板。""需要指出的是，教材受制于课程内容，必须反映课程内容，但仅有课程内容'教材化'是不够的，教材内容还须'教学化'。教材内容不是素材的堆积，而必须经过方法化处理。这种'教学化'实质上是让教材'心理化'，即遵从学生学习活动的心理逻辑，使教材更具'可教学性'"。[①]

时下有一个时髦的用语引发了我们的思考——"用教材教"。它已成为教师们经常挂在嘴边的一句话。"用教材教"反映了教材观的转变，即视教材为主要的课程资源、教学线索，激活了教师的专业自主性，让教师以教材开发者的姿态，将个人特质、教学经验、教学才能融入对教材的加工、改造之中。

从历史角度来看，过去我们也反对照本宣科，追求用活教材，现在提倡"用教材教"，似乎是旧话重提，但其必要性不容小觑。社会与教育的发展在为教学提供新条件的同时，也对教学提出了更高的要求。要求教学更加关注学生的个性发展，要求教材多样化，要求教学手段不再只是一张嘴巴、一支粉笔。因此，传统的话题势必会在新的历史条件下，寻求新的诠释与表达。

目前，有种观点认为，"教教材"与"用教材教"是衡量教师教学水平的两个阶段。教师忠实执行教材是"教教材"，教学水平处于第一阶段，而教师"用教材教"是教师教学水平的第二个阶段。事实上，要有效地"用教材教"，除了正确理解、准确把握教材之外，还必须深入分析学生的学习特点，了解他们的真实情况。教材再好，通常也只能根据一般情况为教与学提供一个思路和一种设计方案，不可能完全适应每个学校、每个班级、每个学生的具体情况。用教材教，要求教师具备解读教材、解读学生的智慧。解读教材、解读学生与加工教材，都可以在备课过程中，即在课前一次完成，实际的备课过程，也常常是将三者结合起来进行的。

---

① 俞红珍. 课程内容、教材内容、教学内容的术语之辨——以英语学科为例［J］. 课程. 教材. 教，2005（08）：49-53.

通过对"教教材"与"用教材教"的理解,我们似乎对教学有了一个新的解释,但我们忽视了一个教学基本概念,那就是"教学内容"。因此,我们必须搞清楚"教材"与"教学内容"存在何种关系。

长期以来,教育学界与体育界对课程内容与教学内容有不同的理解,有的把课程内容和教学内容等同起来,认为课程标准要求什么教师就教什么;有的认为课程内容先于教学内容发生,即先有课程内容,后有教学内容。对于体育教材与体育教学内容的认识,学界也没有统一的界定,如有的学者认为,体育教材与体育教学内容的含义基本相同,教材就是教学内容;有的学者认为,教材是教学内容的下位概念;有的学者认为教材比教学内容范围更大,教材还包含教科书、教学用具等辅助材料。

必须承认,教材内容无论多么"教学化",它都不能自动地成为教学内容。教材内容是静态的,它是对教学内容的某种预设,而具体教学情境是复杂多变的,是动态的。这便引出了教材内容"教学化"的另一层含义,即教师在教学过程中根据具体的教学目标和教学情境对教材内容进行方法化处理,形成具体而有效的教学设计。教材内容进入教师的教学过程,经由教师的加工处理和"教学化"过程转变成为教学内容。①

钟启泉认为:"教学内容不仅包括教材内容(素材内容),而且包括了引导作用、动机作用、方法论指示、价值判断、规范概念等。"② 教材是教学内容的重要成分,但它不过是一种成分。由此看来,教学内容具备了教材内容所无法包含的内涵,它涉及教师的主观作用。因此隐藏着种种不确定性。

又有学者认为:"日本1978年的'体育学习指导要领'(相当于我国的体育教学大纲)有了一个新的规定,这就是在教学内容中增加了"选择必修"。具体地说,除了田径、体操以外,球类运动包括了篮球、排球、足球、手球、棒球五项,学校或学生可以从中选择学习一至二项;另外,男生可以选择柔道、剑道中的一项,女生则可以从各种舞蹈中选择一项。上述规定说明,指导纲要规定的教学内容是可以选择的,而被选择的项目仅是教学内容中的一部分。如果选择的同时,再考虑把学习内容进一步个性化、典型化,并使这一部分内容更加适合学生的年龄阶段和发展水平,这就是教材构建的过程,或把它称为教材

---

① 俞红珍. 课程内容、教材内容、教学内容的术语之辨——以英语学科为例[J]. 课程. 教材. 教法,2005(08):49-53.
② 钟启泉. 现代学科教育学论析[M]. 西安:陕西人民教育出版社,1993.187.

化的过程。"①

学者贾齐对教材的理解是："在体育教学中作为教材的身体练习并不仅仅是对技术动作的指称，而是对由'技术动作'、'运动条件'以及'运动课题'这三个要素所构成的运动场面的指称。比如进行'踢凌空球'的教学时，运动场面可以表现为：（1）将球以静止状态置于某一高度或者将球抛掷给踢球人（即运动条件）；（2）以踢凌空球的技术动作踢球（即技术动作）；（3）将球踢到某一方向或者某一位置（即运动课题）。也就是说，只有当学生在具体的运动场面操作自己的身体时，身体练习才能够成为真实的感知对象。"②

如上所述，我们可以看出，日本对教材内容与教学内容的理解与中国对教材内容与教学内容的理解是不同的，日本的理解是教学内容在先、教材在后，中国的理解是教材在先、教学内容在后。

要正确理解体育教材内容与体育教学内容之间的辩证关系，首先需对"教材与教材内容"、"教学内容"的概念进行考察。如上所述，教材的定义有广义和狭义之分。广义的教材指课内外教师和学生使用的所有教学材料，比如，课本、练习册、活动册、故事书、补充练习、辅导资料、自学手册、录音带、录像带、计算机光盘、复印材料、报纸杂志、广播电视节目、幻灯片、照片、卡片、教学实物等等，教师自己编写或设计的材料也可称之为教学材料。即凡是有利于学习者增长知识或发展技能的材料都可称之为教材；狭义的教材就是教科书，教科书是一个课程的核心教学材料。从目前来看，教科书除了学生用书以外，几乎无一例外地配有教师用书，很多还配有练习册、活动册以及配套读物、挂图、卡片、音像带等。③ 教育大辞典中对教材的解释是："教师与学生据以进行教学活动的材料，教学的主要媒体。通常按照课程标准（或教学大纲）的规定，分学科门类和年级顺序编辑。包括文字教材（含教科书、讲义、讲授材料、图表和教学参考书等）和视听材料。教材内容要素包括三个方面：（1）构成知识体系的术语、事实、概念、法则和理论；（2）与技能和能力有关的各种技术、作业方式与步骤；（3）作为世界观基础的态度、观念以及可以激发非认知因素的事实。"④

---

① 顾渊彦. 体育教材教法的核心是什么（之二）——体育教学内容和教材的联系与区别 [J]. 体育教学，2011.5.
② 贾齐，朱妹，李国红. 赖丽新关于体育课程若干基本概念之指称对象的考察 [J]. 体育与科学，2010.5.
③ http://www.baidu.com/.
④ 顾明远. 教育大辞典 [M]. 上海：上海教育出版社，1997：695.

比较"教材"广义概念与狭义概念，其主要的区别有两点：一是课堂资料还是课外资料；二是仅指教科书还是其他所有的教学材料。笔者认为，按学科理解，体育学科主要以课内教学材料为主体（其实在绝大多数情况下，学生连教科书都极少使用），基本用不着课外诸多的练习册、活动册、故事书、补充练习、辅导资料、自学手册、录音带、录像带、计算机光盘、幻灯片等。因此，笔者认为狭义的教材概念比较适合体育学科教学，即体育教材是指适合于体育课内教学使用的教科书（教师用书与学生用书），而体育教材中内含的知识、原理、方法、挂图、卡片、技术等内容就是体育教材内容。

遗憾的是在教育大辞典中始终没有找到"教学内容"概念解释，这给我们区分体育教材内容与体育教学内容概念带来了较大的难度。

结合体育课程划分示意图，当我们具体划分到第四个层面"篮球行进间运球"，此时的体育课程已转化为体育教材，即体育课的教材内容是"篮球行进间运球"，这为我们广大的体育教师提供了一个较为明晰的上课教材，为之后"教材分析"提供了基础。但是，"篮球行进间运球"作为体育课的教材内容并不等于该课的教学内容。根据教育学原理及如上分析结果，笔者认为，体育教材内容与教师教学理念、学情分析、学校场地设施等结合之后才能形成体育教学内容，即"篮球行进间运球"是课的体育教材内容，而在课的教学设计过程中只有融入体育教师教学理念、根据学生学习基础、学习要求、场地器材要求等内容，原先的体育教材内容才能变成当下的体育教学内容。

综上，体育教材内容仅仅是形成体育教学内容的一个"载体"，作为发挥实际作用的体育教学内容，其特性不同于体育教材内容。体育教材内容是体育教学内容的上位概念，体育教学内容是体育教师把教学理念、学情基础、学校条件等结合起来的、具体化了的体育教材内容，是体育教材内容的深度加工与改造。

三、大中小学体育课程内容体系构建

基于第三章提出的体育课程内容存在的问题，本研究认为，体育课程内容在第八次体育课改之前长期存在低水平重复现象，第八次体育课改以来这个问题也没有得到解决，反而造成了体育课程内容选择的无序，因此，体育课程内容体系重构变得更为迫切。

（一）大中小学体育课程内容体系构建的逻辑起点条件分析

"逻辑起点"必须具备以下四个要件：其一，有一个最基本、最简单的质之规定；其二，此逻辑起点是构成该理论的研究对象之基本单位；其三，其内涵

贯穿于理论发展全过程；其四，其范畴有助于形成完整的科学理论体系。① 因此，"逻辑起点"是任何一种理论与学说中最原始的质的规定，它是一个理论体系的起始范畴。

"以人为本"是以人学为本质的学科逻辑起点，但仅仅以此为逻辑起点显然过于抽象，尚需深入作为运动之主体的"人"与体育课程之间的内在联系，并从中寻找逻辑起点，才能构建大中小学互为衔接的体育课程体系：（1）寻找大中小学体育课程内容体系中最基本"质之规定"；（2）体育课程内容体系"质之规定"应既是体育课程的基本单位，又是体育课程实施主体的内在需求；（3）体育课程内容体系"质之规定"贯穿于大中小学体育课程内容体系的全过程；（4）体育课程内容体系"质之规定"的范畴应有助于形成完整的、互为衔接的学科体系。

什么是体育课程内容体系最基本的"质的规定"？它与体育课程内容实施主体之间有着怎样的关联？这是确定其逻辑起点的关键。首先，从体育的本源与作为主体的"人"内在关系视角而言，体育的本源应符合青少年学生对体育的内在需求。尽管体育的本源存在多种说法，但体育的本源来自"游戏说"既符合体育的起源之一，也是适合青少年学生对体育无功利性的需求，因而，青少年学生对体育的自然选择应是体育课程的逻辑起点，这是从体育课程主体内部出发，而不是从涉及体育课程外部因素入手进行考察的。其次，从体育课程的持续性视角而言，终身体育习惯应成为大中小学体育课程内容体系的标靶，它有助于各个年龄阶段体育课程内容的衔接。

综上，依据"逻辑起点"的几个要件，笔者认为，要成为体育课程内容重构的逻辑起点应具备以下四个基本条件：第一是学生最感兴趣的课程内容；第二是可能成为学生终身体育项目的课程内容；第三是具有联系性特征的课程内容；第四是适合班级教学、学生互动性较强的课程内容。

（二）大中小学体育课程内容体系的构建原则

众所周知，青少年学生从事体育学习并不是暂时的现象，而是一辈子的事，"授之以鱼不如授之以渔"，因此，体育课程的健身育人目标在于长期之效，而长期之效的关键在于培养浓厚的运动兴趣并形成稳定的运动习惯。其中"运动兴趣""成功体验"与"运动习惯"是成功体育的核心，体育课程内容的选择应紧紧围绕这个核心，否则又会走向体育课程内容低水平重复的轮回，形成学

---

① 吴鸿雅. 朱载堉新法密率的科学抽象和逻辑证明研究［J］. 自然辩证法研究，2004（10）.

而不会的现象。"运动兴趣""成功体验"与"运动习惯"是几个不同层次的概念，它们之间既有本质的区别，更有紧密的联系。培养"运动习惯"是一个终极目标，其达成的首要因素是激发学生对某些运动项目的兴趣，而运动的成功体验是运动兴趣维持的关键，若学生总是在体育学习中无法体验运动成功与运动乐趣，那么他们必将远离运动，更不要说是养成运动习惯了。因此，"运动兴趣""体验成功""运动习惯"是紧密相联的。

1. 可持续性原则

可持续性原则的含义在于中小学体育课程内容安排要体现一定的连续性与渐进性，以确保充足的教学学时让学生学习并掌握。过去我们所犯的错误就是学生需要学习的体育课程内容太多，而每一个学期或学年的学时是固定的，因而造成了每一种课程内容学时严重不足的现象，这种现象势必产生学生学而不会的结果。要破解这个顽疾，我们必须在课程内容学时上方面着手：因小学阶段的学生身体条件限制，小学生主要的学习目标在于发展学生身体基本活动能力，通过体育游戏，培养学生体育的兴趣爱好，体验运动乐趣；初中以上学段应广泛实施选项体育课程，以确保学生体育学习的充足时间，有助于掌握运动技能、培养运动习惯；大学阶段的目标应集中于某一两个运动项目，在体育教师的引导下自主地开展体育俱乐部制的运动实践，为进一步养成稳定的运动习惯打好坚实基础。

体育课程内容选择的可持续性原则要求我们在选择大中小学体育课程过程中体现完整性、连续性、渐进性。完整性是指在某些学段有一个完整的安排，以确保充分的学时；连续性是指在初中、高中、大学保持运动项目的稳定性；渐进性是指在初中、高中、大学保持运动项目学习内容上的循序渐进。

2. 趣味性原则

根据词典解释，趣味有三种含义：一是情趣、旨趣、兴趣；二是滋味、味道；三是趣味，如这个人很有趣味。结合本研究的内容，其意应为使人感到愉快、能引起兴趣的特性。

众所周知，兴趣是学习的最大动力，没有兴趣的学习是无效的、强迫的、灌输的。体育学习更是如此，课程改革之前体育教学讨论最多的、最受诟病的就是"学生喜欢体育活动却不喜欢体育课"，因为在体育课程学习过程中青少年学生讨厌重复单调的课程内容，加之体育教师简单乏味的、机械式的练习，导致了学生厌学现象。那为什么学生在自主式的体育竞赛中会乐此不疲呢？这是需要深层思考的问题，体育课堂教学教学如果能有效模仿课外自主式的运动竞赛，那么，同样也能吸引学生，起到相同效果。因此，笔者认为，无论是理论与实践维度,该思路都是可行的,本研究基于以上思路设计如下方案:首先,小学阶段的游戏是小学生平身所爱,只要好好组织与安排,小学生的体育兴趣与效果应该没有问题;其次,初高中学生因开设了体育选课课程,倡导了以学生为中心的理念,在最大程度上满足了学生对体育的喜好与兴趣,并在课程教学中实施了"以运动竞赛为核心"运作机制,因此,初高中学生的体育教学可以极大程度地提高体育学习的乐趣,避免体育学习枯燥乏味现象;大学阶段实施的是专项体育俱乐部模式,同样可以满足学生自主选择体育课程内容并深入学习与竞赛的需求。

3. **群乐性原则**

孟子云:"独乐乐不如众乐乐。"一个人的成功只代表他为自己铸就了又一美丽的高峰。一个成功者虽然会得到他人的羡慕或者赞赏,但是,这种成功感总是有限的。当身处团队中时,团队成功,成员也是成功的。成功的个体不仅获得了自身成功的喜悦,也帮助了他人、帮助了团队获得了成功,其成果的喜悦是无限的。

著名的篮球运动员科比·布莱恩特曾经在回答记者提问的时候说过这样一句话:"冠军戒指的数量不是最重要的,最重要的是你和团队一起去赢得戒指。"可见,一个人的成功并不是真正的成功,一个团队的成功才是真正的成功。姚明的成功,除了个人的努力和天赋条件之外很大程度上依赖于父母和教练多年来对他的培养和其背后强大的智囊团的成功运作。

本研究所提倡的以游戏与球类运动项目为核心的体育课程内容,就是要重点突出体育课程教学对于培养青少年学生团队合作与竞争意识的重要性,这些课程内容相对而言要比个人运动项目趣味性强、合作性高、群乐胜于自乐;同时也更能造就学生团结协作、互帮互助、其乐融融的品质与氛围。

4. **竞争性原则**

竞技运动是我国体育的重要组成部分,它的最大魅力就是竞争性,因此,学校体育应更好地利用运动竞赛的竞争性作用,强化青少年体育学习的成效。

在体育课程内容选择方面,经常指责和反对的是竞技运动项目充斥着大中小学课程内容,当然这是课改之前形成的弊端,尽管第八次课改推出的《体育课程标准》替代《中小学体育教学大纲》,但我们不能全盘否定竞技运动的价值,如果把运动项目的竞技因素排除在外,那么,可想而知,运动技术教学将就会变成乏味、枯燥、机械,这样的教学是学生最不愿意的,也是长期以来我国体育教学所暴露出的最大弊端。

第八次体育课程改革虽摆脱了以竞技运动体系为线索的中小学体育教学大

纲，但又深陷缺失体育课程内容的泥潭，痛定思痛，在广大基层体育教师尚不具备课程资源开发能力的前提下，仍需坚持以"目标引领内容"为背景，设计出体育课程内容体系的主线，为基层体育教师提供明晰思路，从而避免体育教师不知"教什么"的尴尬现象，并在课程内容上不要丢失其竞争元素。

（三）大中小学体育课程内容体系构建的逻辑起点

根据上述逻辑起点的四个条件，对体育课程内容进行有效筛选，本研究认为，"游戏与球类课程内容"是体育课程内容体系重构的逻辑起点，其原因如下。

1. "游戏与球类"是青少年学生最喜爱的运动项目

众所周，没知，兴趣是学习的最大动力有兴趣的学习是无效的、强迫的、灌输的。体育学习更是如此，课程改革之前体育教学讨论最多的是学生不喜欢上体育课，因为在体育课学习过程中学生厌学现象严重，而要改变这种现象，必须深入学生内在的体育需求。

从现状调研角度分析，青少年学生的体育兴趣具有高度的倾向性与集中性，如"学生的体育兴趣倾向是：学生对球类（大球类、小球类）、舞蹈类、游戏类的项目比较感兴趣，约有一半以上的人选择；对健美操之类项目感兴趣的约有四分之一；对武术项目感兴趣的学生约有五分之一；田径对学生几乎没有吸引力，选择的人数尤其的少。"[①] "男生喜欢竞技类，如大球（篮球、排球、足球等）、小球（网球、羽毛球等），女生更倾向喜欢一些美的东西，比如舞蹈和有氧操之类的。"[②] "中国地质大学体育选项课内容有21种，位居前三名的体育项目分别是篮球、排球和羽毛球。"[③] "河南省中学生感兴趣的体育运动项目按照降序的顺序是：篮球运动、健美操与健身运动、武术、乒乓球运动、足球运动、羽毛球、排球运动、旱冰与轮滑运动、田径运动。"[④] "篮球、足球、羽毛球、跑步（追逐类游戏）等是小学男生中最受欢迎的体育项目，小学女生感兴趣的体育项目大多集中在跑步（追逐类游戏）、羽毛球、篮球等项目上。"[⑤] 以上部分研究成果及其观点表明：青少年学生一般喜欢的运动项目为集体性运动项目，

---

① 杜文岭，项立敏. 徐州市高校大学生体育兴趣的调查研究［J］. 和田师范专科学校学报，2008（4）：181-182.

② 杨民光. 大学生体育兴趣的调查与分析［J］. 体育科学研究，2004（3）：62-63.

③ 李雪苹. 北京市大学生体育兴趣调查研究——以中国地质大学为例［D］. 北京：首都体育学院，2014.

④ 张纪伟. 河南省中学生体育兴趣现状调查的分析与对策［D］. 郑州：河南大学，2010.

⑤ 刘运生. 阳光体育背景下济南市小学生体育兴趣现状调查与对策研究［D］. 济南：山东大学，2013.

如球类、游戏等，而纯粹的个人项目如田径、体操等项目不为学生喜好。

2. "球类运动"成为学生终身体育项目的可能性较大

终身体育是指人生的各个阶段均能持之以恒地坚持体育锻炼。随着我国义务教育的广泛普及，学校是每一个人都需经历的人生阶段，也是学习文化知识与技能的最重要时期。体育知识与技能的学习也是青少年学生知识学习的重要内容之一，而要达成终身体育之目标，不仅需要在校习得运动知识与技能，而且需要在离校后还能坚持不懈地坚持体育锻炼，直至终身。尽管中小学时期学生所接触与学习的运动项目并不一定指向就业之后的终身体育项目，但无可否认，在学生时代经常接触并培育而成的具有运动习惯的体育项目一定是将来人们终身体育项目的首选。反观中小学体育课程教学内容，既有田径中的各种形式的跑、跳高、跳远、投掷等，也有徒手与器械体操，更有足球、篮球、排球、乒乓球、羽毛球等球类运动，还有新兴体育项目、传统体育项目、地域性体育项目，但是学生真正能掌握并在大众体育中经常进行锻炼的终身体育项目有多少？大众体育健身项目是学校体育所学吗？这不得不令人深思。

就运动项目特性而言，球类运动项目属于工具性集体性项目，趣味性较强、普及程度较高、具有较频繁的社交空间，这不仅吸引了广大青少年学生积极踊跃地参与，并有助于他们养成运动习惯，并迁移到社会生活之中，终身受益。因而，球类运动更有可能成为终身体育项目，而某些教材如田径中的跳远、跳高、投掷等运动项目，之所以不太可能成为终身体育项目的原因在于它们对运动条件要求更高，更无趣。

3. "游戏与球类课程内容"具有竞赛的本质特征，并具有可持续性

在体育课程内容选择方面，第八次体育课改纠正了之前《大纲》充斥的竞技运动项目现象，给了基层教师在课程内容选择与开发方面的极大空间。然而，全盘否定竞技运动项目的价值也不是科学态度，竞技运动的最大魅力就是它的强烈竞争性，特别是针对青少年学生而言，他们充满激情、热情奔放，具有很强的竞争意识。运动竞赛中的竞争过程可以最大程度上张扬学生的竞争意识，发挥运动潜能，更有助于缓解应试教育的学习压力。如果把运动项目的竞赛性排除在外，那么，体育教学将变得乏味与枯燥。电子竞技为何能够吸引众多的青少年？它的魅力在于"段位制"，如"王者荣耀"一共分为7个段位，分别是倔强青铜、持续白银、荣耀黄金、尊贵铂金、永恒钻石、最强王者、荣耀王者。不同的"段位"代表了不同的身份与地位，通过不断提升"段位"，实现自我价值的认同。跆拳道则是根据道服上的肩章和腰带上的罗马数字1到9区别段位和级别：（1）初段位：一段（青鹰）；二段（银鹰）；三段（金鹰）；（2）中

段位：四段（青虎）；五段（银虎）；六段（金虎）；（3）高段位：七段（青龙）；八段（银龙）；九段（金龙）。同理，通过佩戴不同等级的肩章和腰带，显示跆拳道的水平，实现青少年学生的自我价值。

球类运动是一类群体性的竞技运动项目，是以"胜负"为最终结果，具有鲜明竞争特征，也是最受学生欢迎的的运动项目；球类运动项目的另一个特征是其运动技术具有不断提升价值，它的等级与地位并不需要佩戴外在的装饰，而是在比赛中通过运动技术的运用而彰显。同样一个动作，可以从初学者的拍球提升到 NBA 球星保罗般的变幻莫测的运球，以上球类运动项目的众多特点可为学生长期重复学习同一个运动项目提供理论依据。

4. "球类课程内容"具有班级教学的群乐性特征

我国体育教学的组织形式仍需在较长时间内依赖于班级授课制，但班级授课制所暴露出的最大难题就是班级人数多、学生互动频繁、学生学习基础各异，要让每一个学生都获得体育学习的成功，就需要实施分层教学。球类运动在分层教学方面有着得天独厚的优势：它本身来源于游戏，游戏具有强烈的角色意识。如篮球是一个由组织后卫、得分后卫、小前锋、大前锋、中锋组成的五人角色团队，每一个位置都有明确的要求、条件与责任，同时又需要相互合作与配合，只有发挥个人的最佳角色能力，并加强团队的协作，才能获得最终的胜利。开展"球类运动竞赛"可对班级学生进行有效分层，使他们各行其职，最大程度地发挥个人能力，并加强合作，取得团队的成功，获得个人与团队的成功喜悦。因此，"游戏与球类课程内容"有助于重点突出体育课程教学在培养学生个人竞争、集体趣味、团队合作方面的优势。

（四）大中小学体育课程内容体系的构建策略

1. 以"球类运动项目"为衔接大中小学体育课程体系的主线，兼顾地域性、传统性、新兴类运动项目，坚持各学段身体素质的课课练

我国著名乒乓球运动员邓亚萍先天身体条件不好，但她聚焦于对身体条件要求不高的乒乓球运动项目，并进行了长期刻苦的训练，终于她获得了成功。篮球巨星科比从小迷上篮球，并持之以恒刻苦训练与比赛二十余年，才成就了 NBA 赛场的超级巨星。

竞技运动的成功需要高度聚焦，青少年体育也是同理，如果参与的运动项目过多，精力必将过于分散，最终蜻蜓点水、学而不深、学而不专。尽管青少年学生对众多的运动项目"皆有兴趣"，但是我们依然要引导他们聚焦于 2—3 个运动项目，并持之以恒，这样才能学有所成、养成习惯，直至终身。

如前所述，球类运动是青少年学生最喜爱的项目，聚焦 2—3 个球类运动项

目有助于青少年学生学有所专，集聚更多的时间与精力学会、学透、学精，最终成为终身体育项目，终身受益。因而，聚焦球类运动项目，并以体育课程为主线构建大中小学体育课程体系应是一个理想策略。

球类运动项目很多，如篮球、排球、足球、网球、乒乓球、羽毛球、手球、气排球、沙滩排球、曲棍球、高尔夫球、棒垒球、壁球等等，但如高尔夫球、沙滩排球等项目不适合学校开展，因为它们对场地器材的要求很高。通常与学校体育有关球类项目主要是指三大球：篮球、排球、足球；三小球：乒乓球、羽毛球、网球。

以球类运动项目为主线的大中小学体育课程体系体现了课程内容的连续性与渐进性特征。连续性是指在小学、初中、高中、大学体育课程都有球类运动项目，只是其要求不同，小学侧重于球性练习与球类游戏，初中侧重于球类的基本动作与游戏，高中侧重于适用于比赛的各项球类技术，大学则侧重于球类专项技战术。渐进性是指在小学、初中、高中、大学球类运动项目具体的技战术要求应循序渐进，逐渐提高。

地域性与传统性体育项目是学校体育的特色，它具有一定的传承性与特殊性，是体育课程得以延续的、不可或缺的重要资源，而新兴类运动项目代表了时代的运动潮流，虽不具有长期存在的可能性，但吸引着成千上万的具有猎奇心理的青少年学生，这些运动项目可能不是首选的终身体育项目，但短时的运动项目也具有可观的实效性。因此，在实施以球类运动项目为体育课程主线的同时，要兼顾传统学校体育项目、地域性运动项目与新兴运动项目。

青少年学生体质下滑是多年来一直是政府、社会、学校、家庭备受关注的问题，体质健康问题虽不是学校体育所能解决的，但学校体育也是体质下滑的归因之中，因此，学校体育也应承担其中的部分责任。长期以来，体育教学存在着是传授运动知识与技能，体验运动快乐，还是增强体质为主的争议，从而导致了不同的行为结果。身体素质的课课练虽不是体育教学的主体内容，但也是基于强化体质而出台的一项有效举措，坚持身体素质课课练对于实现体育课程总体目标可以起到推波助澜的作用。

2. 以螺旋式编排"球类课程内容"，为学生"球类运动习惯"的养成提供长时保障

新课改以前《大纲》中体育课程内容杂多，教师什么都教，学生什么都学，但每一个学期、学年、水平与学段的学时非常有限，分配在每一个运动项目技术的学时则更少，学生在如此少的时间内怎能掌握熟练的运动技能！一个单元的运动技术教学尚未达成预期结果，下一个单元的运动技术就已开始，如此循

环，学生最终学无所获，这就是学了14年体育学而不会的现象。

"培养1－2项终身体育习惯"之目标看似一个简单的命题，却是一个复杂的难题。从学理上分析，养成运动习惯需要具备以下条件。（1）有时间保障。运动不在多而在于精，我们很少见过经常从事多项运动的人群，因为人们的时间、精力有限。对于青少年学生，他们年龄更小、运动能力更差、运动时间更有限。从这个视角考察，传统体育课程内容"什么都学"的设计是没有意义的，这样的课程设置必然导致学生14年体育什么都学，但什么也没有学会的低水平重复现象。"具有'学生在自己选择的运动项目上可以进行比较长时间的专项化学习'特征的'走班制教学'现行课程体系下有效实现'熟练掌握一项以上体育运动技能'的有效课程模式。"（2）有乐趣。"兴趣"与"乐趣"是不同的，兴趣是初始，乐趣是其中或事后，有兴趣并不代表有乐趣，有乐趣定会有兴趣。青少年在体育课程教学之初可能对未知教材内容有兴趣，但随着教学的深化，有些兴趣可能荡然无存，其重要原因是教材内容本身缺乏趣味。如果我们聚焦球类运动项目，并以游戏与竞赛为机制，开展分层教学，那么学生在感兴趣的球类运动项目教学与竞赛中，既有兴趣，又有成功感，更会有乐趣，并有助于形成运动习惯。（3）向往之。在以球类运动竞赛为杆杆、以球类运动兴趣为起始、以运动乐趣为持续的体育课程中，青少年学生定能对运动学习与竞赛产生极大的热情，积极主动参与其中，享受运动快乐，并在余暇时间里向往之、挤出时间从事之，这既是青少年运动习惯之精髓，也是我们学校体育发展的方向。

要破解"培养1—2项终身体育习惯"难题，必须精简体育课程内容，但精简不是删除，而是螺旋式重复，这样才能确保学生学习时间，这是满足运动习惯养成的首要条件。教材内容的螺旋式排列不是简单的重复，而是在不同学段以不同的繁简、深浅、难易程度重复出现同样的教材内容，其教学要求则逐步扩大和加深。因此，对于球类课程内容而言，小学以球性与游戏的形式出现，初高中以完整的球类各项技术的形式出现，大学则以球类运动专项技术的形式出现，以确保学生对1—2个球类运动项目学习的连续性与渐进性。

3. 以"选项课程"为机制，确保学生自选1—2个球类运动项目的机会

毛泽东同志在《体育之研究》一文中对"运动之方法贵少"问题进行了详尽的解说，他认为身体锻炼之方法很多"今之体操，诸法樊陈（四五），更仆尽之（四六），宁止数十百种？"，但很多人却误解了身体锻炼的方法"近之学者，多误此意"，从而导致了两种结果："故其失有二：一则好运动者，以多为善，几欲一人之身，百般俱备，甚至无一益身者；一则不好运动者，见人之技艺多，

吾所知者少,则绝弃之而不为,其宜多者不必善,务广而荒,又何贵乎?"因此,他提倡:"游戏宜乎小学,兵式宜乎中学以上,此应诸方之用者也。运动筋骸使血脉流通,此锻一己之身也。应诸方之用者其法宜多,锻一己之身者其法宜少。夫法之致其效者一,一法之效然,百法之效亦然,则余之九十九法可废也。苟能实行,得一道半法已足,曾文正行临睡洗脚、食后千步之法,得益不少,虽一手一足之屈伸,苟以为常,亦有益焉。明乎此,而后体育始有进步可言矣。"其原因是"巢林止于一枝,饮河止于满腹(四七)。吾人惟此身耳,惟此官骸藏络(四八)耳,虽百其法,不外欲使血脉流通。"①

青少年学生在不同的学段将进入各异的学校进行学习,不同的学校必然导致各学校体育课程内容的差异,由于球类运动项目众多,如果按照常规的学校体育课程设置,那么每一个学生要在不同的学校学习1—2个球类运动项目的机会就会变小。要使每一个学生都有机会获得1—2个球类运动项目的机会,那么选课课程的开设是必要条件。新课改以来高中、大学体育课程已开设了选项课程,即每一个学生都有机会选择1—2个运动项目学习五年,这样就确保了高中、大学球类运动项目长时间学习的机会。按此逻辑推理,初中阶段也应开设选项课程,这样就把初中、高中、大学的球类运动项目衔接的可能性串联起来了,学生学习1—2个球类运动项目的最长时间可达8年,设想一下,学生利用八年的时间学习同一个运动项目,如果学生再学不会、学不精,那真是体育教师的问题了。

就现阶段而言,初中阶段落实体育课程的选项制度只是一个美好的愿景,因为当下初中体育课程体系正遭受"体育中考"毁灭性的影响,导致了"考什么、教什么、学什么"畸形实况,并形成了"社会、学校、家庭、学生"四位一体的强大意识流。要破解这个难题,既需要政府部门前瞻性的引导,更需要广大的基层教师身体力行,扭转观念,还以初中体育课程正常的运转体系,并尝试初中选项课程的实施。

(五)大中小学体育课程内容体系的编排思路

不妨从一个简单的问题开始思考:"篮球行进间低手上篮"在什么年龄阶段开始教,为什么?教多少学时,为什么?教完一次就结束了吗?需不需要重复安排?这是一个简单的问题,却是一个难题!首先,从年龄层次角度分析,该技术应该何时开始教,专家、学者、基层教师都没有统一的认识,有的老师从小学就开始教,有些老师从初中开始教,有些老师从高中开始教,甚至大学老

---

① 原载 1917 年 4 月 1 日《新青年》第三卷第二号。

师还教这个技术。其次，该运动技术属于"精学类运动项目"，应该安排更多学时，但到底需要多少学时、安排多少次课、如何安排、等问题也没有明确答案。从理论上分析，安排的学时应以学生是否掌握为基准，但在教学实践中体育教师验证了吗？其次，不同年龄阶段的学生，因其运动能力、学习能力、身体素质等各方面的差异性会导致学习效果各异，难以一概而论。另一方面，若初中一开始学，那么初二要循环吗？初三还要循环吗？为什么？以上这些问题至今皆无法圆满解决。

因此，需要转换思路，另辟蹊径，正所谓不破不立，体育课程内容的编排需要打破常规，另创新路。在前人研究中，有些思路颇具新意，如贾齐指出："如果教师按照下面的方式展现前滚翻的话，即便是'一滚到底'或许是可以的。①行进状态下的前滚翻；②抛球－前滚翻－接球；③在跳箱盖上的前滚翻；④由蹲撑经前滚翻成坐姿；⑤由分腿支撑经前滚翻成分腿起；⑥由高垫子向低处进行的前滚翻（或由低处向高垫子进行的前滚翻）；⑦用手背支撑的前滚翻；⑧不用手支撑的前滚翻等，不一而足。"①

"一滚到底"的原理主要是：滚翻指身体的某些部位依次支撑地面或器械，并经过头部的翻转动作。分析滚翻的动作结构发现：①所有滚翻类动作具有两个核心技术环节：A. 蹬撑环节、B. 滚翻环节；②"滚翻动力来源＋滚动"形成了滚翻动作，滚翻动力主要源自下肢的蹬和上肢的撑与地面或器械所形成的反作用力。撑同时还主要起着控制身体的作用（如方向和缓冲等）。

实际教学中，上述8个动作以及远撑前滚翻、鱼跃前滚翻、箱上前滚翻等都可以作为典型动作进行教学，因为剥丝抽茧看这些动作，都具有前滚翻动作的共性特征（或者称为一般原理，即滚翻动力来源＋滚动），只是外在的表现形式不一样。当对前滚翻动作的共性特征设计约束矩阵并进行以约束为基础的任务分析时，类似的动作还有很多，但都可以理解为将前滚翻动作的共性特征置于不同的环境、任务下，从而导致了外显的表现形式不一样，难度梯度不一样。

根据体育课程内容的特点，重复是不可避免的。事实上，体育课程内容只有不断地重复练习某些动作，才能达到促进人体相应器官的有效发展。体育课程内容的重复只有在内容递进的前提之下才能有效，重复的本质是递进。② 依据这样的观点来评判"一滚到底"，重复的内容是前滚翻动作的共性特征，而在

---

① 案例研讨（3）——前滚翻特性的理解［EB/OL］.（2010-12-01）. http://blog.sinahcom.cn/s/blog_56ac8d2b0100ob4t.html？.

② 佐藤正夫. 教学原理［M］. 北京：教育课程出版社，2001：125.

重复中随着环境、任务的变化而呈现出递进。因此这样的"一滚到底"是可以的。

值得进一步思考的问题是:"一滚到底"的前滚翻对于学生形成运动习惯有意义吗?小学生还行,但高中生学习前滚翻的兴趣如何?走向工作岗位之后人们的身体锻炼还用"前滚翻"吗?非也,本研究认为,我们应高度聚焦于一二项球类运动项目的"一赛到底",其原因在于:一是球类运动项目学生喜欢;二是球类运动项目是运动习惯首选项目;三是球类运动项目具有团队性质,有助于学生发展社会责任感;四是,球类运动项目普及面、拓展面更加宽泛;五是,球类运动项目技术的提高在运动竞赛活动中是无止境的;六是,比赛条件下青少年学生不会产生厌学现象;七是,从运动竞赛中产生的教学是最可靠的,有助于青少年学懂运动技术教学真实意义。因此,把这种"一赛到底"的思路高度集中于球类运动项目之中,正如一个运球,可以是无限循环的,从初学者的运球循环到NBA保罗式的高水平运球,这不正是螺旋式的编排吗!此类运动具有持续性,有助于长期坚持。

在吸收前人研究成果及其观点的基础上,本研究认为,体育课程内容可划分为精学类(球类运动)、自选类、必选类;编排方式可划分为直线式、螺旋式。根据上述思路,大中小学体育课程内容与编排方式构建如下。

表55 各学段体育课程内容及其编排方式一览表

课程内容	运动项目特点	选课性质	编排方式	具体编排
球类(身体接触类球类与身体非接触类球类,小学为运动游戏)	竞赛;体育首选项目,是游戏的高级形式,具有很强健身价值,具有合作特点(角色分工、责任分明)	精学	螺旋式	(1)小学阶段(球类游戏:水平1学习简单球类游戏;水平2基本掌握简单球类游戏;水平3较为熟练掌握复杂球类游戏) (2)初中阶段(三大球、二小球等) (3)高中阶段(三大球、三小球等) (4)大学阶段(球类俱乐部)

续表

课程内容	运动项目特点	选课性质	编排方式	具体编排
武术或传统体育	具有表演与展示性质，可养成运动习惯，具有很强健身价值	自选	螺旋式	（1）小学阶段：武术单个动作 （2）初中阶段：武术套路 （3）高中阶段：武术套路 （4）大学阶段：武术散打俱乐部
新兴运动项目	具有引领潮流特性，能满足青少年学生猎奇心理	自选	直线式	初中、高中阶段的短期学习
地域性运动项目（游泳、冰上运动等）	具有文化传承功能，具有季节性特点与地域性特征	自选	直线式	小学、初中、高中阶段的短期学习
田径项目（跑、跳、投、耐力等）：作为体育游戏的方式存在	成为运动习惯的可能性较小，且大多为个人项目，较为枯燥，可作为身体素质类内容	必选	螺旋式	（1）小学阶段：田径类游戏 （2）初中阶段：初级田径 （3）高中阶段：无 （4）大学阶段：无
体操	成为终身体育项目的可能性较小，可作为表演性内容	自选	螺旋式	（1）小学阶段：基本体操 （2）初中阶段：初级体操与团体操 （3）高中阶段：高级体操与团体操 （4）大学阶段：健美健身俱乐部
身体素质练习	作为《国家学生体质健康》测试结果薄弱环节的弥补	必选	螺旋式	（1）小学阶段：课课练 （2）初中阶段：课课练 （3）高中阶段：课课练 （4）大学阶段：课课练

（六）大中小学体育课程内容体系的基本构架

根据以上体育课程内容体系构建的逻辑起点、构建原则、构建策略、编排思路，本研究构建我国大中小学体育课程内容体系如下：小学拟定体育课程内容——球类游戏、身体基本活动能力（简单的田径运动）、初级体操、地域性项目、武术单个动作与课课练，其中球类游戏是小学体育课程内容的重点；初中拟定体育课程（选项课程）内容——球类运动（三大球：篮球、足球、排球；二小球：乒乓球、羽毛球）、高级田径、高级体操、武术套路、新兴运动、地域性项目与课课练，其中球类运动是初中体育课程内容的重点；高中拟定体育课程（选项课程）内容——球类运动（三大球：篮球、足球、排球；三小球：乒乓球、羽毛球、网球）、高级体操（含健美操）、武术套路与新兴运动、地域性项目与课课练，其中球类运动是高中体育课程内容的重点。大学阶段拟定体育课程（选项课程）内容——球类运动（三大球、三小球）、健身健美、武术散打、太极养生、体育舞蹈、排舞气排与课课练，其中球类运动是大学体育课程内容的重点。具体结构图如下：

大学	→	球类运动、健身健美、武术散打、太极养生、体育舞蹈、排舞气排球等	课课练内容
高中	→	球类运动（三大球、三小球等）、健美操（女子）、武术套路、新兴运动、地域性项目	课课练内容
初中	→	球类运动（三大球、二小球等）、初级田径、高级体操、武术套路、新兴运动、地域性项目	课课练内容
小学	→	身体基本活动（田径类游戏）、球类游戏、初级体操、地域性项目、武术单个动作	课课练内容

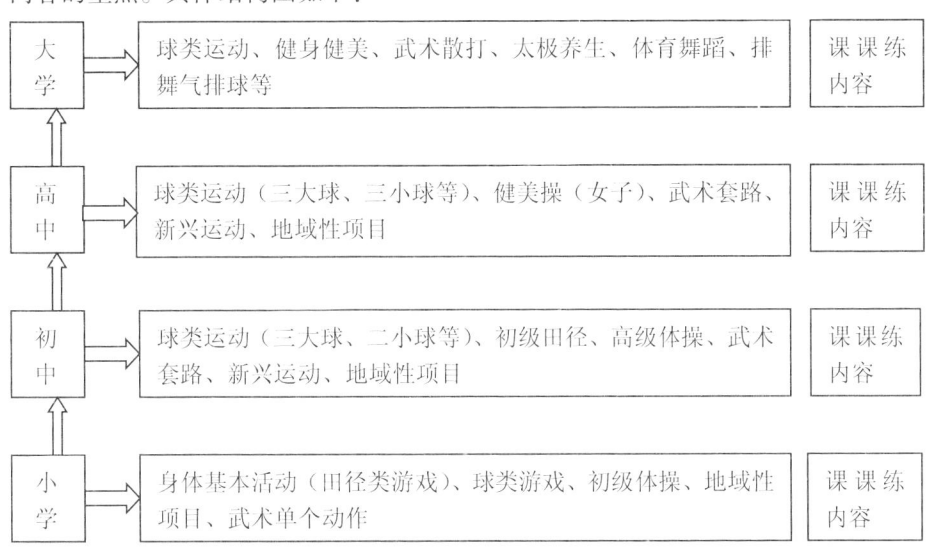

图28　大中小学体育课程内容体系构架示意图

四、体育课程运动技术教学理性思考

运动技术是体育课程教学无法回避的问题，尽管对它的定位不清（运动技术既是手段，又是初学者的目标，运动技术也是方法，它具有一定的操作流程，运动技术还是教学内容，因为它具有学习指向），运动技术教学还涉及强化与淡化的问题，但运动技术对于育课堂教学而言依然是至关重要的。

（一）运动技术概念

什么是"运动技术"？各词典或教材均有不同论述：《体育科学词典》的定义是："完成特定的体育活动的方法，或能充分发挥人的身体能力，合理有效地完成动作的方法"。①《教育大辞典》中的定义是："运动技术也称动作技术、体育技术，各体育项目技术动作的总称。指符合人体运动规律，充分发挥人体能力，合理有效完成动作的方法。"②《体育概论》一书的解释是："体育运动技术是方法，按照这种方法完成的身体运动称之为体育运动技术。"③ 综上所述，有关运动技术的表述尽管略为不同，但运动技术是"完成身体动作的方法"是一致的。

以上概念用词并不十分清晰，主要是"动作技术"与"运动技术"。从概念的属性来说，"活动"是动作的上位概念，"动作"是运动的上位概念，而"动作"概念的外延有：劳动动作、运动动作、生活动作（如吃喝住穿等行为活动）、艺术动作（如舞蹈与表演动作）。其中，运动动作与劳动动作的区别是"运动"与"劳动"之间的本质区别，劳动的目的在于通过劳动动作获取各种生产、生活资源，而运动的目的主要是强化身体体能；同理，舞蹈的目的是通过身体动作艺术表现生活情景；驾驶的目的是通过驾驶动作移动汽车与运输等。

基于以上分析，本研究认为，运动动作是"动作"的分支，而运动技术是："指符合人体运动规律，合理有效完成身体运动的方法"，因此，运动动作方法可简称为"运动知识与技术"。对于运动技术与动作技术之间的区别，可用下表表示：

表56 运动技术与动作技术区别一览表

	内涵	外延
运动技术	合理有效地完成运动的方法	挺身式跳远技术、排球发球技术、篮球投篮技术等
动作技术	合理有效地完成动作的方法	劳动动作技术、舞蹈动作技术、汽车驾驶技术、计算机操作技术等

① 吴鸿雅. 朱载堉新法密率的科学抽象和逻辑证明研究［J］. 自然辩证法研究，2004（10）：102-105.
② 顾明远. 教育大辞典［M］. 上海教育出版社，1999：599；609.
③ 杨文轩，杨霆主编. 体育概论［M］. 高等教育出版社，2005：90.

由于"运动技术"是体育学科的特殊词语，为了保持体育学科用词与其他学科用词的一致性，就有必要对体育学科中的"运动技术"进行"知识"归类。

认知心理学家把"知识"划分为"陈述性知识"和"程序式知识"。一般意义上的"知识"即为陈述性知识，另一种有关解决如何做的知识是"程序性知识"，"程序性知识"即"操作性知识"。就运动学科而言，身体运动方法涉及了运动所需要的结构、要素、关系、概念、原理等内容，而"知识"的本质是事物属性与联系的信息与组织，因此，"身体运动方法"也可认为是一种"知识"，它是前人积累下来的运动文化遗产，是人类文化知识的一个部分。具体而言，身体运动"知识"有两个部分的内容组成：一是，身体运动理论知识——可称其为"陈述性知识"，它与其他学科的知识具有同等的性质，如篮球运动发展的历史、裁判方法、运动员及其成长过程、跳高的技术结构等；二是，身体运动技术——可称其为"程序性知识"，也就是动作操作性知识，是关于身体如何进行操作的操作知识，如跳高中如何助跑、起跳，如何过杆与落地等。因此，运动技术也可理解为一种"操作性知识"。但"劳动技术、驾驶技术、舞蹈技术、烹调技术等"也是操作性知识，所以，为了区分"运动技术"与"劳动技术、驾驶技术、舞蹈技术、烹调技术等"操作性知识，本研究把运动技术理解为"运动操作知识"，如体操、田径、游泳等运动中的各种具体的运动技术，而"劳动技术、驾驶技术、舞蹈技术等"技术理解分别理解为"劳动操作知识、驾驶操作知识、舞蹈操作知识"等。"运动技术"是一个基本的概念，它主要指完成体育动作的方法，参加不同体育项目的活动，需完成不同的动作，即需要学习和掌握不同的技术。合理的、正确的运动技术须符合项目运动规则的要求，有利于运动员或学生的生理、心理能力得到充分的发挥，有助于运动员或学生取得好的运动效果。

（二）运动技术本质

对于运动技术的本质，本研究认为，它具有四重性：运动技术既是方法，又是手段，也是内容，还是目标。运动技术的概念说明了它是一种方法（合理有效地完成运动的方法）；说它是手段的依据是指运动技术是实现各类目标的途径，如强化体能需要运动，运动就需要技术；说它是内容的依据是指作为运动员或学生学习的材料就是各运动项目技术；说它是目标的依据是指运动技术对于初学者是目标，例如学习驾驶技术时，掌握驾驶技术是一种"目的"，因为如果学不会驾驶技术，那么又如何驾驶汽车，达成运输人财物之目的呢？学会驾驶技术后，驾驶技术就转化为一种"手段"了，它的主要目的是运输人财物。

因此，学会了运动技术才能运用运动技术这一手段进行健身与竞技。

（三）运动技术教学定位

"运动技术教学"是"运动技术"与"教学"的复合词，首先，狭义的"教学"是指"教师的教和学生的学所组成的一种人类特有的人才培养活动。通过这种活动，教师有目的、有计划、有组织地引导学生学习和掌握文化科学知识和技能，促进学生素质提高，使他们成为社会所需要的人"。其次，运动技术是客观存在着的，在没有被人学习之前，已在教科书上存在了，因此是一个死的东西，死的东西是灰色的、是没有生命的、是停止了的，只有活的东西才具有生命的气息，人是这样，物也如此，因此，运动技术只有被人学习之后，才赋予了生命的价值与意义。运动技术只有把它与学校教育结合起来，才能变成活的事物。一旦运动技术被人学习之后，它就具有人性化了，你不妨去看看，同样做一个相同的运动，有两个的技术是相同的吗？即使同样一个人，做了千百次的跳水动作，也没有一次相同的，只有相近或相似。第三，在运动技术教学整个过程中，我们注意到了几个关键词：运动技术、运动技能、运动经历、运动体验与运动诀窍。如前所述，运动技术是客观存在的，运动技术被人学习之后，要把这个技术转化为一个符合个人特点的运动技能，需要一个长期的过程，这个过程要经历千百次的失败与成功，没有这个基础，运动技能就不会形成。而运动诀窍是一个重要概念，人只有掌握了运动技能的诀窍，才能熟练掌握运动技能，而一旦掌握了运动技能，就永远不会忘记，哪怕是数年、十余年、几十年也不去尝试，也不会忘记。掌握诀窍靠的不是逻辑、不是科学、不是艺术，而是体悟。科学与艺术是可以被模仿的，而诀窍是不能模仿的。悟性人人皆有，本来存在，不需要刻意去追求，有的人想一步登天，结果会适得其反，越走越慢；而有的人顺其自然，时间一到，自然悟性到来，掌握了运动的诀窍与真理。所以，在运动技术教学过程中，要不断地运动、重复地运动、长期地坚持，并不断地加强体悟，才能在学练过程中，对运动的诀窍突然醒悟，只有达到这个层面，运动技术才能转化为运动技能，否则运动技术永远是运动技术，你也永远掌握不了运动技能，而运动诀窍实际上就是运动技巧，运动技巧则是指"技能发展到了自动化程度的高级阶段"。[①]

另一方面，从"运动诀窍"的层次分析，过去的是"运动经历与经验"，而当下的则是"运动体验"，学习者通过不断的运动体验，获得运动感悟，掌握运动诀窍，学会运动技能。本研究为何要选用"运动体验"作为构建运动技术

---

① 马启伟. 体育运动心理学 [M]. 浙江教育出版社，2002：241

教学的一个关键词？而不是选择运动经历？或运动诀窍等？"经历"一般是指"体验过的事情"，而"经验"是指"从多次实践中得到的知识或方法"。如果说"你曾经历过"，说明你知道这个事或了解了这个事；如果说"你有经验"，说明你不但对这个事有所了解，且说明你对这个事积累了有效方法，但经历或经验的特征皆是过去式，是人们在过往的时间里对某些事件的回忆。而诀窍是指"关键性的有效办法"，是做事的"窍门"，说明已经找到了顺利完成某事的技巧。其中，诀窍需要依赖人的"悟性"，这个"悟性"人皆有之，关键是有没有通过体验而开发的状态。举一个例子来说明，掌握运动技能并没有什么诀窍，主要方法就是不断练习，如骑自行车，是我国一项最为普及的运动，可以说，只要去学，几乎没有人学不会的（除了智力障碍），但为什么有人学得很快，一学就会，有的人就学得很慢，很长时间才能学会？练习时间是一个前提条件，但更重要的是"悟性"，也就是说，对自行车的体验与悟性人人皆有，但不一定同时能体悟其中的诀窍，事实上，只要掌握了骑车的诀窍，你就会骑车了，而且将永远一劳永逸，即使你几年、甚至十几年不骑车，只要短暂适应，你还是会骑车。这个你曾学会的诀窍就是"真理"，骑车如此，运动技能也是同理。

感悟运动"诀窍"的过程是非逻辑的、非科学的，而是艺术化的，因为科学的、逻辑的是能被模仿的，但是感悟不能模仿，它不是知识，只要你努力就可以获得，即使你再努力、做好了各种准备、期待着它的出现，也是无济于事的。所以，对运动诀窍的感悟是没有逻辑的，你逻辑能力再好、思维能力再优秀，感悟始终不会发生。而当这个感悟发生时，你可能毫无觉察，但它的确已经发生，它没有任何预兆、没有任何预期，它来得太突然了，似乎在不经意之间，那就是艺术化。所谓"无意则得"，也就是说你刻意追求它的时候，它就会消失，你默默实践它的时候，它才会出现，它的出现需要经历上百次、甚至上千次的失败与挫折。

体育教学不同于运动竞技，它的主要目的在于学习运动技术，而不是进行运动竞技，因此，在体育教学视域内，运动技术教学存在两个层面的内涵：一是，体育教师需要把自身已学得的完善的运动技能细化为运动技术环节；二是，把学生已学的细化的运动技术环节有机地结合起来，形成完整的运动技术，并通过不断的实践、体验、感悟，获得运动诀窍，学会与掌握运动技能。

（四）运动技术教学内部矛盾

长期以来，体育课程视域下的运动技术教学存在多重矛盾，第八次体育课改在这个问题上进行了初步的尝试，本研究重申这些矛盾的目的在于再次引起理论学者与基层体育教师对运动技术教学矛盾的关注与思考。

1. 运动技术"多与少"的矛盾

客观地说，运动技术是运动项目的基本技术，它是学生体育学习的内容，即涉及了体育教材内容，第八次体育课改之前，体育教材是按竞技运动项目进行编排的，第八次体育课改完全改变了这种模式，出台了体育课程标准，内含内容标准，并不出现具体内容，因而，第八次体育课改前后是两种完全不同的模式，各有其优点，但也备受质疑。前一种模式的优点在于基层体育教师无须考虑教材的选用问题，体现了运动技术"多样"性特点，但教学内容低水平重复现象严重；后一种模式体现了运动技术"自选"的特点，其优点在于增加了基层体育教师自主选择教材内容的权利，但很可能造成无序状况。教材中的运动技术"多与少"是长期以来均未解决的问题，本研究认为，运动技术的多样化有助于满足青少年学生的多元体育需求，但它的弊端明显，即青少年学生的兴趣容易转移，学习过多的运动技术容易学而不精、学而不会，可能是蜻蜓点水式的无痕学习。解决运动技术"多与少"矛盾的最佳方案是"选项课程"，但目前而言，开设选项课程的学段只有高中，且很多高中并非开设或之前开设了但又重回老的课程模式，基于以上思路，本研究认为，只有在全学段开设选项课程，才可能解决运动技术"多与少"的矛盾，进而消除低水平重复、学而不会等现象。

2. 运动技术精细教学与粗略教学的矛盾

一旦教材内容确定，运动技术的教学方案也随之浮出水面，体育教师需要对课堂教学中的运动技术策略进行课前预设。第八次体育课改之前，备受人们质疑的是运动技术精细化教学导致学生厌学，其理由在于青少年学生关注的是运动乐趣，而非技术本身，但这个理由也有很大漏洞，即没有学会运动技术，如何体验运动乐趣。"快乐体育"曾在中国大地上流行一时，它所追求的目标是运动乐趣，而非运动技术，因而选择一些技术含量较低的教材开展教学活动，其初始阶段是理想的，但后续阶段依然存在问题，即选用低技术含量的教材得到的是暂时快乐，而非长久快乐，由此，"快乐体育"也遭遇人们质疑。对于运动技术精细教学与粗略教学的矛盾问题，本研究认为，选项课程是解决问题的思考焦点，因为学生一旦选择了自己感兴趣的运动项目，那么深入教学、细化教学应该与学生的意愿不会冲突，此时实施精细化教学是为了满足学生更好地掌握运动技术，进而体验运动乐趣的需要，而一些体验性的教材无须精细教学，只要粗略学习即可。

3. 运动技术手段论与目的论的矛盾

如前所述，运动技术存在四类角色：手段、目的、方法、内容。从概念上理解，它是方法；从目的上理解，它对于初学者是目的；从学习的内容上理解，它是学生学习的操作性知识；从目标上理解，它是达成各类目标的手段。因此，以上四类角色分属不同视域，应区别对待。其中手段论与目的论的矛盾最为尖锐，应认真对待。从体育教学这个微观视角分析，运动技术是"目的"，因为学生在教学过程中要从"不会"运动技术到"学会"运动技能，因此，"学会运动技能"就是体育教学的目标；而从学校体育的宏观视角分析，运动技能则是"手段"，因为学生在体育教学过程中已基本掌握运动技能，此时学生的主要目的就是经常运用运动技能，并养成习惯，从而实现锻炼身体、达成身心健康发展之目标。因此，此处所所涉及的运动技能应作为体育教学中的"目标"功用。① 第八次体育课改之前，人们质疑的是运动技术教学产生了异化现象，其理由在于精细化运动技术教学把运动技术这个原本是手段的角色目的化了。对于手段与目的之间的矛盾问题，本研究认为，作为初学者而言，运动技术学习是目的，但对于学会者而言，运动技术就是手段。

4. 运动技术强化教学与淡化教学的矛盾

第八次体育课改以来，曾有学者质疑体育课标淡化了体育课教学的运动技术，课标研制专家们随之进行了更正，认为运动技术是体育学科的本质属性，不能淡化，但也没有提倡强化。的确，运动技术即是身体练习，它是独立于学校教育其它学科的本质属性，淡化运动技术可能导致无水之源的教学，这是首先予以肯定的，也是学界的共识。但是否需要强化运动技术，这个问题较为复杂，因为强化可能导致三种不同结果：其一是强化运动技术可能导致精细化教学，使运动技术教学手段产生异化；其二是过于关注运动技术细化教学可能导致学生厌学；其三是强化运动技术教学可能弱化体质促进、心理健康等目标。因此，这个问题依然存在悬念，本研究认为，其思考的出路依然是选项教学，若能全学段开设选项课程，那么强化运动技术教学是必然的，毋庸置疑，因为学生学不会运动技术，又如何运用技术增强体质、体验乐趣、促进心理健康，而这些运动技术皆是学生自己选择的，应对其学习过程承担责任。而在此条件与前提下，若淡化运动技术教学，必然导致健身效果低下、乐趣体验短暂、学习低水平重复。

---

① 邵伟德，刘忠武，李启迪. 体育教学目标论 [J]. 北京体育大学学报，2012，35(09)：96-101.

(五) 运动技术教学有效性

1. 根据年龄特征进行运动技术教学

从"运动技能"线路分析,《义务阶段体育与健康课程标准(2012年修订稿)》对"运动技能"目标描述为:"在小学阶段,要注重体育游戏学习,发展学生的基本运动能力;在初中阶段,要注重不同项目运动技术的学习和应用,鼓励学生参加多种形式的比赛,逐步增强学生的对体育与健康学习能力、安全从事运动的能力,加深对体育运动的理解。"[1]

普通高中体育与健康课程标准对高中阶段"运动技能"目标的描述是:水平5——提高运动技能的水平,增强运动技能的运用能力。水平6——在提高所选运动项目技能水平的基础上组织和参加课外体育比赛。[2] 根据以上要求,各个学段赢采取不同的教学策略。

(1) 小学阶段的运动技术教学策略

小学阶段具有年龄特殊性,对不同水平的学生,其运动技术教学策略各异:水平1与水平2处于同一个层次,而水平3独立成为一个层次。

从小学生身体发展特点来看,小学生骨骼发育富有弹性但坚固不足,关节面软骨组织柔软性较好但坚固性较差,肌肉发展比骨骼慢,力量和耐力较差。从小学生心理发展特点看,小学生注意力集中时间较短,以无意注意为主;形象思维为主,抽象思维能力较差;意志目的性和独立性差,盲目性、受暗示性和独断性较为明显;情绪丰富但稳定性较差。因此,小学生不宜学习一些难度较大的运动技术,承受过大的身体负荷,小学生学习的主要内容应为身体基本活动与方法,如不同形式的走、跑、跳、爬等。

水平3的学生较之水平1和水平2学生在身心方面有了较大发展,且是小学阶段的最后二年,为了能与初中体育教学更好地衔接,可让学生学习一些运动项目单个运动技术,如篮球的运球,足球的传球等,但在难度上要有所控制,目的是体验与初学为主。

(2) 初中阶段的运动技术教学策略

初中学生身心发展有了质的飞跃,由于体育文化传承的需要、终身体育项目多元化选择的需要,因此,初中学生是全面接受与学习各个运动项目技术的最好时期,在初中阶段,可以较为全面地安排各类运动项目技术进行教学,如2014年体育课程标准中所提出的"短跑、中长跑、定向越野、跨栏跑、接力跑、

---

[1] 义务教育体育与健康课程标准(2012年修订稿)[DB/OL]. http://wenku.baidu.com
[2] 中华人民共和国教育部制订. 普通高中体育与健康课程标准(实验稿)[M]. 人民教育出版社, 2003

跳远、跳高、投实心球等项目的技术；篮球、排球、足球、羽毛球、乒乓球、网球、毽球、珍珠球和三门球等球类运动项目的技术和简单战术；器械体操、技巧、健美操、街舞、啦啦操、校园集体舞等运动项目的技术动作；游泳或冰雪类运动项目的技术；武术类运动项目技术；竹竿舞、花样跳绳、抖空竹、踢花毽等民族民间传统体育活动项目基本技术等"，这些丰富的运动项目技术可为学生提供多彩的体育形式，为满足学生多元化的体育需要提供资源。

需要指出的是，在安排内容丰富、形式多样的运动技术教学过程中，要特别注意单元学时，不能重新走回"内容多而学时少、学而不会"的老路。即要合理选择教学内容与安排教学学时，以确保学生多元化选择需求的满足与真正掌握运动技能的要求。

另一方面，要解决好体育教学与中考之间的关系。对于体育学科与体育教师而言，实行中考体育加分制度本是一件好事，但体育中考是指挥棒，对体育教学定会产生直接影响，实践证明，体育中考加分制度对体育教学产生了严重的负面影响，其表现为"考什么、教什么"，导致了初中体育教学内容单一化与机械化。此现象在很多省市越演越烈，极大地冲击了正常的体育教学，这是运动技术教学的严重异化现象，因为体育中考的原意是为了检验初中体育教学的成果、初中学生体育学习的效果，但学校受到"唯分数论"的影响，导致了体育教学的功利主义行为——争取更好的中考成绩。这种现象必须给予制止，建议的思路是：初中体育教学与体育中考采用双轨制，各行其道、互不干扰，体育中考内容不能直接作为体育教学内容，以改变传统习惯。

（3）高中阶段的运动技术教学策略

自21世纪高中体育选项课程实施以来，可以说，体育课程在高中阶段真正体现了"以学生发展为中心"的理念，这对于高中体育教学改革与发展产生了很好作用。但由于中小学运动技术教学的衔接性较差，导致了进入高中阶段的学生在运动技能方面较大差异，因为高中生可能来自不同地区、县市，而各个地区的初中体育教学内容、教学质量等方面差异较大，从而导致了高中一年级学生体育能力方面参差不齐；其次，由于高中体育教师水平差异较大，他们虽然毕业于体育专业院校，受过科班专业培训，但其水平与层次也是不同的，因为有的体育院校关注教学能力，有的院校关注运动技能，从而导致了有的学生是一专多能、有的学生是一专一能、有的学生无专无能，这是高中体育教师存在的现实问题，也是实施体育选项课教学的重要影响因素；其三，选课课程是新鲜事物，此方案在高中实施以来，暴露出一些困难与问题，如对选修人数较多、学生差异较大的班级如何实施分层教学？来自不同班级学生而组合而成的新班级如何管理？如何加强学生之间更好交流？对于一些没有明显意向而是随意选择体育项目的学生如何调动他们的学习积极性？学校如何根据学生的运动选修意愿开设更多的课程？这些问题都是现实困境，这也导致了很多学校体育课改之时实施了体育选项课程，但之后陆陆续续有些学校放弃了、终止了选项课程。

针对以上问题，本研究认为，深化高中选项课程改革是体育课程改革的正确之路，必须长期坚持，并加大选修课程改革的力度、深化运动技术专项化教学、提高体育教师专项技术水平，提高学生专项运动技能水平，养成 1-2 项运动习惯，为大学阶段体育或社会体育打好基础。

(5) 大学阶段的运动技术教学策略

目前中小学体质持续下降的趋势已得到基本遏制，但大学生的体质依然出现了持续下降的趋势，这对大学体育来说，既是一个警钟，又是一个促动，深刻反思大学体育教学所存在的问题，找到问题根源，并针对问题加强大学体育的顶层设计，促进大学生体质健康水平的提高。

我国高校二年的体育是必修课程，对于高校体育课程，每个国家采取的策略不同，有的国家早就取消了大学体育，如韩国、美国、日本等，而有的地区却实行了四年制大学体育必修课程，如台湾等。取消大学体育课程并不是说其不重要，而是采取了诸如运动项目俱乐部制的管理形式，让学生自主、自愿地参与体育活动，也同样取得了很好效果。

大学体育教学实践暴露出的问题主要有：教学内容依然处于低水平重复，即学习那些中学学过但没有掌握的运动项目技术仍然在教；体育课堂教学随意化现象较为明显；教学模式仍然是灌输式为主。目前高校扩招的现象较为严重，高校大学生数量倍增，但承担高校公共体育教学的教师却没有相应的增加，导致了高校公共体育教师课时量剧增，从而形成了高校体育教学质量较差的现象。以上问题仅是大学体育众多问题一隅，很多问题不一一枚举了。

综上所述，根据我国大学体育的实际情况，大学体育必修课程仍然有存在空间，有效加强前二年必修课程改革力度是我国大学体育的重点，但在其后二年，也应积极摸索各种鼓励学生参与体育活动的方式，使学生在后二年大学阶段，继续通过参加体育活动强化自身的体能，养成运动习惯，为就业后的身心健康提供基础。

2. 基于学生运动经验的运动技术教学

运动经验是学生前期的积累，大部分观点认为，运动经验对学生当下的学习是有帮助的，但对于运动员而言，运动经验也可能是阻碍。① 本研究的立足点是中小学体育，并非是运动员，因此，运动经验对于中小学生的体育学习具有促进作用。

（1）"学情分析"是运动技术教学的重要内容

首先，在体育课堂教学设计过程中，"学情分析、教材分析、教学目标制定、教学方法与手段选择、教学评价确立等"一系列因素都需要"运动技术"这个关键要素串联，因为运动技术是体育教学的本质特点，离开运动技术传习的教学就偏离了体育教学正常轨道。因此，我们在体育课堂教学设计与实施过程中，需要牢牢把握运动技术教学特征。

其次，阐述"教材分析"中的运动技术特点是分析某教材内容所涉及的运动技术原理、方法、环节、过程；课次运动技术环节、特点、要求等，运动技术归属体育课堂教学"运动技能目标"，是学生通过课堂教学所需要达成的结果；"教学方法与手段选择"所涉及的运动技术主要是指学生学习该运动技术所采用的特殊方法与手段；"教学评价"所涉及的运动技术主要是指学生学习之后有没有掌握所学。

第三，把学情分析与运动技术联系起来。众所周知，学生学习较为复杂的运动技术并不是一两次课就完成的，需要一个连续课次，即单元教学，在单元教学过程中，存在着各课次运动技术学习程度的关系，前一课次是后一课次的基础，后一课次是前一课次的继续。

（2）前期运动学习经验对运动技术教学的价值

众所周知，如果两种技能（包括动作技能、运动技能等）之间在刺激和反应方面具有相似或相同的因素，那么，技能之间就会发生技能迁移现象。运动技能的迁移也是如此，若已经掌握的运动技能对新运动技能的形成产生积极影响，那么，这种迁移可称之为运动技能正迁移，如学完短跑，紧接着学急行跳远，短跑的加速跑就会对跳远助跑的学习起到促进作用；若已经掌握的运动技能对新学习的运动技能形成发生消极影响、阻碍了新的运动技能学习，那么，这种迁移现象则称为运动技能的负迁移，如先学手球，后学篮球，手球运球没

---

① 根据著名哲学家吉杜·克里希那穆提的理论，得出如下结论：运动记忆与经验是过去式，是过去思想的结集，是造成当下混乱与分裂的根源，只有摆脱它，才能与当下的实然共处，才能使身体、心灵和头脑之间存在和谐———彻底的和谐而没有混乱。详见文章：邵伟德，闫平，李启迪．"记忆与经验"如何成为运动技能学习与展示者的障碍——基于克里希那穆提《智慧的觉醒》的理论［J］．体育与科学，2014，35（03）：20-24+43．

有走步的规则与行为就会对篮球运球不能走步的规则与行为产生干扰现象。

根据以上原理，运动技术教学需要关注以下几个方面：首先，作为体育教师而言，要在制定学年教学计划与学期教学计划过程中，合理分配与安排教学内容先后的顺序，以防止运动技能之间的负迁移现象，如不能把跳山羊与跳远教学内容安排在同一学期，否则跳山羊的双脚起跳会对跳远的单脚起跳产生负迁移，又如不宜把跳远与背越式跳高安排在一起，因为直线助跑的跳远会对弯道助跑的跳高产生不利的影响；其次，正确选择与运用已学的运动经验与运动技能，有效实现运动技能正迁移。如学习跳远运动技术时，可借助短跑技术；学习"鱼跃前滚翻"运动技术，可以利用之前所学滚翻、前滚翻的动作技术。第三，充分利用前一课次运动技术学习成果。如上所述，在单元教学计划中，前一课次就是后一课次的基础，因此，前一课次的运动技术可为后一课次提供帮助，如在跳高技术教学中，第二课次的助跑起跳技术可为第三课次的腾空步提供有效帮助，虽然两个动作技术是不同的，但它们存在着连续关系、因果关系。

3. 运动技术教学中的因材施教

什么是因材施教？根据成语词典的解释是："因：根据；材：资质；施：施加；教：教育。指针对学习的人的志趣、能力等具体情况进行不同的教育。"学校教育中的因材施教包含各方面内容，如思想教育需要因材施教、道德培养需要因材施教、智力发展需要因材施教，运动技术教学的因材施教也是同理。[1]

（1）深入了解班级学生运动技术学习的前期基础

"一切以学生为中心"、"一切为了学生的发展"，要把这口号落到实处，不仅需要转变观念与思维，还需要掌握策略并付诸于行动。作为一名合格体育教师，要做好各个方面的工作，如备课、上课、课后总结与反馈等，其中搞好教学预设是重要前提，有的教师马马虎虎，教案十年不变；有的教师应付了事，网上下载或借用他人的教案，这些都是不负责任的做法，体育教师必须具有服务意识，但是如何服务，服务什么，怎么服务等都是需要思考的，不同性质的学生对体育需要不同，了解学生运动技术前期基础是制定教学目标的基础。但班级学生少则三四十个，多则五六十个，那么多的学生如何才能全面了解，这就需要体育教师具有爱心，经常走动班级；其次，要善于观察学生运动行为，不要置若罔闻、置之不顾，否则无法发现每一个学生的运动技术前期基础，无法实施个别化教学。

---

[1] 邵伟德. 运动技术教学与因材施教 [J]. 体育教学，2014，34（08）：31-34.

（2）时刻关注运动技术学习过程与不同水平的学生

体育教学设计是预设行为，实施教学过程是当下行为，教学预设固然重要，但学生当下行为更加重要，作为一名负责任的体育教师，要时刻关注学生当下学习行为，其中包含关注运动能力较强、体育学习较快的学生；更要关注运动能力较差、体育学习速度较慢的学生，只有这样，体育教师才能把握学生体育学习的各种情况：运动技术学习情况中等学生所占的比例、运动技术学习较快学生的比例与运动技术学习缓慢学生的比例，这些信息是体育教师实施教学策略的基础，也是灵活调整教学策略的依据，有的教师照本宣科，完全按照课前的教学设计按部就班，不会根据学生学习实际情况适时调整，这是不负责任的，因为教学本质是生成的，不是预设的，在课前可能预设出好几套教学方案，但不是每一套方案都需要实施的，其实施与否取决于学生当下的学习状况，如果学生运动技能掌握情况较好，那么就需要提高练习难度，如果学习掌握运动技能情况较差，那么就必须改变教学方法与手段，降低教学难度。同时，还需要进行分层次教学：较优秀的学生提出更高的技术要求；运用特殊的教法与手段帮助那些体育学习困难的学生解决运动技术方面的问题。

（3）做好课后运动技术学习评价与反思

教育不是一个生产部门，它的"产品"质量并不是立显的、可见的，学生学习质量是一个内在的指标，难以观察，教师的教学成果并不能立即显现。因此，作为一名教育工作者，需要一种优秀的职业道德、一份良好的责任心。体育教师更不例外，因为学校体育并不是学校教育的主课，虽然当下学校体育地位已有了较大提高，但是传统观念的影响根深蒂固。因此，广大体育教师必须建立良好职业道德、具有高度责任心，对每一个学生的学习负责，在关注学习过程的同时，做好课后运动技术学习评价、总结与反思工作，这个工作相当重要，它直接关乎学生学习积极性、教师课后教学策略的调整等。

（4）面向全体学生，寻找运动技术教学的共同发展点

"为了每一个学生的发展"是第八次体育与健康课程的核心理念，体育教师必须坚持"面向全体学生"的方针，落实"因材施教"。"面向全体学生"与"因材施教"看似矛盾，实际上是互为互补，贯彻"因材施教"教学原则需要搞好"面向全体学生"的基础工作。"面向全体学生"包含三个层面含义：其一，体育教学深度、广度、速度要适合班级绝大多数学生。这是因为同一层次的学生，其身体素质、运动能力、学习能力、思维能力、接受能力等方面具有一定共性，学习进度差别较小，这是实施集体化教学的基础，体育教师应从大多数学生的实际出发，按照他们所能接受的程度进行常规教学。其二，正确对

待优秀体育生。善于发现和培养具有特殊运动才能的学生，并发挥他们优势，开发其潜能、培养其特长。同时，还可以借助他们的力量协助自身工作，帮助那些体育学习困难学生。其三，"因材施教"前提下需要达成一个底线要求。由于学生之间存在差异性，因此，需要对不同层次学生实施差异性教学，这是"因材施教"的要求，也是体育教师需要认真落实的教学策略。然而，"因材施教"不能毫无底线，对于那些运动能力较差、学习困难的学生不能听之任之，对他们也要提出一定的运动技术要求，这是底线，如果缺失了这个底线，那么就会变成放羊式教学。

（5）重点关注运动技术学习困难学生

"面向全体学生"谋求的是大部分学生的共性基础，重点关爱体育学习困难的学生，因为他们运动能力、身体素质、学习能力较差，运动技术学习较为缓慢，无法适应正常教学，同时，还会产生自卑心理、恐惧情绪等不良心理。特别是那些身体肥胖的学生，身体练习难度很大、不能完成动作技术、动作做得很难看，体育教师应多以正面鼓励为主，关注他们的一举一动，让他们切身感受到体育教师的真爱，从而产生与教师合作的欲望。其次，采用特殊的教学方法与手段帮助他们完成身体练习，如降低要求与难度下完成各种练习，使学生在低难度条件下顺利完成动作技术，并建立自信心，体验运动快乐。

（6）"因材施教"应规避几种的现象

①"一刀切"的体育教学

"一刀切"的体育教学是常见的，体育教师往往较为严格地按照备课的程序按部就班进行授课，较少去关注学生的学习行为过程与反应，只要完成预设的教学步骤、教学方法、教学过程，这节课就算完成了。形成以上现象的主要原因是沿袭了灌输式教学、注入式教学，没有摆脱"以教师为中心"的教学思路，形成"教师只管教、不管学生学"的现象。

②放弃体育学习困难学生的教学

在班级教学过程中，由于学生人数较多，或多或少存在一些学习困难的学生，这些学生没有智力差异，而是身体素质、运动能力等方面存在差别，在运动学习过程中，表现为运动学习过程缓慢的学生，这些学生通过一定的努力也是可以学会运动技能的，只是在学习过程中暂时遇到了一些困难。但是，如果体育教师只关注那些运动学习速度较快的学生、学习过程表现较好的学生，从不关心那些学习暂时困难的学生，那么，这些学习困难生也将成为"学习永远困难生"，因为他们容易形成运动自卑心理，又得不到教师的关心。

③ "吃不饱"与"吃不了"的教学

"吃不饱"与"吃不了"是两个教学极端，它与"一刀切的教学"密切相关，正因为没有分层教学，那些体育学习较快的学习、运动能力较强的学生，对于常规教学进度就会表现出"吃不饱"，而那些体育学习较慢的学习、运动能力较差的学生，则会表现出"吃不了"。解决这一现象的思路是根据学生的能力进行分层教学，使得体育学习较快的学生能有一个较大的进步空间，使得体育学习较慢的学生也能有一个提高空间，同时在可能的情况下，还可以让那些学习优秀的学生成为体育教师的帮手，帮助那些学习较慢的学生获得进步。

4. 运动技术教学的趣味性

(1) "趣味"含义

什么是趣味？主要有两种解释：一是，情趣、旨趣、兴趣。如鲁迅说到"我以为如果能有插图，就更加有趣味"。二是，滋味、味道。如饭菜很有味道。显然，第一种对于趣味的解释更符合教学范畴。与趣味相关的概念有"兴趣""爱好""乐趣""志趣"等。

"兴趣"以人的需要为基础。人与动物不同，既有物质方面的需要，又有精神方面的需要。人们如果需要某项活动，那么他就会热心于接触、观察与从事这项活动，并注意探其究竟。"爱好"是从"兴趣"开始的，经常从事自己感兴趣的事情，慢慢就变成了一种爱好。而"乐趣"则是人们在做事的过程中或做完事情之后产生快感。"志趣"的层次较高，是指人们不仅要把事做好，还能在做得过程中产生成就感，并形成为之努力和奋斗的决心与意志。

结合体育教学领域，运动技术趣味性实际上是指学生在学习过程中是否表现出对运动技术学习的兴趣、是否体验到运动技术学习的乐趣等。

(2) 影响运动技术教学趣味性的因素分析[①]

①运动项目本身的固有特点

运动项目种类繁多，且每一个运动项目的性质与特点各异，因此，运动项目本身具有不同的特质：有的运动项目趣味性较强，如球类项目、运动游戏等，这些运动项目比较容易引起学生兴趣；而有的运动项目趣味性较差、比较乏味，如田径中的短跑、长跑等，这些运动项目不易引起学生兴趣，这是由于运动项目固有特点决定的，因此，在选择体育教学内容时，要了解学生对运动项目的兴趣爱好，这是落实"以学生为中心"理念的基础。中小学体育教学内容选择与教学可能形成两种不同结果：一类是趣味性较强的运动项目；一类是趣味性

---

① 邵伟德. 运动技术教学趣味性与实用性 [J]. 体育教学，2014，34（09）：17-20.

较差的运动项目。

②来自教师方面的因素

A. 教学方法的趣味性

教学方法是指教法与学法，如教法主要有讲解与示范法、完整与分解法、直观与启发法等，学法主要有自主练习法、合作练习法、模仿练习法、帮助练习法等。同样的教学内容，体育教师运用的方法不同会导致不同的学习结果。如在运用讲解法时，有的教师语言富有感染力、带有启发性，讲解简练、容易记忆、朗朗上口，而有的教师却长篇大论、喋喋不休、含糊不清；如实施运动示范法时，有的教师动作优美、漂亮；有的教师动作难看、甚至不正确等，其效果各异。

B. 教学手段的趣味性

"教学手段"是指可见的具有物质性的教学辅助材料。如各种颜色的线条、橡皮筋、横杆、气球、录音机、海绵垫、木箱、器械、纸张、自制物等，这些教学手段的种类、性质、数量等选择都会对学生的学习产生影响；有的教师善于运用颜色手段刺激学生视觉，引起学生的无意注意；有的教师善于音乐手段刺激学生听觉，激发学生兴趣；有的教师善于设置一些练习障碍，提高练习趣味性等。不同教学手段及其组合构成了体育教学手段的丰富多彩，也将对学生的学习兴趣产生重要影响。

C. 身体练习方式的趣味性

同一运动技术可由不同的练习方式完成，如排球垫球技术，可个人自垫练习、个人对墙垫球、双人一抛一垫、双人对垫、三人垫球、比赛中的垫球等组成，而其中的双人对垫还可以由双人连续对垫、一人自垫两次后垫给对方、向前移动对垫、向后移动对垫、左右移动对垫、低网对垫等，以上这些方式都是排球垫球技术，但这是在不同方式下完成的。这就需要体育教师根据不同的情况，选择不同的身体练习方式，以调动学生学习兴趣与积极性。

D. 教师人格魅力与教学风格

体育教师的个人魅力对教学产生较大影响，一个和蔼幽默、热情奔放、热爱学生、善于调节气氛的教师必然受到学生爱戴，学生学习的积极性必然高昂，即使这位教师传授一些趣味性不强的运动技术，学生兴趣依然浓厚，因为学生的注意力主要在于教师；相反，一个古板严肃、冷淡无情、教学千篇一律的教师，即使传授趣味性较强的运动技术，学生学习的也会索然无味，效果低下。因此，学生在一定程度上更喜欢的是什么样的体育教师及其教学风格，而不是教学内容本身，换而言之，富有人格魅力与独特教学风格的体育教师同样可以把枯燥乏味的运动技术课上的趣味横生，这是广大体育名师所达到的最高境界。

③来自学生方面的因素

学生方面的因素主要是指各个年龄阶段学生对体育的爱好与前期体育学习乐趣。从自然选择角度分析，小学阶段的学生对各类运动都富有较大兴趣，随着年龄的增长，其兴趣范围逐渐缩小，主要会集中到几个运动项目上，这与运动项目本身所固有的特点是密切相关的。大部分学生总是把兴趣集中在一些有球运动项目、有器械的运动项目、集体性运动项目等，而较少会对一些个人项目、耐力性项目、力量性项目发生兴趣。因此，在体育课堂教学过程中，如果所教的内容与学生的兴趣相吻合，那么，其教学效果就会好一些，如果与学生的兴趣爱好不相吻合，那么学生的学习兴趣相对较小，这就需要体育教师谨慎选择教材内容。

另一方面，学生方面的因素还指学生前期体育学习的乐趣。这是前期体育教学效果的累加，与体育教师前期教学效果密切相关，如果学生在前期体育教学过程中，兴趣浓厚、乐趣横生，那么这必将对后续的学习产生良好作用，反之，必然会对后期的体育学习产生负面影响。

5. 运动技术教学中竞赛与游戏的运用

运动竞赛是各种运动项目比赛的总称，体育活动离不开竞赛，正由于存在各种体育竞赛，体育活动才具有了更强的吸引力与魅力，而"游戏"是各类运动项目的起源之一，游戏与体育竞赛之间是密不可分的，体育游戏中包括了体育竞赛的要素，体育竞赛活动中也包含了游戏的性质，在体育课程教学活动中，可能会出现两种不同的情形：一是，以运动技术精细化教学为主体，缺失游戏与竞赛活动，这样的课堂会很乏味；二是，竞赛与游戏充斥体育课堂教学，教师们会产生一些错误的认知，认为体育课没有游戏活动，不安排些运动竞赛活动，那么，学生就没有学习乐趣，课堂就没有教学氛围，以上两种现象都是不正常的。因此，有必要从学生运动技术学习的角度，探讨运动技术教学与竞赛、游戏之间的关系。

（1）竞赛活动与游戏的共性与作用

运动竞赛的含义各有不同，如（狭义）："就是体育比赛在各运动项目裁判员主持下，依据各运动项目统一的规则，组织实施的运动员个体或运动队之间的以争取优胜为目的的竞技较量的总称。"[1]

运动竞赛的本质在于人与人之间进行的运动能力较量，要理解这个道理，

---

[1] 田麦久. 运动训练学［M］. 北京：高等教育出版社出版，2000.

需要从人的本质来思考这个问题，攻击性是人的本性之一，运动竞赛是缓解人类攻击性的良药，古时人们通过战争来宣泄人类的这种本能，但那是十分野蛮与残酷行为，为世界人民所不耻。在长期实践中发现，体育运动特别是竞技运动对于发泄人类的情绪、缓解人类的攻击行为有着特殊的作用，它是一个无硝烟的战场，在此可以不分种族肤色、地位尊卑、男女老少，均以平等、公正的机会共同参与，享受运动带来的快乐。这既是运动竞技的本质，也是人们喜欢运动比赛的根本原因。以上道理证明了一个不变的事实——学生的确非常喜欢竞赛，比一比、相互较量一下适合于任何年龄段的学生。就体育课堂教学而言，运动竞赛不仅是完成教学任务的一个很好途径，也是调节课堂气氛的一剂良方；既能提高运动强度，锻炼身体，更能缓解学习压力、改善学生心理环境。

因此，体育课堂教学中运动竞赛如果运用得当，则是提高体育课堂教学效果，但如果运用不当，则顿失亮点，成效低下。

（2）体育教学中游戏与竞赛的价值与意义

①有利于调动学生主动性与积极性

学生主动性与积极性体现了学生对学习内容的内在需要，如果教学内容枯燥乏味、无法满足学生的需要，那么，学生就会采取被动甚至逃避的态度与方式。运动技术教学虽为体育课堂教学的主体内容，但由于体育课需要学生承担一定强度的生理负荷与心理负荷，因此，较强时间的运动技术教学会对学生产生一定的身心疲劳，特别是年龄较小的学生，更容易产生学习倦意。因此，在体育课堂教学过程中，需要经常改变教法与手段，转移学生的注意力，这样不仅可以帮助学生缓解身心疲劳，还有助于畜养精力，为重新学习创造基础。众所周知，游戏，特别是运动游戏，有助于学生进入一种虚拟的、可以发挥丰富想象力、不可预知结果的环境与角色；运动竞赛也不例外，各组实力相当条件下，不可预知的结果给了学生极大的兴趣。因此，适当安排游戏与竞赛活动可以转换教学环境，改变教学情境，激发学生学习动力，提高学生学习积极性与学习效果。

②有利于活跃体育课堂教学气氛

什么是"气氛"？它虽看不见摸不着，但的确如电场、磁场、力场一样的存在着，从心理学角度来看，它是弥漫在人际之间的能够影响行为过程的心理因素。这些因素既包括了积极、肯定、尊敬、兴奋、期待、高兴、热烈、信任等正面因素，也就是通常所言的"正能量"，同时，它也包含了怀疑、否定、消极、紧张、沮丧、恐惧、冷漠、鄙视等负面因素，即所谓的"负能量"。发挥正能量，克服与消除负能量正是人类社会活动的意识选择。

班级教学仍是我国目前体育教学的主要形式，它的缺陷在于无法照顾与关注班级群体中的每一个学生,较难实施差别教学、个别教学等。但是,它也有一定优势,班级每一个学生都是与众不同的个体,体育教师可充分利用学生的性别差异、个性差异、行为差异,调节课堂氛围,提高教学效果。而体育游戏与竞赛活动有助于调动全班学生的教学氛围,活跃课堂气氛,提供教学效果。

③有助于培养学生体育道德观念

"规则"是游戏与运动竞赛的显著特点,即所有参与游戏与运动竞赛的学生都需要遵循游戏与运动竞赛的规则,实现其公平性、公正性,那些违背游戏与运动竞赛的各种行为就会受到制裁,裁判员正是主持公道的执行者。通过各种形式的游戏与运动竞赛熏陶,可以培养学生遵守规则、尊重裁判、尊重对手、尊重比赛的体育道德,而这些体育道德品德有助于转化为社会公德。

(3) 运动技术教学中游戏与竞赛运用策略

①结合技术,避免教学与竞赛相互脱节的现象

竞赛活动能起到调节课堂气氛的作用,如果能与课堂前半部分的运动技术教学相结合,那么课堂教学前半部分与后半部分就能紧密相连,这样的课堂教学设计是合理的。换而言之,课堂教学既要达成前一阶段运动技术学习的目的,又要实现后一阶段通过游戏与竞赛活动达成调动了课堂气氛、激发学生学习热情、巩固前期学习成果的目的。

但在教学实践中经常会发现,课的后半段安排的游戏与竞赛活动与前半段运动技术教学毫无相关,这样的设计显然是不合理的。

②合理分组,避免产生胜负不决自明的现象

教学分组有许多传统方式,如按上课集中的形式分为四组、按男女性别分组、按素质与能力分组等,不同的分组会直接影响了竞赛活动的效果与学生参与竞赛的氛围。如果每次均按上课排队形式进行分组竞赛,往往会出现这样的场景:竞赛的胜负不决自明。因为组别固化,直接导致了胜负的自明,第一名、第二名总是那二个组。如何避免这种现象?有的教师试图把各组学生的能力均等化,但这个思路在实践中却发现难度很高,因为学生众多无法估算出各组的实力?再说重新调整组别必然会带来时间上的浪费,那么如何来解决这个棘手的问题呢?有一个思路值得参考:在运动竞赛过程中增加"或然性因素"。此设计是在原来四个小组人员不变的情况下进行改进,即增加一个环节,增设一个不确定性因素——或然性因素,这样,传统的竞赛场景就发生了以下几方面变化:(1) 每个队取胜的概率均等,谁都有获得冠军的机会,谁都会有成功的体验。(2) 学生参与游戏的兴趣大大加强,每次比赛都能听到情不自禁地加油声和呐喊声,谁都想获得比赛的冠军。原来一些实力相对较差的一组也有机会得

胜，也能享受到成功带给他们的乐趣。以接力跑为例，改进后的竞赛方式是这样安排的，在传统竞赛方法的基础上，增加了"或然性因素"——"猜拳过关"①：同样的四路纵队站立，教师先确定四位猜拳手A（可以任选）站在对面标志线上，第一位同学B在教师令下后速"奔跑"至标志点与猜拳手A猜拳，待B胜了之后（输的续猜拳，直至胜为止）方可绕猜拳A跑回本组与第二个学生拍手，第二学生继续第一个学生动作，以此类推，以先完成的队为胜。这样的安排弱队也有获胜的概率，强队则并不一能获胜，机会给了每一队的学生，因此无论是强队还是弱队都会有获得成功喜悦的机会。

③明确目的，规避竞赛对前期技术学习的副作用

如在课的后一半段安排一个竞赛活动，则可以对前面所学的技术起到巩固作用，还可以把课堂教学推向高潮。但如果安排不当，结果却会大失所望：学生只图快速，只想第一，才不会去理会教师的叮咛与嘱咐，把运动技术与要求一概甩在脑后。因此，这种牺牲了前期运动技术成果的竞赛活动虽然调动了气氛，但也留下遗憾。如何解决这个问题，如果不比谁胜谁负，竞赛的情趣顿减，如果光比速度，还是回归老套。

④严格规则，避免只有形式没有实效的竞赛

体育课堂教学的竞赛活动与竞技运动无法比拟，体育教学可以简化竞技运动中的一些因素，但不能丢失竞赛最基本要素——规则。正是由于这个规则，才确保了运动竞赛的公平性、公正性、合理性，也正是这个规则保持了无数人对竞赛活动的热情与向往。小学生因年龄的局限，在竞赛活动中往往由于竞赛的紧张性、激烈性，就忘记了竞赛活动的规则，经常出现一些"违规行为"，如学生不在标志线后击掌、越过标志线开始奔跑、接力棒不是手与手的传递而是扔接力棒、奔跑的学生应跳过障碍物，但为了节约时间而绕过障碍物。要解决这种松散的问题，方法很简单，就是教师事先一定要明确规则，所谓"凡事预则立"；其次，要严格执行。若学生在竞赛过程中"违规"，那么就应该加以纠正，这也是育人的最佳时机。

五、深化三类体育学习方式研究

倡导"三类新型"体育学习方式是第八次体育课改首次提出的，在此三类学习方式实施以来，的确改变了"传统"的学习方式，即部分抛弃了灌输式教

---

① 孙海兵.增加"或些性因素"对提高小学生游戏兴趣与公平性的探讨［J］.体育教学，2009, 29（04）：22-23.

学或注入式教学,很多基层体育教师均在教学实践中开展了三类学习方式,取得了前所未有的成绩,说明此三类方式实施的力度较大,影响较深,但同时也暴露出三类学习方式在理论研究与操作方法的不足,根据前期研究结果,提出以下对策建议。

(一) 深化自主学习方式研究

1. 处理好学生"自主"与教师"主导"的关系

教师的主导作用,即威廉姆·多尔所界定的"平等中的首席",而不是教师的绝对权威。学生课中的自主学习与课外的自学是两个不同的概念,课外自学,学生的学习完全是个人行为,而课堂的自主学习,是一种有计划的学习方式,并不是自学。从总体上说,学生的自主学习是教师预先设置的一种教学策略。因此学生的自主学习需要教师的设计、安排、指导之下进行,是一种有序的教学活动,这种教学活动如果失去了教学的控制,将会变成放羊教学。

2. 规划课堂教学中学生自主学习的条件

(1) 创立自主学习的教学环境

"民主"环境是顺利进行自主学习的条件,是发挥学生主体作用的必要环节。弘扬教学民主就是在教学过程中,师生相互尊重、相互信任、相互配合,制造一种自由宽松的民主气氛,体育教师应让学生发言,积极与学生对话,要为学生在学习过程中的想象、思考、发现、创新,提供最大的空间,让学生敢想、敢说、敢做,使教学活动真正建立在学生自主活动和探索的基础上。

(2) 设立自主学习的目标与要求

为了避免课堂中学生漫无目的地学习,在开展学生自主学习活动中,教师要为学生的学习研制相应的学习目标。如果课堂脱离了学习目标,学生自主学习就没有了方向,成了无源之水、无本之木,虽然看上去每个学生"主动学习",但这种"主动"只是一种无意义的精力消耗。

(3) 学生在遭遇自主学习困惑时应给予及时引导

"师者,传道授业解惑也"。在开展自主学习过程中,体育教师不是无事可做,而是要尽量运用各种方法如模型、联想、比喻等帮助学生、启发学生;其次,体育教师应善于观察学生自主学习的情况,并在学生遭遇困惑时及时给予引导,这样才能使学生走出自主学习的困境,真正达到自主学习的目的与效果。

(4) 有效调控学生自主学习的时间

一节课只有45分钟时间,一般而言,开展自主学习的时间控制在12分钟左右,如果自主学习时间安排过短,学习就没有效果,因为自主学习需要学生开动脑筋,进行自我探索、自我体验、自我感受、自我领悟,在这个过程中,如果时间太短，学生自主学习活动就会刚进入就收尾，起不到什么效果与作用。但如果学习时间过长，则会影响整节课的效果。

（5）培养自主学习能力需要一个过程

自主学习能力是第八次体育课改倡导的一种教学理念，它是针对以往教学中缺乏学生主体意识而提出的，但如果把它作为一种能力来培养，则需要一个过程，需要体育教师合理设计与安排自主学习的单元教学计划，培养学生的自主意识并上升为一种学习能力。

3. 体育自主学习举例

表57　篮球教学自主学习安排实例一览表

教学内容	篮球原地投篮小单元
前期教学情况	在体育教师的指导下学习投篮的正确姿势与用力顺序
场地条件	篮球与篮球场地比较充足
第二节课中自主学习时间安排	后10分钟左右
自主学习目标与要求	目标：① 复习与巩固已学篮球投篮姿势和用力顺序；② 重点体会和领悟在不同的位置条件下调整不同的姿势和用力，命中率达到40%以上。 要求：在"三秒区线"上各点依次定点原地投篮，并计算一个过程中的投篮命中率，要求在40%以上。
教师引导	在各个场地中边观察边指出学生的错误，巡回指导

（二）深化探究学习方式研究

1. 需要具备探究学习的问题意识

探究学习应有明确的目的，即探究什么问题？根据体育教学的本质特性，这个问题不是课堂教学的纪律问题、学生学习过程中的合作问题、也不是课堂气氛问题，它应该指向运动技战术重点、难点、原理、方法、技巧等。有的教师在缺乏问题意识前提下就开展探究学习，其效果较差，学生根本不知道要探究什么，所以课堂变得无所事事。因此，体育教师在教学设计过程中应根据每节课所要传授的具体运动技术特点，分析教学的重点与难点，针对学生在学习过程中不易理解的运动技术原理，设计出具体的问题与教学情景。

2. 设计探究学习合理的"程序"

提出了探究学习的问题，并不等于完成了探究学习的任务，更重要的是需要体育教师精心设计探究学习的过程，这个设计决定了探究学习能否获得成功，因此体育教师应十分重视探究学习的教学设计。探究学习的程序主要有：提出探究的问题—设计相应的教学情景—教学实践—讨论问题（提供各种探究学习的素材与思考）—得出结论—教学验证。

3. 设置探究情境、提供探究材料

探究学习程序中有"问题讨论"环节，学生由于知识的局限或思考点的不明确，可能讨论不出答案或无从下手，因此体育教师应事先设计好探究情境、提供各种探究学习素材，学生才能有的放矢，循序渐进，积极参与思考与讨论，有利于得出答案与结论。

4. 提供学生自主探究的机会

在实施探究学习实践中，体育教师应给学生较大的空间，允许学生按自己的步子进行探究；鼓励他们相互交流，并听取同伴的反馈意见。也可以让他们提出一些问题或质疑，以激发他们的好奇心，帮助他们理解学习内容，而不仅仅是回答"对"或"不对"。

在探究学习中，除了个人探究之外，合作探究也很需要。在合作探究过程中，同学之间应有大量的交流与讨论，此时，教师不再是指挥者，主角应是每一位学生。教师要给予学生充足机会培养学生的发现问题、思考问题、分析问题、解决问题的能力，并允许学生出错及从错误中吸取教训。

5. 教师给予相应的帮助与引导

在探究学习过程中，学生出现一些困难也是正常的，这时需要教师适时地给予点拨、建议、暗示或必要信息，以提醒或启发学生，或给学生提供一些探究的方向或线索。

6. 做好探究学习的"分组"

在班级教学中，探究学习过程并不是一个学生的个体行为，它是学生发挥集体智慧的过程，因此，在设计探究学习过程中，小组合作也很重要，如何进行分组，可根据探究问题的具体情况、授课学生的特点等因素决定。

（三）深化合作学习方式研究

1. 进一步明确合作学习概念

合作学习（cooperativelearning）于20世纪70年代初兴起于美国，其理论基础是建构主义和人本主义。人本主义理论认为教学不是简单的传递，是双向或多向互动的社会化过程。在教学形式上，合作学习是以集体授课为基础，以合作学习小组活动为主要形式，以任务为核心，把个人之间的竞争变为小组之间的竞争，并运用学习过程的教学评价环节，注重学生的人人进步。因此合作学习可以理解为：学生在特定的小组中，明确责任分工，通过相互学习、相互帮助、相互评价，共同实现学习的目标，提高学习效率和培养合作意识的一种学习方式。

表58 合作学习内涵与外延一览表

形式	人群组合	目的	时间安排	举例
合作练习	学生与学生。教师统一指挥	共同完成任务简单的某些练习	一节课的某个部分	如课的准备部分双人操；比赛中各位置队员配合
合作学习	学生与学生。教师巡回指导	以小组的形式共同解决比较复杂的技术、原理、规范等问题	一节课的主要部分	如分组合作学习篮球三步上篮技术
合作教学模式	学生与学生。教师巡回指导	通过比较长的合作教学形式培养学生之间的合作意识与能力	一个完整的教学单元（数节课）	如学习挺身式跳远的整个完整技术
教学合作	师生之间、学生之间。以教师为主	临时性的师生合作，解决教学细节问题	一节课的某个教学细节	如有一定难度与危险性动作教学中的互帮互助
学生交流	学生与学生	无明确目的	短暂、瞬间的交往	如"行进间走"过程中学生之间间距的控制

2. 设计合作学习的步骤

要完成课堂教学的合作学习，需要进行合作学习方案的设计，其中应包含以下内容：（1）选择合作学习恰当的内容；（2）制定合作学习相应的目标；（3）开展合作学习的教学设计；（4）建立合作学习合理的小组；（5）明确合作学习的个体责任；（6）及时做好合作学习的评价。

3. 注重合作学习的教学实验科学性

有一个实验是这样表述实验班与对照班的各自教学方法："我们将三个班中随机抽出二个班作为对照班，其余一个班作为实验班，实验班和对照班使用相同教材，只是在教学方法上有所不同：对照班仍使用一般的体育教学法，实验班则采用了小组合作学习法，即教师在教学中除了进行必要的讲解、示范之外，教师有目的的、有意识地多组织和安排学生进行小组合作学练。"①

我们不难看出，实验班实验前排球 30 秒钟自垫 8.3 个，实验后上升为 36.4 个，这是作者实验的结果，可以理解，但问题在于，对照班 1 也从"实验"前的 9.1 个上升为"实验"后的 30.2 个，对照班 2 从"实验"前的 8.2 个上升为"实验"后的 29.7 个。试问，"对照班在没有改变教学方法"的情况下，为什么会发生学生的排球 30 秒钟自垫数量的变化，且变化如此之大令人费解，这显然是不合逻辑的。其他评价指标类推，同样说明了其实验过程与结果存在较大的问题。还有的实验只有实验班，没有对照班，② 缺乏可比性与科学性。

4. 课堂教学合作学习举例——以"足球内脚背传接地滚球技术教学"为例

表 59　足球内脚背传接地滚球技术教学中的合作学习安排实例一览表

内容	方法
"合作学习"内容	"足球内脚背传接地滚球技术"
"合作学习"必要性	"足球内脚背传接地滚球技术"对于初学者来说是一个有一定难度的技术动作，在传统教学中也有一些"合作学习"的形式，如在教师讲解并示范了足球内脚背传接地滚球的技术后，让学生组成面对面两队，2 人一组进行对练，但这是简单的合作练习。但这种练习形式效率较低、掌握运动技术较慢，因为大部分学生知其然而不知其所以然，容易产生错误动作、并造成练习混乱状况。而采用分组合作学习，具有以下优势：①缓解体育教师逐个纠正错误动作的压力，并把责任分散到各组之中；②把 2 人一组传球练习中可能产生的问题"传球的路线不对，接球的技巧不好，造成场面混乱"的现象呈现给学生，让学生去思考、去探究其中的原因，并从中找出产生问题的根源与解决问题的答案，有利于激发学生的思维兴趣与练习积极性，并使学生在明白其中道理的基础上学练运动技术，而不是传统教学中体育教师直接告诉问题答案的做法；③通过合作学习，使小组每一个成员形成一个团队概念、明确自己的角色，并促使学生在练习中思考、在思考中练习，相互观察、相互帮助，群策群力，既对培养学生的合作意识起到一定作用，同时又能让小组各成员分享练好该项目技术诀窍的乐趣；④通过小组之间的公平较量与竞赛，培养学生的团体凝聚力、协作力，并通过小组之间的交流进一步理解该运动技术的关键。

---

① 缪大贵，李庆国. 论"小组合作学习"在体育课上的效应［J］. 中国学校体育 2011. 12：23.

② 陈云. 探索小学体育教学中采取合作学习方式的研究［J］. 中国学校体育 2013. 5：12.

续表

内容	方法
"合作学习"分组	以一节课45分钟为例（单个学习教材），开展合作学习的时间为20分钟；以一个班级50个高中男生为例，分5组，每组10人，每组由一个小组长负责。
"合作学习"设计	①合作前期传授足球内脚背传接地滚球的正确技术；②确立合作学习要解决的问题：让同学们以小组的形式参与讨论并解决传球线路问题——把球传直，准确地送传给对方；把对方踢出快速运动的球迅速合理地、静止地停在自己的脚下；③分组：以一组（10人）为例，由一人担任组长。用白粉画好5条直线，2人面对面一组一线（此线特指传球路线），分5小组。在小组合作学习中可安排以下练习手段：分5小组传接练习（按白色线路进行传球，并观察传球线路情况）——集中讨论（可采用2人一组对传练习轮换，讨论分析与总结"球没有传直的原因"，并提示接下来的练习应注意的技术问题）——再练习——再集中探讨（可以让练习比较好的与比较差的小组进行正误对比示范，分析"把球传直的技巧"和失误的原因，并要求组内同学按技术要点进行练习）——再实践与体会。讨论的主要问题是："如何把球传直的技术问题"（可能大腿外展、传球用力部位、用力方向、传球方向等问题）与"停球的技巧问题"（可能有大腿外展、脚内侧接触球瞬间的位置、顺势缓冲、身体姿势等问题）。④各组交流：练习过程中，可由体育教师集合所有学生，检查各组合作学习的情况（各组派出比较好的学生进行练习与陈述其中技术的关键，教师进行评价）。⑤根据各组交流的经验与教师的初步评价再次进行分组练习，体会运动技术的要领。
"合作学习"总结	对合作学习存在的主要问题（包括小组组合的技巧、学习的效果、运动技术的关键、小组的评价等方面）进行总结。

六、正确对待体育课堂运动负荷

第八次体育课改之前，运动负荷一直是一项衡量体育课教学质量的重要定量指标，随着第八次体育课改在批判灌输式教学方式基础上，倡导了以学生发展为中心的理念、提出了三类新型学习方式，"运动负荷定量测定与评价"在较长一段时间内销声匿迹了。的确，第八次体育课改之前运用平均心率曲线图（运动负荷的变化规律）来判定体育课堂教学质量与效果并不十分精准，因为在体育教学过程中，运动负荷量仅仅是衡量运动对学生身体产生效果的生理学指标。2011年版义务教育阶段的体育课标修订之后，人们开始逐渐意识到运动负荷对于测量与监控体育课堂教学质量的意义与价值，2017年版高中体育课程标准的出台再次把这一问题推向学界热议的话题，本研究基于学理视角对运动负荷的理论问题提出相关于建议。

（一）明确体育课运动负荷的影响因素

体育课运动负荷是指学生在教学过程中从事身体练习时所承受的运动的量与强度的总称，是身体练习对机体刺激程度的反应。[1]运动负荷包括了运动量和运动强度，影响运动负荷量的主要因素是学生身体练习的次数、时间、重量、间隙长短等。运动强度是指单位时间内完成练习所用的力量大小和机体的紧张程度。

衡量运动负荷的大小一般有物理与生理数据。物理数据包括了练习次数、练习时间、练习重量、练习距离、练习速度等；生理数据包括了心率、肺活量、心输出量、血乳酸含量等。影响运动负荷的因素很多，本研究把主要的影响因素列图如下。

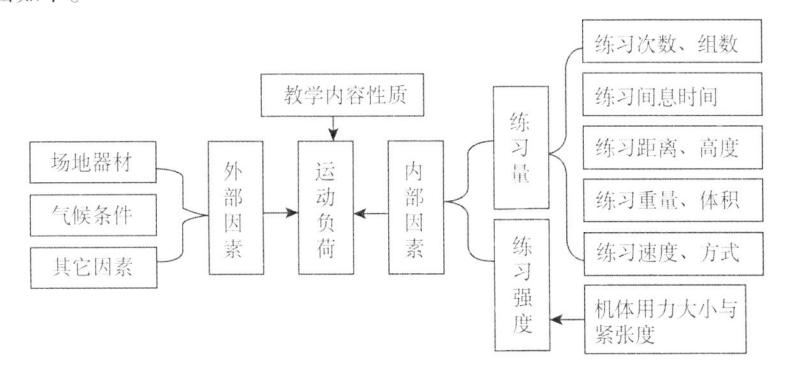

图29 运动负荷影响因素示意图

（二）了解运动负荷预设与评价的意义

（1）运动负荷变化特征是体育学科教学特有现象

体育课与室内的理论课不同的是，体育课是以学生身体练习为本质特点的一种教学活动，这已被众所熟知，它对于提高学生体育学习效果、促进学生体质健康、提高运动水平等具有重要的作用。

（2）运动负荷是学生运动技术学练的基本要求

各类运动项目难易程度不同，对学生的身体要求也各异。比较容易学的项

---

[1] 中国体育科学学会，香港体育学院编．体育科学词典［M］．高等教育出版社，2000

目如广播体操等对运动技术的要求并不高,在这些项目的练习过程中,对学生的运动负荷要求也较低;但对于其他一些具有一定难度的运动项目,如球类、体操、技巧、跳跃等,这些项目都具有一定的技术难度要求,要让学生学会这些项目的运动技术既需要发挥学生积极思维活动,更需要学生身体的体力付出,并进行不断地重复练习。运动技能的习得的关键不在于思维活动,而在于不断强化身体的练习,强化身体练习就形成了身体练习的强度与量,这是学习与掌握运动技能的必要条件,缺失了这个条件,势必学生就无法掌握运动技能。

(3) 运动负荷是促进学生体能发展的必要条件

多年来学生体质监测结果表明,学生的身体素质特别是力量、耐力素质持续下降,尽管近年来由于国家的关注与出力,中小学学生体质下降趋势得到了一定的遏制,但对于中小学校长、体育教师、家长等群体而言,学生体质问题依然是一个大问题,对每一所学校来说,也是不小压力,虽然学校体育并不是体质下降的唯一因素,但也是一个重要因素,学校体育具有增进学生体质健康的任务,这是不争的事实,因此,在体育教学过程中,若没有达到运动负荷一定的强度与量,学生的身体功效将成为空谈。

(三) 对运动负荷测定与评价所暴露出的问题分析

1. 测定对象"中等水平学生"是否具有代表性

一般来说,在测量运动负荷过程中,都会选择一个"中等学生",所谓中等学生,其含义是指身体素质、运动能力处于中等水平的学生,然而,中等水平学生真的是在身体素质、运动体能、学习基础、机体生理水平处于中等状态吗?其依据是什么?之前对他进行过测量与评价吗?其次,测定某一个学生的运动负荷能够推广为全班所有学生的运动负荷吗?其依据又是什么呢?这些问题都是运动负荷测量过程中所暴露出来的问题,也是处理运动负荷科学性所必须考虑的问题。

2. 不同课型、内容、年龄等是否要求学生同样的运动负荷

首先,运动项目不同,其运动负荷的指标也各不相同,如体操类运动项目的运动心率较低,速度类项目的运动心率较高,体能类项目运动心率也会较高。换言之,运动项目性质不同决定了运动心率的高低;其次,课型不同也对运动负荷的要求不同,如同一个教学内容,新授课的运动心率较低,复习课的运动心率较高,综合课的运动心率介于两者之间;还有年龄不同对运动负荷也有不同的要求,如教授同样一个教学内容,小学生心率较低,初中学生心率次之,高中学生心率较高等。总而言之,体育课教学运动负荷并不是恒定不变的,没有一个恒定的值,并不能一概而定,而是应根据具体情况具体分析。

3. 符合运动心率曲线图的课是否都是"好课"

教科书上表述的心率曲线图一般可分为五类：单峰型、双峰型、先高后低型、先低后高型、多峰型，导致以上五类心率曲线的差异的主要依据是学生年龄、教材搭配、课型、教材性质各异：小学生以单峰型为主、初中以上学生以双峰为主；双教材搭配中，运动负荷大的教材在先、运动负荷较小的教材在后，形成了心率先高后低曲线，反之，则是先低后高型曲线；新授课以单峰型为主；复习课以双峰为主；速度类教材与耐力类教材以双峰为主或多峰为主等。但是这五类运动心率曲线在体育教学实践中到底有着多少意义与价值呢？需要把体育课的心率曲线图描述得如此复杂吗？如果某课符合了标准的心率曲线图，这课就是好课吗？这些皆是在测定运动心率有待进一步思考的问题。

的确，学生年龄不同、教学内容性质不同、课型不同、教材搭配形式不同等，其运动心率曲线图必定各有不同，但是运动心率指标并不是衡量一节"好课"的唯一标准。

4. 体育课堂教学中是否存在"超量恢复"的现象

教科书曾对体育课"人体机能适应性规律"的描述如下："当人体开始运动，身体承受运动负荷，体内异化作用加强，体内能量储备逐渐下降，这一期间称为'工作阶段'，经过调整，逐渐恢复并超过运动前的水平，称之为'超量恢复阶段'"。然而，此类的"超量恢复"原理主要来源于运动训练，而且它必须具备以下几个必要条件：第一，运动必须达到足够的强度与运动量，比较强烈的刺激人体，并产生巨大的能量消耗；第二，各个运动训练课之间的运动强度、运动量间歇时间安排要科学，使运动对人体的刺激有一个比较好的衔接、使人体有充足的时间消除疲劳；第三，必须对运动员有一个定量的检测，用以说明各个训练课次的情况。

在体育教学过程中，以上运动训练具备的各种条件是很难达到的。首先，青少年学生并不是运动员，他们的运动量与强度并不能达到一个极限，少年儿童心率上升的时期短而快，最高阶段的延续时间较短，承受急剧变化的负担量的能力较低；其次，中小学学校缺乏检测学生的各种仪器与设备，要测试学生的各种生理、心理变化的指标基本不可能；第三，体育教师在安排各节体育课的运动负荷、间歇时间安排无法达到科学化；最后，体育教学的主要目的是锻炼身体、发展身心健康，而不是挖掘运动员的运动潜能。

对于小学和初中低年级的学生，体育教学的生理负担量不宜过大，活动的时间不宜过长。青年阶段的学生运动延续时间可适当较长，可以承担较大的运动负荷，但它依然不能像运动员一样达到极限；在课的安排方面，一般每周有2

-3节体育课,体育教师安排的每一节课即使有一定的衔接性,也达不到像运动训练那样有周密的训练计划;在教学内容方面,课的内容五花八门,而非如运动训练是专项的训练课。以上种种事实说明,在运动负荷安排方面,青少年学生的体育课不可能达到运动训练的科学化水平。

基于以上分析,本研究认为,在体育教学过程中没有所谓的"超量恢复"现象。其主要的理由如下:学生身体的变化有一定的自然规律,这是由学生的先天遗传因素所致,学生即便是不参加体育活动,生长发育也会在进行之中,运动只是影响学生身体发展的一个外界因素,掌握得好,会促进学生身体的发展,掌握不好,则会损害学生的身体,如运动量过大,就会造成学生的身体受损,身体虚弱的人参加过量的运动,不仅不会增强体质,反而会损坏身体某些器官。

(四)体育课运动负荷预设与评价的建议

1. 有效性——促进学生身体的持续发展

众所周知,基于学生体质促进视角,发展学生体能是体育课教学目标之一,其评价的依据主要是练习密度、运动负荷,而运动负荷主要的测试指标是运动心率。有实验证明:心率超过180次/分的运动,对增进健康不利。参照体育课生理负担量等级评定的K%值计算:K% =(体育课平均心率 - 课前安静心率)× 100%/(180 - 课前安静心率)。评价等级如下表。

表60 体育课生理负担量等级表[①]

K	生理负担量等级
1% - 20%	最小
20% - 40%	小
40% - 60%	中
60% - 70%	大
70% - 80%	最大

假设某学生的安静心率是60次/分,那么该学生中——大(40%—70%)运动心率指标的参考值为108次/分—144次/分。因此,这个参考值既是实现运动技术学习的需要,又起到持续性发展学生体能的作用。

如果教学内容本身的运动负荷较低,那么可以通过改变练习的各种因素来

---

① 姚鸿恩等. 体育保健学[M]. 高等教育出版社, 2004:91.

实现调节运动负荷的目的,使它达到预期的适宜值,如体操教学内容,心率不高,那么在以体操为主要教材条件下,增加与穿插一些辅助专门练习,如身体素质练习等来提高学生的心率。

2. 科学性——调整固有的运动负荷

表 61 根据不同的要素安排运动负荷情况一览表

	目标	教材性质	课型	性别	年龄	体质状况	气候
运动负荷的原本要求	1. 运动技术为主——运动负荷较小 2. 发展体能为主——运动负荷较大	1. 速度类——负荷较大 2. 力量类——负荷较大 3. 耐力类——负荷较大 4. 灵敏类——负荷较小 5. 柔韧类——负荷较小	1. 新授课——中等负荷 2. 复习课——中等以上负荷 3. 考核课——负荷变数较大	1. 男生——负荷较大 2. 女生——相对较小	1. 水平1、2——较小负荷 2. 水平3——加大负荷 3. 水平4、5——中等以上负荷	1. 体质较好——负荷较大 2. 体质较差——负荷较小	1. 冬天——负荷较大 2. 夏天——负荷较小
修正后运动负荷——适宜运动心率与练习密度	课前的教学设计需要关注课堂教学内容的处理: (1) 单教材:单教材+辅助专门练习。若该教材运动心率较高,则可不安排辅助练习,若该教材心率较低,那么可以安排与此教材相关的运动心率较高的辅助练习、专门性练习,并可通过改变练习的各种条件来调整运动负荷。 (2) 双教材:注意教材的搭配。在其他搭配条件兼顾的情况下,运动心率较低的配以运动心率较高的教材,也可通过改变练习的各种条件来调整运动负荷。调整运动负荷的原则是使每节课的预计心率达到适宜的运动心率与练习密度,实现学生持续性健身的功效;掌握必要的运动技能。体育课堂教学的运动平均心率参考值为 110 次/分~150 次/分,练习密度为 35% 左右。在此区间内,根据不同的教学目标、教学内容、课型、年龄性别、体质状况、气候等情况,运动负荷略有不同。有条件但不干扰教学的情况下,教师可在观察学生的基础上抽样 2 名学生进行测定,求得平均值。							

3. 匹配性——与教材内容相关

教材内容与运动负荷存在内在的本质联系,它是客观存在的。在教学过程中只有保持适宜的运动负荷,才能收到较好的教学效果。不同的教材内容具有不同的运动负荷要求,在体育教学过程中应高度重视教材内容与运动负荷的相关性,在教材内容搭配上,可交替安排运动负荷大和运动负荷小的练习,如强度较小的走、投与强度较大的跑、跳等内容的组合。因此,应根据不同教学内容的特点科学安排教材内容,以更好地促进学生的身体发展。在体育教学过程中,运动负荷较大的教材内容有跑、跳、攀登等,而走、爬、投掷等的运动负荷则相对较小。

4. 安全性——关注学生的差异性

使每节课的运动负荷达到一个适宜的参考值,其目的是使学生的身体在一个有限的教学时间内达到持续性发展,这个思考是针对班级大部分学生而言的,但学生之间具有较大的差异性,针对一些体质较弱的学生,体育教师一定要在接班前详细了解全班学生的情况,对于那些有疾病隐患的学生,特别是心脏异常者、血压增高者、肺结核者等学生,更要详细调查,做到心中有数,并在体育教学过程中,对于这类学生一定要适当降低运动负荷,以免由于过大的运动负荷而使他们的身体产生危险,从而避免不必要的伤害事故。

5 监督性——建立运动负荷多元评价机制

运动心率指标是衡量体育课运动负荷的一种重要因素,但绝不是唯一要素,体育教师还可以通过其他途径来观察与调节学生的运动负荷,如主观判断方法就是一种很实用的方法,它可以比较直接地观察到学生运动负荷的情况,这对于反馈与调节运动负荷起到重要的作用。

表62 学生运动负荷情况的教师观察一览表

指标	运动负荷适中	运动负荷偏大	运动负荷过大
自我感觉	无任何不适感	疲劳、腿酸、心悸	头痛、胸闷、恶心甚至呕吐等
出汗量	不多	较多	过多、尤其是整个躯干部分
神情	平和	过度紧张	恐慌、不知所措
面色	红润	满脸通红	苍白
呼吸	中度加快	显著加快	呼吸急促、节律混乱
行动动作	步态轻稳	步态摇摆不定	摇摆现象显著、有不自主现象

续表

指标	运动负荷适中	运动负荷偏大	运动负荷过大
完成动作技术	完成质量较高，动作灵活、轻松	完成动作质量较差，动作生硬、变形	完成动作质量很差
注意力	较好、听从指挥	执行口令不准确	执行口令缓慢、身不由己

同时还可以针对学生的自我感觉反馈来判断运动负荷的大小，其主观感觉的等级为：非常轻松—很轻松—尚轻松—稍累—累—很累—精疲力竭。

七、体育教学质量评价体系构建

体育教学质量是近年来学界备受关注的问题，也是考察体育课程标准实施效果的重要内容，本研究在前期研究基础上，提出体育教学质量评价的参考指标，为理论研究与基层实践提供思路。

（一）构建"体育课堂教学质量"评价指标体系

有关体育课堂教学评价的方案很多，这里选择了具有一定代表性的评价表，作为典型案例加以分析。详见如下。

表63 体育形成性课堂教学评价指标一览表

任课教师	班级	课题	时间
一级指标	二级指标	权重	赋分
教学目标（10分）	（1）预设的符合程度	6	
	（2）可操作性	4	
	（3）教学准备	6	
教学过程（30分）	（4）课堂结构	6	
	（5）学习资源的处理	6	
	（6）过程调控的有效性	6	
	（7）运动参与的程度	6	
	（8）学练环境的创设	6	

续表

任课教师		班级	课题	时间
一级指标	二级指标		权重	赋分
教学方法（30分）	（9）对知识、技术的理解运用		6	
	（10）因材施教		6	
	（11）互动对话		6	
	（12）学习指导的范围和有效性		6	
教学效果（12分）	（13）目标达成度		6	
	（14）学生的情感体验		6	
教师素质（18分）	（15）教育思想与理念		6	
	（16）教学语言		6	
	（17）教学情感		6	
教学特色			5	
评价结果	听课感受			累加分值 级

表64 体育课堂教学评价指标一览表（同行、专家、领导）

序号	评价项目	评价标准	权重	评定等级				得分
1	场地器材准备	课前认真检查场地器材、符合安全要求，器材准备有条不紊，便于教学顺利进行	7	7	6	5	3	
2	教案课堂	教学任务明确，符合实际，符合体育教学原则，重点、难点突出	8	8	6	4	2	
3	教学纪律与准备活动	课堂遵守教学纪律，无迟到、早退、接听手机、脱岗等现象；上课时不进行与教学无关的任何活动	6	6	5	4	2	
		准备活动充分，并与教学内容很好结合，形式活泼，适合学生生理、心理状况	10	10	8	6	4	

续表

序号	评价项目	评价标准	权重	评定等级				得分
4	讲解示范	语言精练，通俗易懂，内容正确，寓于启发性，示范正确、熟练、完美	15	15	13	10	7	
5	组织教法	组织严密、合理，教学手段、方法符合体育教学原则，教法具有新意	15	15	13	10	7	
6	课的密度负荷	合理运用各种活动时间，密度及运动负荷符合人体生理机能活动变化规律，符合学生实际情况	10	10	8	6	4	
7	掌握"三基"情况	发挥体育教育作用，学生能学到体育知识、技术及技能，能增进学生对体育的爱好，提高对体育教学的认识	8	8	6	4	2	
8	运动效果	利于学生身心健康，利于体质增强和身体素质的提高	8	8	6	4	2	
9	整理活动	整理活动实效，显得活泼轻快，有利于学生疲劳的恢复	8	8	6	4	2	
10	课后	能及时指出课中的优点和不足，并提出改进意见，课外活动有布置，并有针对性	5	5	4	3	2	
11	合计							

表65 体育学科课堂教学评价项目参考一览表

一级指标	二级指标	三级指标（参考点）
教学预设	目标定位明确	1. 符合课程标准要求和学生年龄身心特征、认知基础 2. 着眼学生知识、技能、体能、情感、态度和习惯养成 3. 符合生活实际，拓展学习视野 4. 定位准确、表述具体，易测量
教学预设	内容设定科学	1. 内容选择与开发符合课程性质，符合学生实际和需要，有利于激发学生运动兴趣和体能增强，有利于终身体育意识形成 2. 内容安排得当、分量适中 3. 教学重点与难点定位得当 4. 教学环节布局合理，衔接自然 5. 注重学练方法的适时渗透和价值观的形成
教学预设	资源准备充分	1. 每项活动有切实组织策略与安全准备 2. 教师着装运动服、鞋；学生穿运动鞋、着装轻便 3. 场地、器材布置实用、合理，调试安全到位
教学过程	课堂结构合理	1. 教学结构合理、完整，教学活动始终围绕教学目标展开 2. 教学环节有序，节奏张弛有度，内容逐层深入 3. 师、生双向互动，有自主、合作、探究性学习方式渗透 4. 有行之有效的课堂常规，教学组织、管理严密 5. 练习容量适度，时间分配合理
教学过程	教学方法恰当	1. 教学方法科学、合理，注重启发引导、直观形象 2. 手段灵活多样，有效，课堂气氛生动活泼 3. 注重精讲多练原则，设置有价值的练习，建立每节课学生慢跑5分钟制度（病残学生除外） 4. 教学反馈真实、明确，纠正学生错误及时 5. 配合教学的现代教育技术手段运用恰当
教学过程	教学特色鲜明	1. 课程资源开发和教材整合运用有创新 2. 教学模式，教学方法和场地器材运用有创意 3. 教学过程处理有艺术 4. 教学情景营造有风格

续表

一级指标	二级指标	三级指标（参考点）
教学素养	知识储备丰厚	1. 掌握运动基本技能和运动基础知识 2. 掌握教育理论基础和体育专业理论，懂得教育规律 3. 掌握学生身心发展规律和课堂教学组织规律
	教学观念先进	1. 尊重和关爱学生，作风民主，教态端庄，师生融洽 2. 面向全体，关注差异 3. 鼓励学生运动参与、表现自我和创新 4. 评价学生善于激励
	教学技能娴熟	1. 语言表达准确、生动、形象；口令清晰、洪亮 2. 动作示范正确、优美、适时 3. 驾驭课堂能力强，善于调控学生持续注意和情绪 4. 善于应对课堂生成，调节教学预设及教学节奏，恰当处理偶发事件 5. 操作体育设施及现代化教学设备比较熟练 6. 善于运用保护与帮助，安全保护有效
教学效果	学习水平达标	1. 能完成基本学习任务，掌握所学知识和技能 2. 运动负荷适宜，能有效地促进体能增强（练习密度不低于30%，平均心率达120－140次/分） 3. 掌握基本方法，积极参与运动
	学习心理健康	1. 精神饱满，思维活跃，情绪放松 2. 乐意展现自我，乐意合作学习，自信迎接挑战 3. 有积极的情感体验，有成功快乐感，有继续学习愿望

对以上评价表的优缺点分析如下：（1）评价指标比较有等级，至少有一级二级指标；（2）二级指标比较具体，可供评价者参考；（3）评价的内容比较齐全，基本涉及了课堂教学的各个层面。但同时也存在着一定的不足，主要体现在以下几个方面：（1）一级指标很不统一，划分缺乏依据。如有一个评价表把课堂教学评价指标划分为：教学目标、教学过程、教学方法、教学效果、教师素质、教学特色；还有一个评价表划分为：教学预设、教学过程、教学素养、教学效果。其划分依据与标准是什么？上表并不十分清晰。（2）二级指标更为细致，但也更加没有依据，如把教学方法划分为几个指标：对知识、技术的理

解运用、因材施教、互动对话、学习指导的范围和有效性,其根据是什么?把教师的素质划分为:教育思想与理念、教学语言、教学情感。为什么不把教师的运动技能包含在内?为什么又把"教学过程"划分为"课堂结构、教学方法与教学特色",这在逻辑上存在一定的混乱。

本研究在吸收前人评价指标体系合理性的基础上,根据"知识、技能、情感"三维目标,结合体育学科特点,研制四维目标条件下的体育教学质量评价体系,如下图所示。

表66　体育课堂教学质量评价参考指标(与课堂教学教学目标对接)一览表

评价指标	运动知识	运动技能	体能	体育品德
具体观测点	有关完整技术或环节技术的知识点或健身知识与方法	小学:动作方法与技巧;初高中:一项完整技术中的某个技术环节	定量参考值:运动负荷评价法:[5](1)小学120-130次/分;(2)初中120-140次/分;(3)高中女生120-140次/分、高中男生130-150次/分定量参考值:观察评价法:表情、面色、出汗量等	个人心理:(1)课堂参与度;(2)意志力 集体适应:(1)与同学的合作度;(2)互帮互助
权重参考(根据不同水平的学生调整相应的比例)	10%	40%	30%	20%

续表

评价指标	运动知识	运动技能	体能	体育品德
评价方法	课后对课堂教学的知识点（不同水平有不同的要求）进行抽样检查（3-5位学生），并根据标准评出优、良、中、及格、不及格五等	课后对课堂教学的动作方法或运动技术环节进行抽样测试（3-5位学生），并根据标准评出优、良、中、及格、不及格五等	课后对课堂运动负荷（2—3位学生的心率指标）和主观观察法获得的情况进行评价，达到要求参考标准给良好以上，基本达标给及格，距参考指标较远的则定为不合格	课后对观察到的全班学生参与度、意志力、合作度、互帮互助四个方面的总体情况进行评价，并根据标准评出优、良、中、及格、不及格五等
评价标准	体育教师可根据不同水平学生、具体的教学内容进行细化各个等级的评价标准	体育教师可根据不同水平学生、具体的教学内容进行细化各个等级的评价标准	体育教师可根据不同水平学生、具体的教学内容进行细化各个等级的评价标准	体育教师可根据不同水平学生、具体的教学内容进行细化各个等级的评价标准

（二）构建体育教学质量单元评价指标体系

单元教学是课堂教学的集结，根据不同学段的特点，单元教学可表现为各种不同的形式：如小学体育教学使用较多的是"活动单元"；初中体育运用较多的是"技术单元"；高中体育使用较多的是"模块教学"。根据以上特点，本研究把体育单元教学质量的评价指标构建如下表。

表 67 体育教学质量单元评价参考指标（与单元教学目标对接）一览表

评价指标	运动知识	运动技能	体能	体育品德
具体观测点	完整技术知识点或健身知识与方法	小学：动作方法与技巧；初高中：某个运动项目的一项完整技术	若单元学时较短可参照课堂教学体能评价要求；若单元学时较长，则可根据单元教学项目要求，从国家学生体质测试中筛选指标进行相关的体能测试	个人心理：（1）单元教学参与度；（2）单元教学意志力 集体适应：（1）单元教学合作度；（2）单元教学互帮互助
权重参考（根据不同水平的学生调整相应的比例）	10%	45%	25%	20%
评价方法	单元结束后对单元教学的知识点（不同水平有不同的要求）进行抽样检查（3-5位学生），并根据标准评出优、良、中、及格、不及格五等	单元结束后对单元教学的完整的动作方法或完整运动技术进行抽样测试（3-5位学生），并根据标准评出优、良、中、及格、不及格五等	单元结束后对各节课堂的运动负荷进行评价，或抽样测试有关体能的几个指标（3-5位学生），并根据标准评优、良、中、及格、不及格五等	单元结束后由体育教师、班级小组长、部分班级学生组成的考评组对全员学生的参与度、意志力、合作度、互帮互助情况进行评价，最后根据标准评出优、良、中、及格、不及格五等

续表

评价指标	运动知识	运动技能	体能	体育品德
评价标准	体育教师可根据不同水平学生、具体的教学内容进行细化各个等级的评价标准	体育教师可根据不同水平学生、具体的教学内容进行细化各个等级的评价标准	体育教师可根据不同水平学生、具体的教学内容进行细化各个等级的评价标准	体育教师可根据不同水平学生、具体的教学内容进行细化各个等级的评价标准

由于学期内的教学单元数量较多，要做好每一个单元教学的评价，其难度较大，且一些单元学时较短，因此，一般情况下单元教学质量不做评价，但在一些特殊情况下，就需要抽检体育教师的单元教学质量，因为在很多情况下，一节课不能代表一个教师的教学质量，此时对体育教师的单元教学质量进行评价就凸显意义了。

（三）构建体育教学质量学期评价指标

学期教学是单元教学的集结，由于学期结束之后，教师需要给学生学期的体育学习成绩，因此，此类评价可为学生的学期体育学习成绩提供参考依据。与学期体育教学目标对接，把学期体育教学质量评价参考指标构建如下表。

表68　体育教学质量学期评价参考指标（与学期教学目标对接）一览表

评价指标	运动知识	运动技能	体能	体育品德
具体观测点	多个运动项目和多项运动技术知识点或健身知识与方法	小学：动作方法与技巧；初高中：多个运动项目的各项运动技术	根据学期内所学的各项教材要求，从国家学生体质测试中筛选指标进行相关的体能测试	个人心理：（1）学期教学参与度；（2）单元教学意志力 集体适应：（1）学期教学合作度；（2）学期教学互帮互助

续表

评价指标	运动知识	运动技能	体能	体育品德
权重参考（根据不同水平的学生调整相应的比例）	10%	50%	20%	20%
评价方法	学期结束后出题对学期内各类知识点及其运用（不同水平有不同的要求）进行全员测试，并根据标准评出优、良、中、及格、不及格五等	学期结束后对学期内所教的各项运动技术进行全面测试，并根据标准评出优、良、中、及格、不及格五等	学期结束后对抽样测试有关体能的指标进行测试，并根据标准评出优、良、中、及格、不及格五等	学期结束后由体育教师、班级小组长、部分班级学生组成的考评组对全员学生的参与度、意志力、合作度、互帮互助情况进行评价，最后根据标准评出优、良、中、及格、不及格五等
评价标准	体育教师可根据不同水平学生、具体的教学内容进行细化	体育教师可根据不同水平学生、具体的教学内容进行细化	体育教师可根据不同水平学生、具体的教学内容进行细化	体育教师可根据不同水平学生、具体的教学内容进行细化

以上体育教学质量三类评价指标体系仅仅是本研究的设想，既需要专家学者提出更多的改进建议，更需要体育教学实践的检验、充实与完善。

参考文献

[1] 季浏. 全日制义务教育普通高级中学体育与健康课程标准（实验稿）解读 [M]. 湖北教育出版社, 2002.

[2] 顾渊彦. 基础教育体育课程改革 [M]. 人民体育出版社, 2004.

[3] 毛振明. 体育与健康课改论 [M]. 北京体育大学出版社, 2009.4.

[4] 董翠香, 贾洪洲, 季浏. 新世纪10年基础教育体育课程改革热点问题研究综述 [J]. 西安体育学院学报, 2013.1.

[5] 刘昕. 关于体育课程实施若干问题的理论探析 [J]. 北京体育大学学报, 2011.9.

[6] 宋翠翠. 第八次体育课程教学改革（前期）的问题与经验——基础教育体育课程改革系列论文之二 [J]. 北京体育大学学报, 2010.5.

[7] 杨志康. 当前中小学体育课程改革中的几个问题 [J]. 成都体育学院学报, 2009.12.

[8] 吴本连, 李建梅. 学校体育课程改革若干问题分析 [J]. 体育学刊, 2008.10.

[9] 高嵘, 张建华. 对我国中小学新体育课程改革几个基本问题的质疑 [J]. 西安体育学院学报, 2007.3.

[10] 马良, 吕冬生. 第8次体育课程（前期）改革若干问题的反思与启示 [J]. 首都体育学院学报, 2011.1.

[11] 毛振明, 赖天德, 陈雁飞等. 关于完善体育（与健康）课程标准的建议（上）——体育课程性质的表述和目标体系的讨论 [J]. 体育学刊, 2007.5.

[12] 党林秀, 朱美珍. 实施2011年版义务教育体育与健康课程标准的建议——基于十年体育课程改革实践的经验 中国学校体育, 2013.3.

[13] 王健, 胡庆山. 体育教师参与体育课程实施的影响因素及对策 [J]. 上海体育学院学报, 2007.11.

[14] 柴如鹤. 建构有效衔接的大中小学体育教材内容体系的必要性 [J].

体育学刊，2011.11.

[15] 毛振明．体育课程改革新论——兼论何为好的体育课［M］．北京：教育科学出版社，2012.

[16] 樊江波．掌握运动技能和方法"目标的内容选择与分析——以投掷活动为例［J］．体育教学，2014.5.

[17] 樊江波，王海琳．在课程标准下如何选择适合各个领域的教材［J］．体育教学，2007.5.

[18] 樊江波，徐仲书．小学投掷类教材的分析与选择［J］．体育教学，2010.6.

[19] 课程教材研究所编．20世纪中小学课程标准教学大纲汇编（体育卷）［M］．北京：人民教育出版社，2001.

[20] 郑彩壮．运动学习学科中关于运动技能分类的理论阐释［J］．广东药学院学报，2008.8.

[21] 毛振明．体育教材排列理论与方法研究［J］．天津体育学院学报，2003.4.

[22] 贾洪洲，陈琦．当前体育教材内容排列理论反思［J］．北京体育大学学报，2015.5.

[23] 吴鸿雅，朱载堉新法密率的科学抽象和逻辑证明研究［J］．自然辩证法研究，2004.10.

[24] 杜文岭，项立敏．徐州市高校大学生体育兴趣的调查研究［J］．和田师范专科学校学报，2008.4.

[25] 贡建伟，王舜霞．大学生体育兴趣和锻炼动机的调查研究［J］．体育科研，2001.3.

[26] 徐素华．当代大学生体育兴趣的调查与分析［J］．学习月刊，2007.5.

[27] 民光．大学生体育兴趣的调查与分析［J］．体育科学研究，2004.3.

[28] 李雪革．北京市大学生体育兴趣调查研究——以中国地质大学为例［D］．首都体育学院，2014.

[29] 张纪伟．河南省中学生体育兴趣现状调查的分析与对策［D］．河南大学，2010.

[30] 刘运生．阳光体育背景下济南市小学生体育兴趣现状调查与对策研究［D］．山东大学，2013.

[31] 毛振明，杨多多．《"健康中国2030"规划纲要》与学校体育改革施

策（一）——目标：青少年熟练掌握一项以上体育运动技能［J］．武汉体育学院学报，2018．2．

［32］朱莉琴．对教学质量内涵的新认识［J］．江苏教育研究，2007．3．

［33］曹大文．教学质量保障体系及其建设［J］．中国高教研究，2002．9．

［34］黎琳．高等学校教学全面质量管理体系的构建与运行——应用TQC理论构建［J］．广西大学教学质量管理体系的实践［J］．机械工业高教研究，2001．4．

［35］刘志军．论教学质量的内涵与构成［J］．教育评论，1999．10．

［36］于素梅．体育教学质量评价标准体系建立的难题及初步构想［J］．体育学刊，2014．3．

［37］王竹平．体育教学质量评价之我见［J］．中国学校体育，2011．11．

［38］沈文敢，罗海波．构建初中体育教学质量评价机制的研究［J］．中国学校体育，2009．11．

［39］罗伟柱，邓星华．体育深度教学：体育学科核心素养培育的应然进路［J］．体育学刊，2020．2．

［40］刘海元．学校体育教程［M］．北京：北京体育大学出版社，2011．

［41］缪大贵，李庆国．论"小组合作学习"在体育课上的效应［J］．中国学校体育，2011．12．

［42］陈云．探索小学体育教学中采取合作学习方式的研究［J］．中国学校体育，2013．5．

［43］新华汉语词典编委会编．新华汉语词典［M］．北京：商务印书馆国际有限公司，2004．

［44］顾明远．教育大辞典［M］．上海：上海教育出版社，1999．

［45］秦银桂．例析体育教学中的合作学习策略［J］．中国学校体育，2017．2．

［46］毛振明，张媛媛．转变学习方式，促进自主、探究与合作［J］．中国学校体育，2011．11．

［47］王宗平，郑淞．体育中考的推进与转型［J］．中国学校体育，2016．12．

［48］康德著，蓝公武译．纯粹理性批判［M］．商务印书馆，2005．

［49］郭立田著，康德《纯粹理性批判》文本解读［M］．黑龙江大学出版社，2010．

［50］邹旭铝．基于课程标准的2017年全国体育中考内容分析［J］．体育教学，2017．10．

[51] 周建东，于涛．体育中考制度改革对学校体育的影响考量——以"青岛模式"为例［J］．成都体育学院学报，2017.3.

[52] 朱琳，徐烨，刘礼国．体育中考制度对学校体育的影响及对策研究［J］．成都体育学院学报，2012.2.

[53] 孙正聿．辩证法：黑格尔、马克思与后形而上学［M］．中国社会科学，2008.

[54] （德）弗里德里希·黑格尔．小逻辑（缩译彩图本）［M］．李智谋编译．重庆出版集团，2006.

[55] 宋亮．体育中考已成主科［J］．教育，2017.3.

[56] 冯海波，杨国庆，平易．体育中考研究［J］．体育文化导刊，2011.8.

[57] 王烨捷，周凯．王登峰：中考体育加分政策将坚持并扩大力度［N］．中国青年报（教育科学）版，2014.6.

[58] 宋翠翠．第八次体育课程教学改革（前期）的问题与经验——基础教育体育课程改革系列论文之二［J］．北京体育大学学报，2010.5.

[59] 常德胜．基于实施水平理论第八次基础教育体育课程改革的现状分析［J］．南京体育学院学报（自然科学版），2015.6.

[60] 常德胜．基于CBAM理论第八次基础教育体育课程改革的现状分析——以闽、浙中学为例［J］．浙江体育科学，2015.9.

[61] 赖土佛．第八次基础教育体育课程改革的实施研究——以广州市初中为例［D］．广州大学，2013.

[62] 张细谦．体育课程改革的学理辨析［J］．体育学刊，2014.1.

[63] 季浏，汪晓赞，汤利军．我国新一轮基础教育体育课程改革10年回顾［J］．上海体育学院学报，2011.3.

[64] 张细谦．新世纪我国基础教育体育课程改革的价值选择［J］．体育学刊，2013.3.

[65] 陈万红．体育课程改革的本体论探寻——以泰勒课程研究范式为分析框架［J］．武汉体育学院学报，2015.11.

[66] 李忠堂，阎智力．我国基础教育体育课程改革60年回顾［J］．体育学刊，2010.12.

[67] 王继帅，樊炳有．中小学体育课程改革相关研究及评价［J］．体育学刊，2009.1.

[68] 党玮玺，张学忠．新一轮体育课程改革：理想与现实的对立［J］．

体育学刊，2010.10.

[69] 张亭，唐景丽. 新中国基础教育体育课程改革走向的回顾与反思 [J]. 武汉体育学院学报，2016.10.

[70] 孙鸿. 近10年基础教育体育课程改革的评价与反思 [J]. 西安体育学院学报，2013.7.

[71] 汪晓赞，季浏，金燕. 我国新一轮中小学体育课程改革现状调查 [J]. 上海体育学院学报，2007.11.

[72] 董翠香，贾洪洲，季浏. 新世纪10年基础教育体育课程改革热点问题研究综述 [J]. 西安体育学院学报，2013.1.

[73] 季浏. 我国普通高中体育与健康课程标准（2017年版）解读 [J]. 体育科学，2018.2.

[74] 季浏. 促进学生身心健康、体魄强健、全面发展——关于《课程标准（2017年版）》课程性质和基本理念的解读 [J]. 中国学校体育，2018.3.

[75] 季浏. 构建体育与健康学科育人的课程结构——关于《课程标准（2017年版）》课程结构的解读 [J]. 中国学校体育，2018.5.

[76] 何凌辉，龚坚. 健康中国视域下我国基础教育体育课程改革新方向 [J]. 体育文化导刊，2018.9.

[77] 蒋菠，John Quay，Cui Xia，黄巾. 中国基础教育体育课程改革新启示——基于澳大利亚创意身体教育课程模式视角 [J]. 北京体育大学学报，2018.6.

[78] 毛振明，邱丽玲，李海燕，陈帅. 通过体育课程改革培养学生社会性和社会适应能力的假说——行政班体育课走向走班制体育课："班文化"走向"队文化" [J]. 沈阳体育学院学报，2018.3.

[79] 徐伟，姚蕾，彭庆文，张胜影. 新形势下大学体育课程改革问题探讨与发展路径——"2016全国大学体育课程建设经验交流研讨会"的省思 [J]. 北京体育大学学报，2018.5.

[80] 翟芳. 深化体育与健康课程改革之我见——季浏教授学术对话录 [J]. 体育与科学，2018.2.

[81] 赵刚，陈民盛. 对我国中小学体育课程改革关键问题的反思与探讨 [J]. 山东体育学院学报，2017.5.

[82] 冯雅男，何秋鸿，孙葆丽. 困境与视角：对我国基础教育体育课程改革的思考 [J]. 北京体育大学学报，2017.8.

[83] 李斌. 基础教育体育与健康课程改革实施困境与对策——从制度变迁

中路径依赖的成因谈起［J］．体育科学，2017．2．

［84］王硕，吴本连．学段划分模式：体育教师职前教育课程改革新构想［J］．西安体育学院学报，2017．2．

［85］张亭，唐景丽．新中国基础教育体育课程改革走向的回顾与反思［J］．武汉体育学院学报，2016．10．

［86］季泰，杨剑，季浏．体育课程改革顶层设计和基层探索互动研究——基于体育课程三级管理模式的探索［J］．成都体育学院学报，2016．5．

［87］李斌．基础教育体育与健康课程改革：变迁、冲突及其整合——基于价值论的视角［J］．北京体育大学学报，2016．3．

［88］陈万红．体育课程改革的本体论探寻——以泰勒课程研究范式为分析框架［J］．武汉体育学院学报，2015．11．

［89］李斌．基于"顶层设计"的我国体育与健康课程改革构想［J］．武汉体育学院学报，2015．3．

［90］陈伟．体育课程改革传统与未来的衔接机制［J］．体育文化导刊，2015．1．

［91］方建新，俞小珍．我国体育课程改革得失思考［J］．体育文化导刊，2014．5．

［92］张细谦．体育课程改革的学理辨析［J］．体育学刊，2014．1．

［93］季浏．深化我国基础教育体育与健康课程改革的关键［J］．成都体育学院学报，2013．5．

［94］蔡志强．体育与健康课程改革中的难题及其突破策略［J］．体育学刊，2013．5．

［95］孙鸿．近10年基础教育体育课程改革的评价与反思［J］．西安体育学院学报，2013．4．

［96］张细谦．新世纪我国基础教育体育课程改革的价值选择［J］．体育学刊，2013．2．

［97］杨小明，田雨普．中外"寓德于体"教育思想对学校体育课程改革的启示［J］．首都体育学院学报，2013．2．

［98］史友宽，宣启明，我国体育课程改革的历史主义观［J］．首都体育学院学报，2013．1．

［99］崔艳艳，刘志红．王淑英．体育与健康课程改革背景下教师赋权增能与体育教师角色转变研究［J］．山东体育学院学报，2012．5．

［100］李斌．基础教育体育与健康课程改革的价值内涵与特征［J］．北京

体育大学学报，2012.5.

[101] 刘素卿. 体育课程改革的困境与突围——体育课程实施研究 [J]. 山东体育学院学报，2012.2.

[102] 张晓程. 基础教育体育课程改革与农村学校体育资源配置的矛盾及对策研究 [J]. 北京体育大学学报，2011.9.

[103] 季浏，汪晓赞，汤利军. 我国新一轮基础教育体育课程改革10年回顾 [J]. 上海体育学院学报，2011.2.

[104] 李忠堂，阎智力. 我国基础教育体育课程改革60年回顾 [J]. 体育学刊，2010.6.

[105] 党玮玺，张学忠. 新一轮体育课程改革：理想与现实的对立 [J]. 体育学刊，2010.5.

[106] 李凌姝，季浏，汪晓赞. 体育与健康课程改革下中学体育教师能力的培养 [J]. 南京体育学院学报（社会科学版），2010.5.

[107] 谢辉. 课程改革视野下高校体育教师教学能力发展研究 [J]. 体育与科学，2010.5.

[108] 朱瑛，刘旻航. 协同学视阈中的我国体育课程改革 [J]. 山东体育学院学报，2010.4.

[109] 胡永红，周登嵩. 体育课程改革的文化动因 [J]. 西安体育学院学报，2010.4.

[110] 熊建设. 系统论视角下的基础教育体育课程改革与发展研究 [J]. 成都体育学院学报，2010.4.

[111] 刘昕. 追问建构主义对我国体育课程改革适切性 [J]. 北京体育大学学报，2010.6.

[112] 马海涛. 基础教育课程改革与高校体育教育专业人才培养的研究 [J]. 西安体育学院学报，2010.3.

[113] 董翠香，王亚立，姬彦忠. 案例与启示：学校体育课程改革实践中的创新 [J]. 北京体育大学学报，2010.5.

[114] 宋翠翠. 第八次体育课程教学改革（前期）的问题与经验——基础教育体育课程改革系列论文之二 [J]. 北京体育大学学报，2010.5.

[115] 杨志康. 当前中小学体育课程改革中的几个问题 [J]. 成都体育学院学报，2009.6.

[116] 喻坚. 阳光体育运动与中小学体育课程改革 [J]. 体育文化导刊，2009.6.

[117] 张学忠,杨旭东,王俊,党玮玺.我国基础教育体育课程改革要协调好五维关系[J].武汉体育学院学报,2009.4.

[118] 郄捍烈,冯兵,刘旻航.理性与非理性的博弈——对于我国体育课程改革的发展评述[J].北京体育大学学报,2009.4.

[119] 郝光安.人文教育观与大学体育课程改革[J].山东体育学院学报,2009.2.

[120] 刘旻航.体育课程改革的潜动力研究[J].北京体育大学学报,2009.2.

[121] 何耀慧.从博弈论的视角看中小学体育课程改革推行缓慢的原因[J].南京体育学院学报(社会科学版),2009.1.

[122] 王继帅,樊炳有.中小学体育课程改革相关研究及评价[J].体育学刊,2009.1.

[123] 中华人民共和国教育部制定.普通高中体育与健康课程标准(2017年版)[M].北京:人民教育出版社,2018.

[124] 赵富学,王云涛,汪明春.体育学科核心素养的研究进展及其启示[J].北京体育大学学报,2019.1.

[125] 杨深.时间性·介入·政治有效性——萨特与加缪的一场世纪争论的启示[J].哲学研究,2011.3.

[126] 朱耀平.胡塞尔先验现象学还原的两个步骤和三条道路[J].吉首大学学报(社会科学版),2016.4.

[127] (德)胡塞尔.逻辑研究(第二卷第一部分)[M].倪梁康译.上海:上海译文出版社,1998.

[128] 金生鈜.何为回到教育事情本身[J].高等教育研究,2015.3.

[129] 任少波,单珏慧.构建基于"知识共同体"的"德育共同体"——高等学校立德树人的二维耦合[J].教育研究,2019.7.

[130] 纪德奎,郭子超.学科核心素养培育中课堂教学目标转换的困境与突破[J].中国教育学刊,2020.2.

[131] 赵富学,程传银,尚力沛.体育学科核心素养研究的问题及其破解之道[J].体育学刊,2019.6.

[132] 邵伟德,齐静.基于"体育学科核心素养"的体育课堂教学目标设计思路[J].体育教学,2020.1.

[133] 邵伟德,陈永倩,齐静.何为体育品格及其教学建议[J].体育教学,2019.12.

[134] 邵伟德, 李姗姗, 李启迪. 提高学生体育课学习的质量——以学生自主学习方式为视角 [J]. 体育教学, 2017.1.

[135] 邵伟德, 唐炎, 李启迪. 聚焦运动技术教学重点提高体育课堂教学质量 [J]. 体育教学, 2016.8.

[136] 邵伟德, 邵天逸, 李启迪. 学校体育价值论 [J]. 北京体育大学学报, 2016.7.

[137] 邵伟德, 唐炎, 李启迪. 规范体育课教学方法 提高体育课教学质量 [J]. 体育教学, 2016.6.

[138] 邵伟德, 邵天逸, 李启迪. 面向班级全体学生 全面提高体育课教学质量——基于布鲁姆的"新学习观"与"掌握学习"理论 [J]. 体育教学, 2016.5.

[139] 邵伟德, 邹旭铝. 论体育课教学低质量"教材低水平重复现象"之因果 [J]. 体育教学, 2016.3.

[140] 邵伟德, 李启迪. 论中小学体育教学质量的评价 [J]. 体育教学, 2016.2.

[141] 邵伟德, 黄海滨, 李启迪. 论中小学体育教学质量的概念与意义 [J]. 体育教学, 2016.1.

[142] 邵伟德, 魏斌, 李启迪. 论体育课两种不同含义的"课课练" [J]. 体育教学, 2015.11.

[143] 邵伟德, 邵天逸, 李启迪. 体育教学培养学生"勇敢"精神刍议 [J]. 体育教学, 2015.10.

[144] 邵伟德, 施鑫, 李启迪. 体育教学"探究学习"研究评述 [J]. 体育教学, 2015.6.

[145] 邵伟德, 邵天逸, 李启迪. 体育教学"合作学习"研究评述 [J]. 体育教学, 2015.5.

[146] 邵伟德, 邵天逸, 李启迪. 略论体育学习方式 [J]. 体育教学, 2015.3.

[147] 邵伟德, 曹舒琴, 李启迪. 关注中小学生运动乐趣的两个关键词"成功与表现" [J]. 体育教学, 2015.2.

[148] 邵伟德, 李启迪. 略论体育教学有效性若干问题 [J]. 体育教学, 2015.1.

[149] 邵伟德, 刘小萍. 运动技术教学与立德树人 [J]. 体育教学, 2014.2.

[150] 邵伟德,刘小萍.运动技术教学竞赛与游戏[J].体育教学,2014.11.

[151] 邵伟德.运动技术教学规范性与灵活性[J].体育教学,2014.10.

[152] 邵伟德.运动技术教学趣味性与实用性[J].体育教学,2014.9.

[153] 邵伟德.运动技术教学与因材施教[J].体育教学,2014.8.

[154] 邵伟德.运动技术学习前期基础与经验[J].体育教学,2014.7.

[155] 邵伟德.运动技术教学衔接性与年龄特征[J].体育教学,2014.6.

[156] 邵伟德.运动技能目标与课后评价[J].体育教学,2014.3.

[157] 邵伟德,张博.运动负荷、练习密度实施技能发展与例析[J].体育教学,2013.10.

[158] 邵伟德,武超,李启迪.建国以来九次课改小学体育教材内容变化的特征与动因探讨[J].西安体育学院学报,2013.2.

[159] 邵伟德,刘忠武,李启迪.体育教学目标论[J].北京体育大学学报,2012.9.

[160] 邵伟德,李启迪,胡建华.学校体育与体育教学目标再认识[J].北京体育大学学报,2010.12.

[161] 邵伟德,邹旭铝,俞富根.体育课堂"有效教学"含义与例析[J].中国学校体育,2010.6.

[162] 邵伟德,胡建华,沈旭东.体育课程"身心教育一元论"原理构想[J].体育与科学,2010.2.

[163] 李启迪,邵伟德.坚持"以学生发展为中心"体育课程理念的意义与实施策略[J].体育科学,2014.3.

[164] 李启迪,刘忠武,邵伟德.建国以来我国高中体育教材内容的演变脉络与展望[J].体育与科学,2012.2.

[165] 李启迪,邵伟德.论体育教学的有效性与正当性[J].北京体育大学学报,2011.3.

[166] 李启迪,邵伟德,胡建华.体育教学生成性思考[J].北京体育大学学报,2010.11.

[167] 齐静,邵伟德.基于"健康行为"学科素养的"情绪调控"及其教学建议[J].体育教学,2019.8.

[168] 齐静,邵伟德.健康知识与健康行为的关系及其教学建议[J].体育教学,2019.7.

[169] Jerak T. Z., Jensen C. B. Editorial Introduction: Unpacking "Intervention" in Science and Technology Studies [J]. Science as Culture, 2007 (3): 231.

[170] Ribes D., Baker K. Communities and Technologies [M]. Michigan: Michigan State University Press, 2007: 111.

[171] Kurinr. unesco votes new intangible cultural heritage con – vention [J]. anthropol news, 2003, 44 (9): 21 – 22.

[172] Mazzanti M. valuing cultural heritage in a multi – attributeframework microeconomic perspectives and policy implicationa [J]. JSoc, 2003, 32 (5): 549 – 569.

[173] Hair J. F., Black M. C., Babin B. l., et al. Multivariate Data Analysis [M]. Upper Saddle River, Prentice Halll, 2009: 692 – 693.

[174] Sleeper, R. W. The Necessity of Pragmatism: John Dewey's Conception of Philosophy [M]. New Haven, Conn: Yale University Press. Dewey, J. The Quest for Certainty. New York: Minton, Balch&Company. 1929: 291.

[175] Barr R. B., Tagg J. From teaching to learning—A new paradigm for Undergraduate Education [J]. Change, 1995, (11/12): 13 – 15.

[176] Nunan D. The learner – centered curriculum: A study in second language teaching [M]. Cambridge: Cambridge University Press, 1988. 2 – 3, 43 – 134.

[177] Kurinr. unesco votes new intangible cultural heritage con – vention [J]. anthropol news, 2003, 44 (9): 21 – 22.

[178] Mazzanti M. valuing cultural heritage in a multi – attributeframework microeconomic perspectives and policy implicationa [J]. JSoc, 2003, 32 (5): 549 – 569.

[179] Giddens A. Central Problems in Social Throry: Action, Struc – ture, and Contradiction in Social Analysis [M]. London: Mac – millan/Beekeley: University of California Press, 1979.

[180] Hair J. F., Black M. C., Babin B. l., et al. Multivariate Data Analysis [M]. Upper Saddle River, Prentice Halll, 2009: 692 – 693.

[146] Sleeper, R. W. The Necessity of Pragmatis, 1929: John Dewey'sConception of Philosophy. New Haven Conn: Yale UniversityPress. Dewey, J. The Quest for Certainty. New York: Minton, Balch&Company. 291.

[181] Lawton, J. 1989: Comparison of two teaching methods in games Bulleting of Physical Education, 25 (1), pp. 35 – 38.

[182] Raymond Yuk – kwong Liu. 1997: Games Teaching: Changed or Unchanged? Educational Research Journal Vol. 12, No. 1. p. 30 – 35.

[183] Smith M. D. 1992: Utilizing The Games for Understanding Model at The Elementary School Level, The Physical Educator, Vol. 4 A, winter. No. 4. pp. 184 – 187.

[150]JSparkes, A. 1987: Focusing on the subjective meaning of change in the process of innovation. PE Review, (10), 48 – 57.

[184] Stoddart, P. 1985: Teaching Crames for Understanding the Practicalities of Developing New Courses in Schools. Bulletin of Physical Education, 19 (1), pp. 12 – 19.

[185] Thorpe, R & Bunker, D. (1983), Issue That arise when paring to teach for understanding of P. E. 19 (1), 15 – 18.

[186] Bakır, Selda. The effect of microteaching on the teaching skills of preservice science teachers. Journal of Baltic Science Education. 2014, Vol. 13 Issue 6, p789 – 801.

[187] Tzivinikou, Sotiria 2015: Collaboration between general and special education teachers: developing co – teachingskills in heterogeneous classes. Problems of Education in the 21st Century. Vol. 64: 108 – 119.